振兴

ZHEN XING

唐园结　徐恒杰　著

中共中央党校出版社

图书在版编目（CIP）数据

振兴/唐园结，徐恒杰著．--北京：中共中央党校出版社，2022.6（2025.7 重印）

ISBN 978-7-5035-7323-1

Ⅰ.①振…　Ⅱ.①唐…②徐…　Ⅲ.①三农问题-研究-中国　Ⅳ.①F32

中国版本图书馆 CIP 数据核字（2022）第 100158 号

振　兴

策划统筹　曾忆梦
责任编辑　边梦飞
责任印制　王洪霞
责任校对　王　微
封面书法　刘政群
出版发行　中共中央党校出版社
地　　址　北京市海淀区长春桥路 6 号
电　　话　（010）68922815（总编室）　（010）68922233（发行部）
传　　真　（010）68922814
经　　销　全国新华书店
印　　刷　中煤（北京）印务有限公司
开　　本　710 毫米×1000 毫米　1/16
字　　数　219 千字
印　　张　17.5
版　　次　2022 年 6 月第 1 版　2025 年 7 月第 3 次印刷
定　　价　68.00 元

微 信 ID：中共中央党校出版社　**邮　　箱：** zydxcbs2018@163.com

从中华民族伟大复兴战略全局看，民族要复兴，乡村必振兴。从世界百年未有之大变局看，稳住农业基本盘、守好“三农”基础是应变局、开新局的“压舱石”。构建新发展格局，把战略基点放在扩大内需上，农村有巨大空间，可以大有作为。

——习近平

修订说明

2022年6月，中共中央党校出版社首次出版了我们前后历时11年完成的，这本聚焦农业农村发展主题的《振兴》专著。本书出版后，有出版界专家称之为“难得一见”的全景式“三农”题材著作，“长安街读书会”第一时间推荐其为“干部学习新书”。本书在图书市场上也受到了读者欢迎。同年11月，出版社第二次印刷了本书，以满足社会各界的需求。

从那时到现在3年来，党和国家扎实推进乡村全面振兴，取得了新的成绩，比如，2024年全国粮食产量历史性迈上1.4万亿斤新台阶；农村居民人均可支配收入同比实际增长6.3%，增速快于城镇居民，守牢了不发生规模性返贫致贫底线。“三农”发展的持续向好，为推动经济社会的高质量发展提供了强有力支撑，是中国应对复杂国际环境和百年未有之大变局的底气。

为使读者能通过本书了解到中国“三农”领域最新的发展，我们决定对原书内容进行修订。修订的目标，一是修改个别错漏和不准确之处；二是增加对近年出台的重要文件（比如中共中央、国务院印发的《加快建设农业强国规划（2024—2035年）》）的解读，和对各地实践新探索（比如陕西省榆林市榆阳区的“头雁”培育）的介绍。

我们力求本书的逻辑架构和基本内容经得起时间检验，某种程度上具有工具书性质。所以，修订限定在必要范围，总体上的修改和增补，只占全书内容5%左右，以最大程度保留原书面貌。

希望本次修订重印对相关读者能有新助益。

唐闵结　徐恒杰

2025年7月

序言
PREFACE

马克思主义中国化的必然选择

郑新立*

100多年来，马克思主义深刻改变了中国。正如习近平总书记所说："实践证明，马克思主义的命运早已同中国共产党的命运、中国人民的命运、中华民族的命运紧紧连在一起。"[①] 马克思主义的中国化，是马克思主义与中国实际相结合的伟大创造，同时也是中国共产党认识和把握中国农业、农村、农民的重要历史地位和作用，向着国家富强、民族振兴、人民幸福的奋斗目标不断前进的历史过程。

100多年来，中国共产党与中国农民风雨同舟，依托"三农""根据地"为民族求解放，为国家谋复兴，为人民谋幸福，目前正走在"民族要复兴，乡村必振兴"的中国特色社会主义道路上。中国共产党与中国"三农"一路同行、命运与共的关系是马克思主义中国化的必然选择，特别值得深入研究。目前，见诸报刊的相关论文和已出版的相关论著并不多见。在全面实施乡村振兴战略的新时代，这一重大主题需要得到更

---

* 中国城镇化促进会常务副主席、中共中央政策研究室原副主任。

① 习近平：《在纪念马克思诞辰200周年大会上的讲话》，人民出版社2018年版，第14页。

多的关注和研究。

唐园结和徐恒杰同志都是资深的“三农”新闻宣传工作者。我在参与农业农村的相关工作中和他们接触不少，对他们了解较多。特别是唐园结同志有40多年学农“务”农的经历，一直深耕“三农”，担任“三农”主流媒体主要负责人近20年，对“三农”新闻宣传工作做出了积极贡献。徐恒杰同志曾多年担任《农民日报》评论部主任，写过不少有独到见解的评论。他们对党和农民都有着深厚的感情，对“三农”问题孜孜不倦的研究精神也值得赞赏！

唐园结和徐恒杰同志新近完成的这一专著，对于深入总结党指导“三农”发展的理论与实践，深入理解马克思主义中国化的历程以及如何走好中国特色社会主义道路，特别是深入了解为什么要实施以及如何实施乡村振兴战略都很有意义。

一是有利于了解“三农”发展与马克思主义中国化进程的密切联系。

2021年9月，习近平在中央农村工作会议上指出：“我们要坚持用大历史观来看待农业、农村、农民问题，只有深刻理解了‘三农’问题，才能更好理解我们这个党、这个国家、这个民族。”① “三农”问题作为中国现代化进程中的基本问题，与中国共产党的使命密切相关，是中国共产党从诞生之日起就面临的一个重要的和基本的问题。100多年来，在逐步形成的物力支撑上以农业为基础、战略空间上重视农村、人力资源上依靠农民的中国革命与建设的特色的背景下，中国共产党领导

① 《谱写农业农村改革发展新的华彩乐章——习近平总书记关于“三农”工作重要论述综述》，《人民日报》2021年9月23日。

中国人民实现了从半殖民地半封建社会到民族独立、人民当家作主，从新民主主义革命到社会主义革命和建设，从高度集中的计划经济体制到充满活力的社会主义市场经济体制，从封闭半封闭到全方位开放的历史性转变。当前，我国社会主义经济建设、政治建设、文化建设、社会建设以及生态文明建设取得重大进展，历史性地告别了绝对贫困，实现了全面小康，综合国力大大提高，谱写了中国特色社会主义的新篇章。我们要看到，这是马克思主义中国化的最新成就；同时也必须看到，在我国经济社会的综合发展中，“三农”发展仍然是短板，“三农”问题仍然是目前我国现代化进程中的突出问题。要解决这些问题，还需要充分提高认识，秉持历史耐心，付出艰辛努力。

二是有利于丰富马克思主义中国化的理论研究，理解实施乡村振兴战略的重大意义。

在中国共产党的百年历史上，马克思主义与中国实际相结合产生了两次历史性飞跃，即毛泽东思想和中国特色社会主义理论体系。党的十九大确立的习近平新时代中国特色社会主义思想，与马列主义、毛泽东思想和中国特色社会主义理论体系一脉相承，具有共同的理论基础、理论精髓、理论品质和理想价值。在毛泽东思想的形成过程中，毛泽东对农村的调查研究和开辟井冈山根据地等经历为其提供了十分重要的思想与实践基础。毛泽东在谈到我党夺取政权的主要经验时说：“有了土地改革这个胜利，才有了打倒蒋介石的胜利。”① 同样，习近平的农村生活经历、领导农业农村工作的经历和在此过程中形成的对“三农”发展与全局发展的理性思考，是习近平新时代中国特

① 《毛泽东文集》第6卷，人民出版社1999年版，第73页。

色社会主义思想的重要基础。

100多年来，中国共产党领导中国革命、建设和改革发展的伟大征程，是一部马克思主义与中国的“三农”问题逐步紧密结合，在此基础上实现民族独立、人民解放、国家富强并逐步建设中国特色社会主义现代化国家的历史。通过这艰辛而恢宏的百年奋斗，我们不仅取得了新民主主义革命的胜利和社会主义革命与建设的巨大成就，卓有成效地推动了中国现代化的进程，拉开了中华民族伟大复兴的大幕，走出了一条新的大国崛起之路，迎来世界格局的百年巨变，同时也极大地丰富和发展了马克思主义和社会主义理论体系。

现在，我们已如期实现第一个百年奋斗目标，在向第二个百年奋斗目标奋进的过程中，最艰巨最繁重的任务、最广泛最深厚的基础，以及最巨大的潜力和最充足的后劲都在“三农”。脱贫攻坚取得胜利后，我国全面推进党的十九大确立的乡村振兴战略，这是“三农”工作重心的历史性转移。在人民日益向往美好生活的新时代，只要始终把解决好“三农”问题作为全党工作的重中之重，坚持农业农村优先发展，通过建立健全城乡融合发展体制机制和政策体系，在各方面对新农村建设进行提档升级，按照产业兴旺、生态宜居、乡风文明、治理有效、生活富裕的总要求加快推进农业农村现代化，乡村振兴战略就必将在神州大地化作中华腾飞的美丽蓝图。

三是有利于了解中国特色社会主义道路的艰难困苦和成功奥秘，增强全面建成社会主义现代化强国的信心。

40余年前，邓小平指出，“所谓小康社会，就是虽不富裕，但日子好过”[①]，此后又不断丰富深化小康社会的内涵和战略意义，设计了“三步走”战略。在1998年人均GDP达到800美元以上，全国实现了总体小康的基础上，国家要实现全面小康，工作重点就是在强化农业基础地位的同时解决好扶贫脱贫工作，补上农村发展的短板。为了让全党全国充分重视、协力解决这一问题，从2003年起，中央提出把解决好农业、农村、农民问题作为全党工作的重中之重。党的十八大以来，党中央领导全党和全国各族人民把打赢脱贫攻坚战作为全面建成小康社会的底线任务，并将其摆到治国理政的突出位置。2017年，党的十九大报告全面擘画建成社会主义现代化强国的时间表、路线图，要求在2020年全面建成小康社会、实现第一个百年奋斗目标的基础上再奋斗30年，把我国建成富强民主文明和谐美丽的社会主义现代化强国。全面小康社会时代，高标准治理相对贫困和实现乡村振兴的任务依然艰巨繁重，全面建成社会主义现代化强国的路上依然会有许多难以预料的困难与挑战，但经过建设全面小康社会的实践，我们经受了考验，积累了经验，对于完成全面建成社会主义现代化强国的伟大任务充满信心。

党的十八大以来，以习近平同志为核心的党中央始终坚持把解决好“三农”问题作为全党工作的重中之重，重农固本、安民强基，推动农业农村工作取得历史性成就，为开启全面建设社会主义现代化国家新征程奠定了坚实的基础。特别是2020年以来，面对严峻复杂的国际形势和艰巨繁重的国内改革发展稳定任务，尤其是新冠疫情的严重冲击，中国经济社会的航船

---

① 《邓小平文选》第3卷，人民出版社1993年版，第161页。

依然能一路破浪前行，成为全球唯一实现经济正增长的主要经济体，其中，“三农”工作稳定发挥的“压舱石”作用比平时更加凸显。这使我们进一步增强了做好“三农”工作、加快推进农业农村现代化的责任感和使命感。

在波澜壮阔的百年党史中，我们党始终与人民同心同行。今天的中国，经济总量已位居世界前列，我们比历史上任何时期都更接近于实现中华民族伟大复兴的目标。逐梦路上，中国人民始终保持昂扬斗志，盈科而进，笃定前行。在新的发展阶段，加强党对“三农”工作的全面领导，需要继续秉持强农惠农富农的初心不动摇，把为亿万农民谋福祉作为推进“三农”工作的出发点和落脚点。

回顾与学习中国共产党百年奋斗史和中国“三农”发展史，有利于我们更好地以习近平新时代中国特色社会主义思想为指导，以更大的决心、更明确的目标、更有力的举措在新征程上谱写乡村振兴与民族复兴新的华彩乐章。

乡村振兴的大幕已经拉开，乡村建设的实践丰富多彩，这样的研究也适逢其时。相信会有越来越多的有识之士关注和研究乡村振兴与民族复兴这一时代课题，不断推出新成果。

是为序。

2022 年 6 月于北京

引言

FOREWORD

“谁赢得农民，谁就会赢得中国”[①]

在互联网时代，人民对美好生活的向往的许多细节都会被聚焦和放大。

2020年11月11日，摄影师胡波在四川省甘孜州理塘县录制短视频。画面中，康巴小伙丁真的笑容勾起了人们对自在与纯真的向往。让人意想不到的是，这段不足10秒的视频，阅读量高达数十亿。29日，外交部原发言人华春莹在推特上连发推文，为丁真“打call”。华春莹先是介绍丁真的新身份——四川广播电视台的新主播，随后写道：“一张灿烂、阳光、天真的微笑照片在网上走红后，丁真最近成为了社交媒体上的明星。”[②] 羞涩的康巴青年农民丁真的命运，就此改变。

丁真并不孤独。近几年来，类似的网红还有李子柒等。

这些反映农村原生态真善美的网红的出现，绝非偶然现象，而是党的十八大以来，我们党切实把解决“三农”问题作为全党工作的重中之重，全力以赴打赢

① 〔美〕洛易斯·惠勒·斯诺著，王恩光等译：《斯诺眼中的中国》，中国学术出版社1982年版，第47页。

② 原文为“recently became a social media star after a photo of his bright, sunny and innocent smile had gone viral”。

脱贫攻坚战，全面启动实施乡村振兴战略的过程中的派生现象。

“谁赢得农民，谁就会赢得中国。”① 这是深刻了解中国国情的毛泽东早年对于中国革命基本路径的基本判断。回顾百年党史，吃苦耐劳、默默奉献的中国农民，长期以来为我国革命和社会主义建设与改革发展事业做出了巨大的历史性贡献。

一

中国共产党领导的中国革命最终能够取得成功，有两个关键因素：从党内来说，经过复杂的路线斗争，全党最终从中国实际出发，认可、接受、选择了以毛泽东为代表的“山沟沟里的马克思主义”；从全国来说，中国共产党紧密团结了占当时人口绝大多数的农民，使之成为革命实践中能够依靠的基本队伍，具有了最强大的力量。

中国共产党成立之际，就十分重视农村和农民。

党的创始人之一李大钊在建党前夕就开始研究中国的农村和农民问题。1919 年 2 月，李大钊在《晨报》发表《青年与农村》一文，认为“中国农村的黑暗，算是达于极点。”“我们中国是一个农国，大多数的劳工阶级就是那些农民。他们若是不解放，就是我们国民全体不解放；他们的苦痛，就是我们国民全体的苦痛……”因此城市青年“应该到农村里去”，去“开发农村”，使“知识阶级与劳工阶级打成一气”。② 1925 年，他

① 〔美〕洛易斯·惠勒·斯诺著，王恩光等译：《斯诺眼中的中国》，中国学术出版社 1982 年版，第 47 页。

② 《李大钊全集》第 2 卷，人民出版社 2013 年版，第 422—423 页。

又在《土地与农民》中提出了“耕地农有”[1]的口号，并将农民划分为富农、中农、小自耕农和佃农四个等级。

陈独秀也十分重视农村和农民的问题。1923年7月1日，陈独秀发表在《前锋》创刊号上的《中国农民问题》论述了农民的重要作用：“这种农民的大群众，在目前已是国民革命之一种伟大的潜势力，所以在中国目前需要的而且是可能的国民运动（即排斥外力打倒军阀官僚）中，不可漠视农民问题。”[2]

但是，主张积极发动农民、组织农民起来革命，并为之率先采取了切实行动的代表人物是彭湃、毛泽东等人。

1923年6月，党的第三次全国代表大会讨论到农民问题时，毛泽东强调了农民问题的重要性，指出：“中共不应只看见局处广州一隅的国民党，而应重视全国广大的农民。”[3] 1926年6月，毛泽东在第六届农民运动讲习所讲到中国农民问题时，明确提出“中国国民革命是农民革命”[4]。同年9月，毛泽东发表《国民革命与农民运动》，指出：“农民问题乃国民革命的中心问题，农民不起来参加并拥护国民革命，国民革命不会成功；农民运动不赶速地做起来，农民问题不会解决；农民问题不在现在的革命运动中得到相当的解决，农民不会拥护这个革命。”[5] 第六届农民运动讲习所先后培养了700余名农民运动骨干。他们回到各地后，积极推动农会的成立，组织与发动农民运动。

---

① 《李大钊文集》第5卷，人民出版社1999年版，第75页。
② 《陈独秀文集》第2卷，人民出版社2013年版，第422页。
③ 《毛泽东年谱（1893—1949）》（上卷），中央文献出版社2013年版，第112页。
④ 《毛泽东年谱（1893—1949）》（上卷），中央文献出版社2013年版，第163页。
⑤ 《毛泽东文集》第1卷，人民出版社1993年版，第37页。

举办第六届农民运动讲习所的地方位于现今广州市中山四路42号，是一座明清时期用作培养儒生、祭祀孔子的典雅古建筑。讲习所旧址内，一面写有“农为党本”的红旗至今鲜艳夺目。现代人习惯从左往右阅读，往往将这句话读成“本党为农”，却能更好地解读100多年来“党”与“农”命运与共的关系。

1926年11月，中共中央决定成立由毛泽东任书记的中央农民运动委员会（以下简称“中央农委”）。在毛泽东的主持下，中央农委决定以湖南、湖北、江西、河南四省的农民运动为重点，同时在陕、川、桂、闽、皖、苏、浙七省广泛发动农民、组织农民，全面推动农民运动。组织起来的农民以及他们所在的乡村成为党领导的革命运动进入低潮之后重新崛起的希望所在。

二

组织起来的农民是什么样的？以下这段描写是一个生动的写照。

> “我出十块钱，请你们准我进农民协会。”小劣绅说。
>
> “嘻！谁要你的臭钱！”农民这样回答。
>
> 好些中小地主、富农乃至中农，从前反对农会的，此刻求入农会不可得。我到各处，常常遇到这种人，这样向我求情：“请省里来的委员作保！”[①]

---

① 《毛泽东著作选读》（上册），人民出版社1986年版，第14页。

这是毛泽东于1927年3月发表的《湖南农民运动考察报告》中的一段描述。

1927年1月4日至2月5日，毛泽东回湖南考察农民运动。2月16日，毛泽东给中共中央写信，提出解决农民的土地问题已经不是宣传而是立即实行的问题，驳斥了当时党内外怀疑和指责农民运动的论调，总结了湖南农民运动的丰富经验，提出了解决中国民主革命的中心问题——农民问题的理论和政策。

这篇报告是这样评价当时的农民和农民运动的：

> 目前农民运动的兴起是一个极大的问题。很短的时间内，将有几万万农民从中国中部、南部和北部各省起来，其势如暴风骤雨，迅猛异常，无论什么大的力量都将压抑不住。他们将冲决一切束缚他们的罗网，朝着解放的路上迅跑。一切帝国主义、军阀、贪官污吏、土豪劣绅，都将被他们葬入坟墓。一切革命的党派、革命的同志，都将在他们面前受他们的检验而决定弃取。站在他们的前头领导他们呢？还是站在他们的后头指手画脚地批评他们呢？还是站在他们的对面反对他们呢？每个中国人对于这三项都有选择的自由，不过时局将强迫你迅速地选择罢了。[①]

农民何以有这样的地位？报告通过详细列举当时农民在农民协会的领导之下总共完成了的十四件大事，作了有力的回答。

就在毛泽东结束这次农民运动考察两个月之后，以蒋介石

① 《毛泽东著作选读》（上册），人民出版社1986年版，第12页。

为首的国民党反动派撕毁合作协议，发动了蓄意清除和杀害共产党人的“四一二”反革命事变。

这个时间点让人不禁为毛泽东或许没有机会完成这样的考察捏了一把汗。因为，我们有理由做这样的历史假设：或许正是因为这次考察，毛泽东才深化了对中国革命发展趋势的认识，坚定了对于中国农民力量的信心，因而才使毛泽东而不是别的同志最终能够毫无疑义地引领中国革命走上正确的道路。

三

认识到中国农民的力量，并由此看清“无产阶级领导的人民大众的反帝反封建的革命”[①] 的基本道路，是毛泽东的远见。

时间继续向前。经历了秋收起义、井冈山武装割据、中华苏维埃共和国政权的建立、万里长征后，毛泽东对中国农民的历史作用和地位有了更加深刻的认识。

1936 年 7 月，毛泽东在延安会见美国记者斯诺时说：“谁赢得了农民，谁就会赢得中国；谁解决土地问题，谁就会赢得农民。”[②]

1940 年 1 月，毛泽东在《新民主主义论》中进一步指出：“中国的革命实质上是农民革命。”“农民问题，就成了中国革命的基本问题，农民的力量，是中国革命的主要力量。”[③]

1945 年 4 月，毛泽东在中国共产党第七次全国代表大会的口头报告中指出：“所谓人民大众，主要的就是农民。不是有

① 《毛泽东文集》第 3 卷，人民出版社 1996 年版，第 304 页。

② 〔美〕洛易斯·惠勒·斯诺著，王恩光等译：《斯诺眼中的中国》，中国学术出版社 1982 年版，第 47 页。

③ 《毛泽东著作选读》（上册），人民出版社 1986 年版，第 381 页。

一个时期我们忘记过农民吗？一九二七年忘记过，当时农民把手伸出来要东西，共产主义者忘记了给他们东西。抗战时期，这种差不多相同性质的问题也存在过。靠什么人打败日本帝国主义？靠什么人建立新中国？力量在什么地方？有些人在这个时候弄不清楚，给忘记了。”[①] 在这个脱稿的口头政治报告中，毛泽东进一步分析说：“人民大众最主要的部分是农民，其次是小资产阶级，再其次才是别的民主分子。”[②] 因此，毛泽东殷切地告诫党的高级干部们：“我们马克思主义的书读得很多，但是要注意，不要把‘农民’这两个字忘记了；这两个字忘记了，就是读一百万册马克思主义的书也是没有用处的，因为你没有力量！”[③] 毛泽东还形象地描述了那种没有力量的状况：“靠几个小资产阶级、自由资产阶级分子，虽然也可以抵一下，但是没有农民，谁来给饭吃呢？饭没得吃，兵也没有，就抵不过两三天。”[④]

从井冈山到延安，从西柏坡到天安门，中国共产党团结带领以农民为主体的全国人民攻克了一个又一个看似不可攻克的难关，创造了一个又一个彪炳史册的人间奇迹。

根据中组部和民政部发布的数据，自革命战争以来，先后约有2100万名烈士为革命的胜利献出了自己宝贵的生命。这些先烈大多数没有留下姓名，有姓名可考、已列入各级政府编纂的烈士英名录和牺牲党员名录中的仅有370万人左右。这些有名的和无名的烈士，大部分是来自党所建立的各个农村革命

① 《毛泽东文集》第3卷，人民出版社1996年版，第305页。
② 《毛泽东文集》第3卷，人民出版社1996年版，第305页。
③ 《毛泽东文集》第3卷，人民出版社1996年版，第305页。
④ 《毛泽东文集》第3卷，人民出版社1996年版，第305页。

根据地的农民子弟。

四

中华人民共和国成立后，在国家向现代化迈进的过程中，农民又为各个时期政治经济社会的发展做出了巨大贡献。站起来的中国农民在党的领导下，开始向着社会主义的共同富裕迈进。中国社会的现代化，主要是农村的现代化；中国人民的共同富裕，主要是中国农民的共同富裕。

1950 年 6 月，在中国人民政治协商会议第一届全国委员会第二次会议上，毛泽东指出："中国的主要人口是农民，革命靠了农民的援助才取得了胜利，国家工业化又要靠农民的援助才能成功。"[①]

虽然农民有了走上共同富裕道路的政治依靠，但在其为工业化和城市化建设做贡献的过程中，中国社会逐步形成壁垒森严的城乡二元结构，国家过多地限制了农民，使农民的积极性、主动性和创造性一度受到重创。

1978 年，率先从农村开始的改革打破了"一大二公"的旧的生产组织方式。由于农村改革的巨大活力和示范作用，我国的全面改革获得了坚实的基础，并开始以持续的发展和繁荣重塑民族自信。

"平凡铸就伟大，英雄来自人民。"[②] 当前，在邓小平开启的改革开放之路上，在江泽民、胡锦涛接力领航推进的小康社会建设成果的基础上，在习近平新时代中国特色社会主义思想

① 《毛泽东文集》第 6 卷，人民出版社 1999 年版，第 79—80 页。
② 《国家主席习近平发表二〇二一年新年贺词》，《人民日报》2021 年 1 月 1 日。

指引下，中国完成了“一个都不能少”的全面小康建设，开启了全面建设社会主义现代化国家的新征程。从站起来，到富起来，再到强起来，中国人不仅拥有以领袖意志为代表的集体人格的自信，而且拥有追求“向往的生活”的充满个性的自信与豪迈。

2020 年 12 月 28 日，习近平在中央农村工作会议上饱含深情、掷地有声地宣告：民族要复兴，乡村必振兴。抚今追昔，总结中国农民对党领航中国发展事业的巨大贡献，具有十分重大的意义。历史证明，每当轻视农民的作用，忽视农民的利益，不能发挥农民积极性的时期，党的事业就处于低潮或走弯路；反之，党的事业就兴旺发展。

国家主席习近平发表的二〇二二年新年贺词中说，“大国之大，也有大国之重。千头万绪的事，说到底是千家万户的事。”“民之所忧，我必念之；民之所盼，我必行之。我也是从农村出来的，对贫困有着切身感受。”“全面小康、摆脱贫困是我们党给人民的交代，也是对世界的贡献。让大家过上更好生活，我们不能满足于眼前的成绩，还有很长的路要走。”[①] 这种人民情怀和农民情结，是广大人民从乡土中国走向强盛的过程中，过上越来越好幸福生活的精神保障。

中国共产党赢得了农民，就赢得了中国。各级党员干部都应该永远铭记农民的贡献、农民的恩德。在中国特色社会主义新时代，广大农民必将做出新的更大贡献，也必将过上越来越幸福的生活。这样的中国，必将在中华民族伟大复兴的道路上不断向前迈进！

---

① 《国家主席习近平发表二〇二二年新年贺词》，引用日期：2022 年 12 月 31 日，https://news.cctv.com/2021/12/31/ARTITw0tPnoYaX1KvdzBnnYp211231.shtml.

目　录
CONTENTS

第二章

认识"三农"对中国革命、建设与改革发展之重要性是马克思主义中国化的关键环节

第三章
“三农”事业始终是中国共产党领航中国发展的“根据地”

第四章
新“重农论”引领新型工农城乡关系

第五章
“三农”问题仍是需解决的突出问题

第六章

乡村振兴乃是中华民族伟大复兴必由之路

第一章

“三农”问题是贯穿中国现代化进程的基本问题

“三农”问题，即农业、农村、农民问题。农为邦本，本固邦宁，“三农”问题至关重要。

自从盘古开天地，三皇五帝至于今，中华民族迭代相传着以农业、农村、农民为根基的绵延不断、独具特色的中华文明。鸦片战争后，中国逐步沦为半殖民地半封建社会，在资本主义列强的入侵和不平等条约的屈辱中被迫开启了现代化进程。19 世纪中叶以来，中华民族的命运演变史充分证明，如果没有曾经占人口绝大多数的农民的积极参与，如果不促使农业、农村随着时代发展而进步，由此形成的民族或国家的复兴与现代化方案必然如无根之木，不可能实现。

历史选择了对“三农”有充分认识并予以足够重视的中国共产党。

中国的“三农”问题，是经济问题，也是政治问题，同时还是社会、文化问题，关系到中国工业化、城镇化、共同富裕、可持续发展、文明传承等一系列政治、经济与社会发展的重大课题，因而是贯穿国家发展和民族复兴的基本问题。自近代以来，在认识“三农”的现实与历史地位，重视解决“三农”问题，推动“三农”事业不断进步的基础上实现国家综合实力的不断发展，是伴随中华民族伟大复兴和现代化进程的重要内容。

中国的现代化进程，很大程度上是中国共产党领导下的“三农”问题的解决过程。

一、实现现代化依靠谁

我国要实现现代化，即完成从传统农业社会向现代社会的转型。

其转型的广度和深度，从经济基础到上层建筑，从文化教育到意识形态，从国内生活到国际关系，都是以往任何时期无法比拟的。

中国实现现代化的依靠力量是什么呢?

从 1840 年到 1921 年，世界主要资本主义国家在第二次工业革命的推动下逐步进入帝国主义阶段。此时期，资本输出与瓜分世界的竞争加剧，资本主义国家对半殖民地半封建中国的掠夺使中国军阀割据，经济失调，民不聊生。在此背景下，太平天国起义、洋务运动、戊戌变法、辛亥革命相继发生，无数仁人志士希望通过各种抗争与探索寻找中国现代化的路径，获得进入现代世界的“入场券”。

然而，旧式的农民起义、不触动封建根基的改良主义自强运动、资产阶级民主革命，以及照搬西方资本主义的其他种种方案，都没能把以农民为主体的广大民众的革命积极性充分调动起来，因而未完成救亡图存和反帝反封建的任务，未能实现中国现代化的历史使命。

(一) 农民的力量

中国共产党是不同于其成立之前的各个党派团体的、代表中国绝大多数人利益的先进政党。中国共产党是用马克思主义武装起来的政党，始终把为中国人民谋幸福、为中华民族谋复兴作为自己的初心和使命，并一以贯之地体现到党领导的全部工作之中。正如马克思、恩格斯在《共产党宣言》中的庄严宣告：“过去的一切运动都是少数人的，或者为少数人谋利益的运动。无产阶级的运动是绝大多数人的，为绝大多数人谋利益的独立的运动。”① 中国共产党成立之初，在积极组织工人运动的同时，十分重视发动农民和组织农民运动，其成果甚至比工人运动更显著，原因是当时农村人口占到全国总人口 90%以上。

---

① 《共产党宣言》，人民出版社 2018 年版，第 39 页。

彭湃、毛泽东等人为农民运动的发展做出了巨大贡献。

彭湃出身于海丰县的一个大地主家庭，家里当时拥有的田地广到“鸦飞不尽”。彭湃在日本留学时，接触到马克思主义，回国后为了革命毅然烧毁了自己继承的田契，把田地还给穷苦的农民。1922年7月，彭湃联合5位农民在广东海丰成立了“六人农会”；同年10月，农会会员发展至28个乡村3390人，由此壮大成赤山约农会，发动农民进行减租斗争。1923年1月1日，海丰县总农会成立，全县农民代表大会通过了总农会的组织章程，并选举彭湃为总农会会长。

毛泽东对农民的认识非常深刻。在1925年12月完成的《中国社会各阶级的分析》一文中，毛泽东开门见山地指出：“谁是我们的敌人？谁是我们的朋友？这个问题是革命的首要问题。中国过去一切革命斗争成效甚少，其基本原因就是因为不能团结真正的朋友，以攻击真正的敌人。”① 文章在全面分析之后得出结论：一切半无产阶级（半自耕农、贫农、小手工业者等）、小资产阶级（自耕农、手工业者、小知识阶层），即广大农民或农村居民，是“我们最接近的朋友”②。

因钦佩中国共产党人，革命先行者孙中山决定要“联共”。在确定国共合作时，孙中山对胡汉民等人说：“我们的革命运动，黄花岗、潮州之役，人数极少；镇南关之役不过200人……现在中共组织工农运动，群众一起来，动辄成千逾万；开滦罢工、‘二七’罢工规模浩大，震惊中外，其势尤不可侮！”③ 1925年3月，孙中山在病逝前留下的《国事遗嘱》中说：“余致力国民革命凡四十年，其目的在求中国之自由平等。积四十年之经验，深知欲达到此目的，必须

① 《毛泽东选集》第1卷，人民出版社1991年版，第3页。
② 《毛泽东选集》第1卷，人民出版社1991年版，第9页。
③ 金一南：《苦难辉煌》，作家出版社2016年版，第13页。

唤起民众及联合世界上以平等待我之民族，共同奋斗。”①

在唤起民众方面，中国共产党不负孙中山所望。1926 年 4 月，全国第一次农民代表大会在广州举行。当时，全国农协会员近千万。而孙中山的继承者蒋介石则背离了全国民众。1927 年，蒋介石发动“四一二”反革命政变。之后，中国面临两条道路、两种命运的关键抉择。以毛泽东为代表的中国共产党人义无反顾地走向农村，选择到农村建立根据地。赣南闽西、鄂豫皖、湘鄂西、陕甘边等根据地如雨后春笋般地创立并发展壮大。

在根据地，毛泽东通过土地革命等方法巩固和发展根据地，使农民分得田地后，可以对土地所有权进行租赁买卖，土地收获除给苏维埃政府交土地税外，均归农民所有。这样的土地政策赢得了农民的支持，吸引了大批农民由此加入红军队伍。

经过 10 多年的发动和组织，农民作为一支重要力量推动中国革命和抗日战争不断取得胜利。1945 年 4 月，毛泽东在中国共产党第七次全国代表大会上的政治报告中，分析了农民在种田产粮之外的社会作用：

> 农民——这是中国工人的前身。将来还要有几千万农民进入城市，进入工厂。如果中国需要建设强大的民族工业，建设很多的近代的大城市，就要有一个变农村人口为城市人口的长过程。
>
> 农民——这是中国工业市场的主体。只有他们能够供给最丰富的粮食和原料，并吸收最大量的工业品。
>
> 农民——这是中国军队的来源。士兵就是穿起军服的农民，他们是日本侵略者的死敌。
>
> 农民——这是现阶段中国民主政治的主要力量。中国的民

① 《孙中山全集》第 2 卷，人民出版社 2015 年版，第 425 页。

主主义者如不依靠三亿六千万农民群众的援助，他们就将一事无成。

农民——这是现阶段中国文化运动的主要对象。所谓扫除文盲，所谓普及教育，所谓大众文艺，所谓国民卫生，离开了三亿六千万农民，岂非大半成了空话？[①]

可以说，这是中国有史以来第一次对农民进行这样中肯的研究和分析，其目的是让全党全社会充分了解农民，发挥农民对革命和建设的积极作用。

依靠广大农民的力量，中国革命最终走向了农村包围城市、武装夺取政权的正确道路。美国学者费正清认为："1949 年的结局表明，不是苏联的援助比美国多（事实恰恰相反），问题在于中共能够动员和利用革命的潜力，国民党却办不到。"[②] 这个潜力，很大程度上体现在一般人所不能想象、更不会重视的农民的力量、农村的战略空间和农业的基本物质支撑作用。中国共产党在经过种种探索之后，选择最重视农民力量和最善于组织农民运动的毛泽东为中国革命的领导核心。

在毛泽东的领导下，党和农民的依存与互助关系迅速发展且日益牢固。这一点在解放战争中表现得尤为突出。为推翻国民党统治、解放全中国，1946 年 6 月至 1949 年 9 月，中国人民解放军在中国共产党的领导下，与国民党进行了一场事关中国前途命运的决战。其间，中国人民解放军以 170 万人的兵力，在广大解放区农民的支持下，共歼敌（包括毙伤、俘虏、投诚、起义、和平改编）807.1 万余人。其中，中国人民解放军伤亡 130 余万人。

---

① 《毛泽东选集》第 3 卷，人民出版社 1991 年版，第 1077—1078 页。

② 〔美〕费正清著，张理京译：《美国与中国》，世界知识出版社 2008 年版，第 131 页。

▲ 人民英雄纪念碑浮雕：解放战争中农民支援解放军

三大战役解放区人民支前情况统计表①

战役名称		辽沈战役	淮海战役	平津战役
类别	单位	数量		
支前民工	人	1830000	5430000	8860000
担架	付	137000	206000	363000
大小车辆	辆	129000	881000	1010000
牲畜	头	300000	767000	2067000
粮食	担	11000	43476	85426

① 资料来源：刘少奇纪念馆。

中国共产党解放全中国所依靠的武装力量主体是农民子弟，即使是各级将领也主要来自农村。1955 年，在中华人民共和国成立后盘点武装力量的授衔仪式上，十位大将均来自农村，其中湖南籍 6 人，分别是粟裕、陈赓、黄克诚、萧劲光、谭政、许光达；湖北籍 2 人，分别是徐海东、王树声；四川籍 1 人，是罗瑞卿；广东籍（现海南籍）1 人，是张云逸。十大元帅也均来自农村，其中六位是农民出身，分别是朱德、彭德怀、刘伯承、贺龙、陈毅、徐向前。

（二）“钢少气多”战胜“钢多气少”

中华人民共和国成立不易，立于世界民族之林同样不易。

中华人民共和国成立之初，为了保卫和平、反抗侵略，以农民子弟为主的中国人民志愿军开赴朝鲜，以罕见的英勇和巨大的牺牲赢得了抗美援朝战争的胜利，为后世留下了不可磨灭的深远影响和珍贵的精神财富。

1950 年 6 月 25 日，朝鲜内战爆发。美国政府从其全球战略和冷战思维出发，做出武装干涉朝鲜内政的决定。1950 年 10 月 5 日，党中央做出“抗美援朝，保家卫国”的历史性决策，并派周恩来前往苏联争取空中支援，尤其是空中掩护。不料，由于 10 月 8 日美国飞机轰炸苏联远东机场，斯大林在关键时刻打了退堂鼓。不得已下，毛泽东在 10 月 12 日致电彭德怀，要求暂不出兵。

但以美国为主的“联合国军”早在 10 月 1 日就全面越过了三八线，如果我们继续按兵不动，朝鲜的全境沦陷只是时间问题。10 月 13 日，我国确定了即便没有苏联空中掩护也要出兵朝鲜的方针。10月18 日，政治局扩大会议决定，中国人民志愿军按预定计划入朝参战。10 月 19 日，即“联合国军”攻占平壤的同一天，26 万志愿军将士在总司令兼政委彭德怀的率领下进入朝鲜，并在 10 月 25 日打响了抗美援朝战争的第一枪。

当时，在“联合国军”总司令麦克阿瑟看来，他所面对的中国人民志愿军不过是由一群穿着破衣烂衫、装备极其落后的农民组成的乌合之众，等待这群人的只有被屠杀的命运。甚至在志愿军取得了第三次战役的胜利之际，我们内部也有消极判断。对此，彭德怀给总部机关全体干部讲话时予以有力驳斥：“有人害怕同美国军队打仗，认为美国军队武器装备好，我们无法和它抗争，说什么‘肉弹碰铁弹，一碰就完蛋’，散布失败情绪，毫无勇气、骨气。难道我们的炮弹是肉做的，敌人的脑袋是铁铸的，我们的炮弹打不死人?！这岂不是怪事！再说，我们是怎样将敌人从鸭绿江边赶回三八线的，难道只是靠铁弹吗？我们的铁弹少，但完蛋的是美国人。因为我们有着比铁弹更有效的武器，这武器就是全体指战员不怕艰苦、不怕牺牲的勇敢精神！”① 这番话与毛泽东所分析的敌人“钢多气少”、我军“钢少气多”不谋而合，很好地诠释了朝鲜战场上的敌我形势。英勇的志愿军扬长避短，最终取得了抗美援朝的最终胜利。

在写作此节时，恰逢中央电视台首播反映抗美援朝实况的电视连续剧《跨过鸭绿江》，观剧时，深为志愿军在艰苦条件下表现出的英勇无畏精神所震撼。特级英雄黄继光、杨根思，特等功臣邱少云，一级英雄、“七一勋章”获得者柴云振等人，都是出身于农村的农民子弟，他们所表现出的极端的英勇和大无畏的牺牲精神，除了是党和部队教育的结果，还有对党和国家给予农民翻身地位的强烈报恩思想的支撑。

英勇牺牲的志愿军烈士中，还有毛泽东的长子毛岸英。1953 年 4 月，毛泽东特地邀请在京出席全国妇女大会的四川省代表——黄继光的母亲邓芳芝到中南海做客。一位烈士的父亲和一位烈士的母亲的手紧紧握在了一起。毛泽东对邓芳芝说：“你失去了一个儿子，

① 孟红：《彭德怀怎样做思想政治工作》，《红岩春秋》2020 年第 8 期。

我也失去了一个儿子。他们牺牲得光荣，我们都是烈属。”[①] 经毛泽东同意，毛岸英烈士和成千上万志愿军烈士一起长眠在朝鲜的国土上。

抗美援朝是新中国的立国之战。抗美援朝战争的胜利，极大地鼓舞了中国人民的爱国热情，提高了中华人民共和国的国际威望，加强了中苏联盟的实质性合作。

1958 年 7 月 22 日，毛泽东会见苏联驻中国大使尤金等客人时说：“苏联人从什么时候开始相信中国人的呢？从打朝鲜战争开始的。从那个时候起，两国开始合拢了，才有一百五十六项[②]。”[③] 在对我国的援助中，苏联无偿地提供了复杂的机器设备、详细的工艺规程、内容丰富的科技资料和其他科学集约化生产方式，并派来了大量专家。这些援助对于中国的现代化建设是有奠基意义的。如果没有抗美援朝的胜利，这些援助是难以企望的。

（三）农业“乳汁”哺育工业与城市发展

20 世纪 50 年代初期，中华人民共和国在全国范围内开展土地改革和农业社会主义改造之后，逐步完成对手工业和资本主义工商业的社会主义改造，从而为社会主义制度的初步建立奠定了基础。

正是依靠农业的反哺，中华人民共和国在一穷二白的基础上建立起比较完整的工业体系。中华人民共和国成立最初几年，农业收入一度占国家财政收入的 40%。从中华人民共和国成立到改革开放前的近 30 年，国家在农业和农村工作中建立了为工业提供积累的一

① 大型文献专题片《我们走在大路上》创作组：《我们走在大路上》，人民出版社 2019 年版，第 39 页。

② “一百五十六项”指我国第一个五年计划期间，由苏联援助中国建设的 156 项大中型工业项目。这些建设项目是中苏两国政府 1950 年至 1954 年间经过反复协商后分批确定的，后调整为 154 项。1960 年，由于苏联单方面废弃协议，实际进行施工的项目为 150 项。

③ 《毛泽东文集》第 7 卷，人民出版社 1999 年版，第 387 页。

整套制度，其间，尽管有种种波澜曲折，但除三年困难时期外，农业生产总体上稳定发展，各类农产品产量小幅增长，农民收入有所增加。

为了尽快建立国家工业体系，加快工业化进程，我国长期实行统购统销政策，特别是针对粮棉油等主要农副产品，通过工农产品剪刀差，从农业和农民那里获取了巨额的积累。据有关部门不完全统计，从 1953 年实行粮食统购统销到 1985 年取消统购统销政策，通过工农产品剪刀差和农业税，农民对工业化的贡献超过 7000 亿元。统购统销政策为工业发展提供了大量的积累，加速了工业化的进程；与此同时，农业、农村和农民成为国家集体发展中的短板，城乡发展差距、农民与城市居民的收入差距加大。

在城乡差距不断扩大的情况下，有两个村庄的发展却取得了超出同时代大多乡村的政治与经济成就——西沟村和大寨村。它们在改革开放之前闻名全国，知名度之高连许多二线城市都比不了。它们所做出的贡献不同凡响，是同时期“三农”事业对国家工业化城市化发展巨大贡献的缩影。这两个村庄在载入史册的同时，其带头人李顺达和申纪兰、陈永贵也成为社会主义建设时期不可忘却的时代精神“灯塔”。

从 20 世纪 50 年代起，山西省长治市平顺县西沟乡西沟村在相当长的一段时间里是中国地图上唯一被标出村名的行政村——据称也是我国历来全国地图上标出的第一个村庄。西沟村曾经同时有李顺达、申纪兰两位代表参加了第一至四届全国人民代表大会，而申纪兰后来成为见证共和国民主进程的传奇人物，是参加了从第一届到第十三届全国人民代表大会的唯一代表。

早在 1943 年 2 月，为了克服日军扫荡和自然灾害带来的困难，李顺达就积极响应边区政府“组织起来”的号召，在他所在的老西沟村带头组织起太行山第一个互助组。1944 年，李顺达作为互助组带头人，被太行区第一届群英会评为“生产互助一等英雄”。1948年，李顺达家盖了新门楼，上面镶嵌了时任平顺县县长任映仑赠送的“劳动起家”4个字，同时，平顺县人民政府赠送的“劳动英雄”牌匾也被悬挂在门楣上。中华人民共和国成立后，这块牌匾被运往北京，一直在中国革命历史博物馆（现国家博物馆）展出。

由于是早已闻名全国的老劳模，李顺达有机会在两年里受到毛泽东的三次接见，其中有两次和毛泽东一起“拉话”。

第一次拉话是在1950年，李顺达参加全国工农兵劳动英雄代表大会时，受到毛泽东接见。《西沟村志》中记载，李顺达被选进了主席团，和毛泽东坐在一起。毛泽东说：“中国的山地很多，南方有井冈山、大别山，山西有太行山、吕梁山，就是到了共产主义也不能不要山区。你们住在山区要好好建设山区，以后把山区建设成社会主义新农村。”[①] 会议上，李顺达获得了由毛泽东亲自题写的“生产战线的模范”奖状。

第二次是1951年9月，李顺达应邀到北京参加国庆观礼并列席中国人民政治协商会议，作为农民代表又受到毛泽东接见。《平顺县志》中记载，参加国庆宴会时，毛泽东鼓励他更好地建设山区。会议结束后，毛泽东特邀各界代表吃饭。和毛泽东同桌吃饭的有工人、军烈属、知识分子以及资方代表各1人，农民代表即是李顺达。

1955年，毛泽东主编的《中国农村的社会主义高潮》一书中收录了《勤俭办社，建设山区》这篇介绍西沟村的文章，毛泽东亲自为该文加了按语：

> 这里说的是李顺达领导的金星农林牧生产合作社。这个合作社办了三年，变成了一个包括二百八十三户的大社。这个社

① 《西沟村志》，中华书局2002年版，第5页。

所在的地方是那样一个太行山上的穷地方，由于大家的努力，三年工夫，已经开始改变了面貌。劳动力的利用率，比抗日以前的个体劳动时期提高了百分之一百一十点六，比建社以前的互助组时期也提高了百分之七十四。合作社的公共积累已经由第一年的一百二十元，增加到了一万一千多元。一九五五年，社员每人平均收入粮食八百八十四斤，比抗日以前增加了百分之七十七，比建社以前增加了百分之二十五点一。这个社已经做了一个五年计划，实行三年的结果，生产总值已经达到五年计划的百分之一百零点六。这个合作社的经验告诉我们，如果自然条件较差的地方能够大量增产，为什么自然条件较好的地方不能够更加大量地增产呢？①

党和国家领导人毛泽东的推介，使李顺达和西沟村的干部群众受到极大的鞭策和鼓舞，也极大地促进了全国农村合作化的发展。李顺达后来历任中共平顺县委书记，晋东南地委副书记、书记，并先后当选为中国共产党第八、九、十届代表大会的代表和第九、十届中央委员。

申纪兰是现代中国争取男女同工同酬的第一人。能获得人们广泛的认同，除了她身上始终洋溢着的当年解放区人民对建设新中国的极大热情，还有她对妇女“冲破锅台”发挥半边天作用的强烈向往。

在李顺达的母亲、共产党员郭玉芝的引领下，申纪兰 16 岁便走出家门，开始积极参与社会工作。1952 年，22 岁的申纪兰带领村里妇女和男劳力开展劳动竞赛，提出并最终实现了男女同工同酬。这成为中国妇女解放的一个里程碑。此后，她积极维护妇女的劳动权

① 《毛泽东年谱（1949—1976）》第 2 卷，中央文献出版社 2013 年版，第 483—484 页。

▲ 中国农村的社会主义高潮（上册）

利，倡导并推动“男女同工同酬”写入宪法。历史必将铭记，申纪兰是中国农民能够当家作主的生动见证。申纪兰历任西沟村党总支副书记、平顺县委副书记、山西省妇联主任、长治市人大常委会副主任等职务，但从来没有脱离过西沟，没有脱离过劳动。从 1954 年开始，申纪兰连任了十三届全国人大代表。对于这种荣誉，申纪兰却说：“我是个农民代表，每天生活在农村，知道农民想甚、盼甚。人民代表大会让人民有了说话的权利。当人大代表，就要代表人民的利益，代表人民说话，代表人民办事。”

2020 年 5 月，90 岁的申纪兰最后一次参加全国人民代表大会，还建议将农村水电自供区尽快并入国家电网，对自供区的农电网进行升级改造，以满足农村经济社会发展的要求，更好地推动乡村振

▲ 申纪兰参与 2008 年北京奥运会火炬传递

兴战略的实施。

申纪兰曾荣获全国劳动模范、全国优秀共产党员、全国脱贫攻坚“奋进奖”、“改革先锋”称号。2019 年 9 月 17 日，国家主席习近平签署主席令，授予申纪兰“共和国勋章”。

在西沟展览馆外的长形大石上，醒目地镌刻着习近平总书记题写的“太行精神光耀千秋，纪兰精神代代相传”，这彰显着西沟的革命情怀的恒久价值与意义，也凝结着中华人民共和国成立 70 多年来，西沟村在李顺达、申纪兰等党员干部带领下的发展变革。

沿着西沟村所处的太行山往北数百里，便到了大寨村。大寨村也曾是农业农村发展的一面旗帜。

大寨村是山西省晋中市昔阳县大寨镇的一个小山村，属太行山土石山区，由于长期风蚀水切，形成了七沟八梁一面坡的地貌，自然环境恶劣，人们常常将其形容为“山高石头多，出门就爬坡，地无三亩平，年年灾情多”。所以当时大寨有四多：讨吃要饭的多、卖儿卖女的多、扛长工打短工的多、外出逃荒的多。1945 年，大寨获得解放，1946 年组织了互助组，1947 年建立了党组织，1953 年办了合作社。

合作社时期，在党支部书记陈永贵以及贾进才、贾承让、梁便良、宋立英等干部的带领下，大寨村组织广大群众走集体化的道路，首先向穷山恶水展开宣战。他们制订出十年造地规划，凭着一双手、两个肩膀、一把镢头、两个箩筐不分昼夜地苦干，河沟造良田，山坡造梯田，花十年工夫改造了大寨“七沟八梁一面坡”的自然环境，修成了亩产千斤的高产、稳产海绵田。这不仅解决了大寨人的温饱问题，而且每年上交国家 20 多万斤余粮。

▲ 陈永贵（1915.2—1986.3）

大寨获得中央领导和全国人民的关注，是缘于当地遭受的一场罕见的洪涝灾害。1963 年，晋中发生了巨大洪涝灾害，大寨村和村民遭受了毁灭性损失。灾后，上级领导慰问大寨人，并送来了钱、粮等物资。不料大寨人却将赈灾物资给国家退了回去，陈永贵说：“遭灾的地方很多，如果都依靠国家救济，国家的钱财从哪里来呢?”不仅如此，大寨村党支部当即提出了“三不要三不少”的口号，即不要国家救济粮、救济款和救济物资；交国家的统购粮食不能少、社员收入不能少、社员口粮不能少。在陈永贵的带领下，大寨掀起了自力更生、艰苦奋斗、重建家园的热潮，干部群众“日战大寨田，夜战新农村”，花费了五年工夫，使一个崭新的大寨村展现于人们面前。

大寨人这种战天斗地、勤劳勇敢、自强不息的精神获得了全国上下的一致称赞。1964 年，毛泽东向全国发出了“农业学大寨”的号召。之后，老一辈无产阶级革命家周恩来、李先念、叶剑英、邓小平、陈毅等相继视察大寨。据统计，共有上千万人次参观学习大寨，包括国外的国家元首、政界要人和知名友好人士，以及国内的各行各业人士。大寨带头人陈永贵受邀到全国许多地方作报告介绍大寨经验，后来成为中国共产党第九届中央委员，第十、十一届中央政治局委员，第三至五届全国人大代表，1975 年至 1980 年任中华人民共和国国务院副总理。

在李顺达、陈永贵、申纪兰等人的感召下，更多的村庄和无数的农民，曾经默默地艰辛地在农业战线上为国家工业化城市化发展做出长期的巨大贡献。他们做出的贡献和留给世人的精神财富将永垂史册。

（四）“安泰”焕发活力

改革开放之前，西沟村、大寨村都曾是全国农村学习的典型，毛泽东甚至发出了“农业学大寨”的号召。但是，在实际推广西沟村、大寨村经验的过程中，出现了表面化、形式化和“一刀切”的做法；再加上“一大二公”的管理体制，农民的积极性不高，农业农村生产形势发展并不理想。

1978 年，党的十一届三中全会召开。之后，率先进行的农村改革重新激发了广大农民群众的积极性，使我国全面改革获得坚实基础，并开始以持续的发展和繁荣重塑民族自信。

毛泽东在《论联合政府》中指出：“凡属正确的任务、政策和工作作风，都是和当时当地的群众要求相适合，都是联系群众的；凡属错误的任务、政策和工作作风，都是和当时当地的群众要求不相适合，都是脱离群众的。教条主义、经验主义、命令主义、尾巴主义、宗派主义、官僚主义、骄傲自大的工作态度等项弊病之所以一定不好，一定要不得，如果什么人有了这类弊病一定要改正，就是因为它们脱离群众。”① 毛泽东从著此文之前24年的历史总结中阐述的这番道理，不仅适用于当时，对改革开放之前的许多年，乃至于对现在的中国也是具有指导意义的。因为党的领导虽然具有强大的组织力与号召力，但如果缺少了群众，特别是农民群众发自内心的鼎力支持和重度参与，国家的事业发展就会像希腊神话中的大力神安泰，在离开大地的同时也失去力量。

解决“三农”问题要靠发展，归根结底要靠发挥亿万农民的积极性和创造精神。邓小平为推动改革开放曾明确指出：“我国百分之八十的人口是农民。农民没有积极性，国家就发展不起来。”② 当安徽凤阳小岗村的农民以“托孤”的方式，冒着极大的风险尝试分田到户时，中国开始重新涌现出民众自主创新的力量。

邓小平指出：“农村搞家庭联产承包，这个发明权是农民的。农村改革中的好多东西，都是基层创造出来，我们把它拿来加工提高作为全国的指导。”③ 不仅农村家庭联产承包责任制的发明权归于农民，乡镇企业也是农民创造的，后来出现的土地股份合作制、适度规模经营、农村承包地“三权分置”以及外向型农业和生态农业等，也离不开农民在实践中的探索创造。

1982年，中央一号文件正式肯定了农村土地的家庭承包经营制度，对包产到户30年的争议结束了，多种形式的联产承包责任制从此成为中央政策。包产到户的合法性得到正式承认之后，广大农民的积极性得以提高，农业生产出现了超常规发展。1978年，全国粮

① 《毛泽东选集》第3卷，人民出版社1991年版，第1095页。
② 《邓小平文选》第3卷，人民出版社1993年版，第213页。
③ 《十三大以来重要文献选编》（下），人民出版社1993年版，第1864页。

食产量约3000亿公斤；包产到户后，到1984年，粮食就增加到4000亿公斤，农业总产值增长68%，农民人均收入增长166%。

自1982年开始，连续5年的中央一号文件推动农村改革工作迈开大步，每年都有新的成果，取得了中国农村改革的不断发展：1983年，放活农村工商业；1984年，疏通流通渠道，实行国家、集体、个人一起上的方针，多种经营方式并存，创造以市场竞争促发展的新局面；1985年，调整产业结构，取消统购统销政策；1986年，增加农业投入，调整工农城乡关系，并由农村政策研究室等五家单位共同提出今后10年增强农业后劲的8项建议。

▲ **20世纪80年代五个中央一号文件**

在农业生产力得到解放的同时，农村工商业也开始发展起来。1978年，全国社队两级共有企业152.43万个，安置农业转移劳动力2826.56万人，产值达到491亿元，相当于当年农业总产值的38%左右。到1987年，乡镇企业产出的二、三产业产值合计达4854亿元，首次超过了农业总产值，成为我国农村经济发展史，乃至整个国民经济发展史上的一个重要里程碑。

在农村实行家庭联产承包责任制取得显著成效之后，随着农村经济社会的发展和国家工业化城镇化发展的需要，农村富余劳动力转移到非农产业就业的势头一直在增长。到 21 世纪初，农民工[①]的数量基本维持在 2 亿以上，2020 年达 2.9 亿左右，成为我国产业工人的主体。

体制机制改革后，“安泰”焕发出的活力是巨大的。

（五）“重中之重”重于泰山

20 世纪 80 年代后期，我国一些学者在总结社会主义现代化建设的经验和教训时，依据中国国情，开始把农村问题分解为农业、农村、农民问题，并分别进行研究，既分析三者的相互关系，也研究三者各自要解决的问题。90 年代，中央领导同志的谈话以及党中央的文件中开始采用“三农”问题的说法。《江泽民文选》中的《高度重视农业、农村、农民问题》一文，是 1992 年 12 月 25 日江泽民在武汉主持召开安徽、江西、河南、湖北、湖南、四川 6 省农业和农村工作座谈会时的讲话。文中指出：“农业是国民经济的基础，农村稳定是整个社会稳定的基础，农民问题始终是我国革命、建设、改革的根本问题。这是我们党从长期实践中确立的处理农业、农村、农民问题的重要指导思想。各级党委和全党同志，主管农业和农村工作的部门以及其他部门，在任何时候任何情况下都千万不能忘记这个重要指导思想，必须坚持不懈地把它贯穿于我国社会主义现代化建设的全过程，决不能有丝毫动摇。”[②] 这一定位，为把解决“三农”问题列为全党工作的重中之重提供了重要的理论依据。

21 世纪以来，从 2003 年 1 月召开的中央农村工作会议开始，党中央一再要求，把解决好农业、农村、农民问题作为全党工作的重中之重，并为此做出了一系列针对性的具体部署，取得了越来越显著的

① 为顺应时代发展，农民工现已更名为“新产业工人”，由于本书内容均在特定时代下，故仍采用“农民工”的说法。

② 《江泽民文选》第 1 卷，人民出版社 2006 年版，第 258 页。

成效。

党的十六大之后，以胡锦涛同志为总书记的中央领导集体顺应历史潮流，在处理好工农关系、城乡关系和解决“三农”问题上，进行了一系列具有重大指导意义的理论创新，以新“重农论”为核心的新时期“三农”工作的基本思路和理论体系日渐成熟。我们党从现代化建设全局出发，提出了把解决好“三农”问题作为全党工作重中之重的战略思想，做出了“两个趋向”的重要论断和我国总体上已进入以工促农、以城带乡发展阶段的重大判断，制定了工业反哺农业、城市支持农村和多予少取放活的基本方针，明确了走中国特色农业现代化道路的基本方向、建设社会主义新农村的战略任务、加快形成城乡经济社会发展一体化新格局的根本要求，制定了一系列强农惠农富农政策，工业化、城镇化和农业现代化的发展开始趋于协调。

党的十八大之后，以习近平同志为核心的党中央坚持以人民对美好生活的向往为奋斗目标，高度重视、热忱推动解决事关全局发展的“三农”问题。2012 年 12 月，习近平在中央经济工作会议上的讲话强调，把解决好“三农”问题作为全党工作的重中之重，是我们党执政兴国的重要经验，必须长期坚持、毫不动摇。[①] 2013 年 12 月，习近平在中央农村工作会议上强调：“小康不小康，关键看老乡。一定要看到，农业还是‘四化同步’的短腿，农村还是全面建成小康社会的短板。中国要强，农业必须强；中国要美，农村必须美；中国要富，农民必须富。农业基础稳固，农村和谐稳定，农民安居乐业，整个大局就有保障，各项工作都会比较主动。”[②] 这一深具历史观、大局观的实事求是的讲话，指明了党的十八大之后中央解决“三农”

① 《十八大以来治国理政新成就》（上册），人民出版社 2017 年版，第 426 页。
② 《十八大以来重要文献选编》（上），中央文献出版社 2014 年版，第 658 页。

问题的正确方向，推动了一系列政策举措的出台，确保了全国农民脱贫攻坚奔小康的进程扎扎实实向前推进。

党的十九大首次提出实施乡村振兴战略，强调农业、农村、农民问题是关系国计民生的根本性问题，必须始终把解决好“三农”问题作为全党工作重中之重。要求坚持农业农村优先发展，按照产业兴旺、生态宜居、乡风文明、治理有效、生活富裕的总要求，建立健全城乡融合发展体制机制和政策体系，加快推进农业农村现代化。

从2004年到2025年，连续22年的中央一号文件都聚焦“三农”问题，强调始终坚持“重中之重”战略思想，始终坚持多予少取放活的方针，对农民和农业的补贴数额不断增加，范围不断扩大，农业税等一系列税负被取消，城乡基本公共服务均等化发展逐步推进，反哺“三农”的力度持续加大，形成了强农惠农富农的基本政策框架，保持了农业和农村经济的良好发展态势。近年来，全国农业综合生产能力上了大台阶，农民收入较2010年翻了一番多，农村民生显著改善，乡村面貌焕然一新。

党的十八大之后，脱贫攻坚工作作为全面建成小康社会的标志性工程，成为人类历史上力度最大、规模空前、惠及人口最多的脱贫工程。截至2020年底，当时标准下9899万农村贫困人口全部脱贫，832个贫困县全部摘帽，12.8万个贫困村全部出列。贫困地区发生的翻天覆地的变化，使困扰了中华民族几千年的绝对贫困问题得到了历史性解决，为全面建成小康社会做出了重大贡献，为开启全面建设社会主义现代化国家新征程奠定了坚实基础。

目前，我国农业正处在从传统农业向现代农业转变的关键阶段。粮食生产实现了十几年连续丰收，农民收入也实现了连续10余年快速增长，农业农村经济形势持续向好，现代农业发展取得显著进展，为我国成功应对各种困难和风险、保持经济社会平稳较快发展提供了重要支撑。特别是2020年以来，面对严峻的国际形势、艰巨繁重的国内改革发展稳定任务，尤其是新冠疫情的严重冲击，中国依然成为全球唯一实现经济正增长的主要经济体，其中，“三农”的发展起到了举足轻重的“压舱石”作用。

2020年召开的中央农村工作会议决定，脱贫攻坚的目标任务完成后，对摆脱贫困的县，从脱贫之日起设立5年过渡期。过渡期内，要保持主要帮扶政策总体稳定，同时对现有帮扶政策逐项分类、优化、调整，合理把握调整节奏、力度、时限，逐步实现由集中资源支持脱贫攻坚向全面推进乡村振兴平稳过渡。

2021年2月7日，习近平给河北省平山县西柏坡镇北庄村全体党员回信。信中说：“78年前，《团结就是力量》从你们那里唱响，成了亿万人民广为传唱的一首革命歌曲。如今，你们带领乡亲们传承红色基因，团结一心，苦干实干，摘掉了贫困帽子，我感到很高兴。”[①] 习近平在信中强调：“中国共产党百年史是一部团结带领人民为美好生活共同奋斗的历史，西柏坡的干部群众对此体会更深。在全面建设社会主义现代化国家新征程上，希望你们坚决响应党中央号召，充分发挥先锋模范作用，把乡亲们更好团结起来、凝聚起来，心往一处想，劲往一处使，让日子过得越来越红火。”[②] 习近平总书记的信是写给北庄村全体党员的，也是写给全国农村的广大农民的。

井冈山的小米饭，滋养了革命的星星之火；中原农民的手推车，推出了淮海战役的胜利；小岗村的红手印，印证了党和人民的艰辛

① 《习近平给河北省平山县西柏坡镇北庄村全体党员的回信》，引用日期：2021年2月8日，http://www.xinhuanet.com/2021—02/08/c_1127080063.htm.

② 《习近平给河北省平山县西柏坡镇北庄村全体党员的回信》，引用日期：2021年2月8日，http://www.xinhuanet.com/2021—02/08/c_1127080063.htm.

探索；深圳小渔村的蜕变，见证了富起来的足迹；率先控制新冠疫情、率先复工复产、率先实现经济正增长，靠的是包括农民在内广大人民共同铸就的坚固防线……

二、完成现代化为了谁

从建党伟业的开天辟地，到中华人民共和国成立的改天换地，到改革开放的翻天覆地，再到党的十八大以来党和国家事业取得的历史性成就、发生的历史性变革，我们党始终坚守为中国人民谋幸福、为中华民族谋复兴的初心和使命。

（一）初心如磐

“起来，饥寒交迫的奴隶！起来，全世界受苦的人！”这是流传了 130 多年的《国际歌》里的歌词。起来干什么？干一件大事：打倒不合理的旧世界，建立一个新世界。建立什么样的新世界？一个所有人不再忍饥受寒、不再受苦的理想世界——共产主义社会。

1922 年 7 月，中国共产党第二次全国代表大会召开，会议讨论和通过了首个《中国共产党章程》。以后历次党代会修改通过的党章都是在这个基础上加以修订的。虽内容有很多修改，但不变的是“党的最高理想和最终目标是实现共产主义”。

实现党的最高理想和最终目标，是从实现一连串的具体而微的小目标开始的。

1925 年 12 月，毛泽东主编《政治周报》并发表题为《〈政治周报〉发刊理由》的发刊词。发刊词指出：“为什么出版《政治周报》？为了革命。为什么要革命？为了使中华民族得到解放，为了实现人民的统治，为了使人民得到经济的幸福。”①

1934 年 1 月，在江西瑞金召开的第二次全国工农兵代表大会上，毛泽东郑重向大会提出：“我们应该深刻地注意群众生活的问题，从土地、劳动问题，到柴米油盐问题。妇女群众要学习犁耙，找什么人去教她们呢？小孩子要求读书，小学办起了没有呢？对面的木桥太小会跌倒行人，要不要修理一下呢……”②

1942 年 2 月，毛泽东在中共中央党校开学典礼上做《整顿党的作风》的演说中指出：“为什么要有革命党？因为世界上有压迫人民的敌人存在，人民要推翻敌人的压迫，所以要有革命党。”③

1944 年 9 月，毛泽东在中共中央警备团追悼张思德的会议上做了题为“全心全意为人民服务”的演讲（收入毛泽东选集时以《为人民服务》为题），其中讲道：“我们的共产党和共产党所领导的八路军、新四军，是革命的队伍。我们这个队伍完全是为着解放人民的，是彻底地为人民的利益工作的。”“因为我们是为人民服务的，所以，我们如果有缺点，就不怕别人批评指出。不管是什么人，谁向我们指出都行。只要你说得对，我们就改正。你说的办法对人民有好处，我们就照你的办。……只要我们为人民的利益坚持好的，为人民的利益改正错的，我们这个队伍就一定会兴旺起来。”④ 这是“老三篇”⑤ 之一的著名段落，是为纪念一个普通战士的牺牲而作。几十年过去了，重读这些内容，其思想光芒始终闪亮。

1945 年召开的党的七大首次把“为人民服务”写入党章，强调党除了为人民大众谋利益，没有自己的特殊利益。至今，“为人民服

---

① 《毛泽东文集》第 1 卷，人民出版社 1993 年版，第 21 页。
② 《毛泽东选集》第 1 卷，人民出版社 1991 年版，第 138 页。
③ 《毛泽东选集》第 3 卷，人民出版社 1991 年版，第 811 页。
④ 《毛泽东选集》第 3 卷，人民出版社 1991 年版，第 1004、1004—1005 页。
⑤ “老三篇”是毛泽东在抗日战争期间写下的三篇经典之作的统称，它们分别是《为人民服务》《愚公移山》《纪念白求恩》。

务”依然被各级政府部门列入座右铭。

（二）“不花钱也能解决的问题”

中华人民共和国成立后，我们党为改变农村面貌，在完成农村的社会主义改造之际部署开展了一系列社会主义新农村建设活动。1955 年底，毛泽东组织起草《一九五六年至一九六七年全国农业发展纲要（草案）》。1960 年，全国人大通过该纲要，明确了高速度发展我国社会主义农业和建设社会主义新农村的伟大任务。

然而，由于党的工作重点转移到城市和工业化建设，“三农”发展相对滞后，不仅社会主义农业和建设社会主义新农村没有实现高速度发展，农民的生活也都出现了青黄不接、艰难度日的状况。为什么会这样呢？其中的矛盾，集中反映在曾以一己之力主张进行乡村建设的梁漱溟与毛泽东的一次观点交锋中。

1953 年 9 月 11 日，全国政协委员梁漱溟在全国政协常委扩大会上发言：“过去二十年的革命全在于发动农民，依靠农民。依靠农民革命所以成功在此，而农民在革命中亦有成长，但进入城市后，工作重点转移到城市，成长起来的农民亦都随着到了城市。一切较好干部都来做城市工作，此无可奈何者。然而实在……今建设重点在工业，精神所注更在此。生活之差，工人九天，农民九地。农民往城里跑，不许他跑。人力财力集中都市，虽不说遗弃吧，不说脱节吧，多少有点。然而农民就是人民，人民就是农民。”[①] 次日，在梁漱溟列席参加的中央人民政府会议上，毛泽东即席讲话，对梁漱溟前一天的发言做出回应：“有人不同意我们的总路线，认为农民生活太苦，要求照顾农民。这大概是孔孟之徒行仁政的意思吧。然须知有大仁政小仁政，照顾农民是小仁政，发展重工业是大仁政。行小

① 《梁漱溟全集》第 7 卷，山东人民出版社 2005 年版，第 5—6 页。

仁政而不行大仁政，就是帮助了美国人。有人竟班门弄斧，似乎我们共产党搞了几十年农民运动还不了解农民。笑话！我们今天的政权基础，工人农民在根本利益上是一致的，这一基础是不容分裂、不容破坏的!”① 毛泽东从伟大政治家高屋建瓴的战略认识层面，否定了梁漱溟对农民感同身受的情感支持。二人之间近 30 年的友谊就此不复存在尚属琐事，令人遗憾的是，在“一大二公”体制下，此后 20 多年间的农村发展印证了梁漱溟的担忧——虽然国家在工业化体系和重点建设领域取得了了不起的成就，但整体的国民经济和农民利益都处于极度拮据的窘境。

当然，谁也不能否认，毛泽东始终心系农民。举例来说，1965 年，全国共有 140 多万名卫生技术人员，其中，70％在大城市，20％在县城，只有 10％在农村；高级医务人员 80％在城市；医疗经费的使用更是严重失衡，农村只占 25％，城市则占去了 75％。了解到这些情况后，1965 年 6 月 26 日，毛泽东批评道：中国 85％的人口在农村，不为农村服务，还叫什么为人民服务。并不是不搞尖端，而是少数人搞，大量的应放在农村，重点在农村。② 卫生部（2018 年改为国家卫生健康委员会）接受批评，在全国农村建立了赤脚医生和巡回医疗制度。到 1975 年底，全国有 150 多万名赤脚医生，生产队的卫生员、接生员有 390 多万名；还先后有 110 多万名城市和解放军医务人员下农村进行巡回医疗，有十几万名城市医务人员在农村安家落户，使农村的医疗卫生水平较之前有了明显的改善。

但“三农”问题全面解决的关键，仍然在土地的体制机制上。

在农业农村推行集体化之前，家庭一直是独立的经济主体，农村的生产、交换、积累和消费都是以家庭为单位来进行的。都不影

---

① 《梁漱溟全集》第 7 卷，山东人民出版社 2005 年版，第 16—17 页。

② 参见《毛泽东思想形成与发展大事记》，中央文献出版社 2011 年版，第 787 页。

▲ 赤脚医生海报

响家庭作为农业经营的主体。国家推行农业集体化，特别是进入以高级社为起点的高度集体化阶段后，人民公社制度下生产上的“大呼隆”、分配上的“大锅饭”、社员“退出权”的完全丧失，都严重影响了农民的生产积极性，使农业效率降低，农村发展停滞不前。

1957 年 4 月 8 日，邓小平在西安干部会议上论及勤俭建国的问题时，指出：“我们在建设方面的指导思想，一是应该面对国家的现实。我们的国家很穷，很困难，任何时候不要忽略这个问题。我们要提倡增产节约，反对贪大贪新……二是应该面对群众的需要。现在有各种观点，追求这个化那个化，连共产主义化也有了，就是缺乏群众观点。对于花很少的钱就可以解决群众需要的问题，甚至有些不花钱也能解决的问题，却注意得不够。”①

体制机制的改革，就是“不花钱也能解决的问题”。但这种迫切需要的改革，仍然需要等待历史的机遇。1978 年开始的农村经济体制改革，就是重新确立了农民家庭的独立的经济主体地位，

---

① 《邓小平年谱（1904—1974）》（下），中央文献出版社 2009 年版，第 1355 页。

再次激活了生产力活力，从而由此真正快速推进国家的现代化进程。

（三）莫让“半条被子”情怀别久情疏

1984 年，《经济日报》记者罗开富受报社指派重走长征路。当年 11 月，他在湖南汝城县了解到红军长征过程中和当地百姓之间发生的“半条被子”的故事：1934 年 11 月 6 日，3 名女红军借宿在湖南汝城县沙洲村的徐解秀大娘家中，临走时，她们把自己仅有的一床被子剪下一半给老人留下了。老人说，什么是共产党？共产党就是自己有一条被子，也要剪下半条给老百姓的人。但令老人遗憾的是，她的丈夫去送红军一程却再未返回，三位女红军也再无音讯。

这个小故事十分典型地反映出中国共产党及其军队即使在自身生死攸关的艰难时刻，宁可自己受苦受难，也不让百姓受穷受冻的真挚情怀，让人们看到了具有崇高信仰的共产党人与人民群众水乳交融的鱼水情谊！

当年赠被情谊深　如今亲人在何方

徐解秀老婆婆请本报记者寻找三位红军女战士下落

本报湖南宜章8日电　“记者同志，当年给我半条被子的三位红军姑娘，如今你晓得她们在哪里？”一见面，徐解秀婆婆就这样问我们。

徐解秀住汝城文明乡—沙洲村，今年八十一岁。五十年前的11月7日至13日，中央和军委纵队红一、三、五、八、九军团部队，先后经过文明乡。那时沙洲村有七十多户，除六户地主、土豪逃跑外，家家都腾房给红军住。徐解秀家也接待了红军。有一天，来了三位女红军战士，和她一起睡在厢房里，向她宣传共产党主张和红军宗旨，还把打土豪得来的衣物、粮食分给她家。徐解秀和丈夫朱兰芳为红军碾稻谷，又为红军缝米袋。这三位女红军走时，见她家很苦，只有一床烂棉絮，就把她们的一条被子剪下半条，送给她。解秀婆婆对记者说：“同志，你想想，天底下哪有这样好的军队。她们要爬山、过水，风里来雪里去我哪能要她们的被子？可是她们不依。”在村里，听六十八岁的朱青松介绍，红军走后，敌人把全村人赶到祠堂里，逼大家说出谁给红军做过事。大家不说，就搜家，女红军留下的半条被也被搜走了。解秀婆婆说，东西拿得走，我对红军的想念没有停过。这三位姑娘和大部队走时，她要送一程，被劝阻了。分别时，这三位姑娘一步三回头说：大嫂，胜利后再见！解秀婆婆说，五十年过去了，我现在更想念她们。我想告诉她们，这里的人民生活变好，当初为红军出过一点事的老人，现在都得到政府的关心和爱护。解秀婆婆的孙子朱邦宗，今年三十一岁，他告诉我，村干部常来看望他奶奶，生病时村里青年人争着为老人买药，送好吃的。

我是7日早上离[illegible]乡，中午到达沙洲村的。解秀婆婆身体很好，她领我们看了新屋又看老屋。她站在厢房里对我们说，这就是三位女红军住过的地方。她说，三位女红军都是二十多岁，剪短发，长得也都好，请记者同志帮忙打问：她们在哪里？请告诉她们：我一直想念着她们！

▲《经济日报》1984 年 11 月 14 日的相关报道

当天晚上，罗开富就为此专门写了一篇报道。几天后，参加长征的谢飞代表当时健在的邓颖超、蔡畅、康克清、刘英、李坚真等

15位红军女战士在《经济日报》上发表谈话：悠悠五十载，沧海变桑田。可对那些在革命最艰难的时候帮助过红军的父老乡亲们，我们永远不会忘记。请罗开富同志捎句话：我们也想念大爷、大娘、大哥、大嫂们！并表示一定要想办法找到徐解秀老人的丈夫和她要找的三位女红军。罗开富在中南海向胡耀邦汇报长征路采访情况时，胡耀邦还催促他赶快去看望老人家。胡耀邦要罗记者转告老人家一句话：人民没有忘记红军，红军也没有忘记沿途的父老乡亲。

1991年农历腊月二十五，罗开富带着老红军的嘱托再次回到沙洲村看望徐大娘的时候，很多老百姓哭着对他说："罗记者，你为什么不早点来？三天前老太太走了。临走之前她对小孙子说：'奶奶老了，你爷爷不回来，那三个姑娘也不来，都说得好好的，要来看我，那个拄着拐棍的记者，说来也不来，他们说话都不算。'"老大娘的孙子朱和荣告诉罗记者："奶奶临走时拉着我的手还在嘱咐我：'要永远记着红军，听共产党的话，因为共产党和红军是最关心老百姓的。要告诉后代，什么叫红军和共产党。红军和共产党是有一条被子，也要剪下半条给我们老百姓的好人啊！'"

罗开富后来接受其他媒体记者的采访时，总觉得自己欠了债，想等空闲一点的时候，去沙洲村徐大娘的坟前了却心愿。

在这里重述这则感人的却多少有些遗憾的故事，是想说明百年来，我们的党对人民"半条被子"的情怀没有变，人民对党的感情也依然深厚。兑现为人民服务的诺言，需要有只争朝夕的精神。比如罗开富在重走长征路的另一段行程中的结局。

1985年2月3日，罗开富沿着红军长征路线走到贵州习水县的醒觉村，这里是红军二渡赤水靠近太平渡的地方。刚进村，就见几位老人跪在那里。罗开富赶紧把他们扶起来，原来他们要反映情况。其中68岁的赖名成大爷怕罗开富听不懂当地方言，就蹲在路边，在他的记录本上写了如下一段文字："50年前，毛主席带领红军过赤水有浮桥，50年过去了，现在什么桥也没有了。老百姓要过河，年年淹死人，盼望早日修一座长虹桥。”罗开富把赖名成写的话和自己见到的小轿车绕着走、老百姓没法过河等情况写成了报道。稿子见报后，很快引起国务院有关部门和云、贵、川三省的高度重视，不久之后，几个渡口就都建了桥。

再如，2020年是脱贫攻坚决战决胜之年、全面建成小康社会收官之年，我们要向人民、向世界、向历史兑现所做的庄严承诺。尽管有新冠疫情的冲击，我们最终还是高质量地兑现了承诺，使当时标准下9899万农村贫困人口全部出列。如果没有习近平总书记重锣响鼓地推动和细致入微地及时督导，恐怕“数出官，官出数”的现象不会少，贫困人口就可能“被小康”，全国人民告别绝对贫困的伟大成就，就会因之打折扣。

“半条被子”的情怀，应被久存于心，常常温习。

（四）坚定走共同富裕之路

在国家向现代化迈进的过程中，农民为各个时期经济社会的发展做出了巨大贡献。我们党有责任让广大农民分享发展红利，过上有尊严的幸福生活。改革开放尤其是党的十八大以来，党和国家更加关注“三农”、扶持“三农”，促进农民收入连续多年持续快速增长（增幅高于城市居民），正在形成城乡一体化、均等化融合发展的新格局。

中华人民共和国成立后，面对艰难复杂的国际环境，我国被迫优先发展有利于国防建设的重工业，农业发展较为滞后，农民的自主权受到限制，积极性严重缺乏。农村改革之后，农村推行家庭联产承包责任制，允许一部分人一部分地区先富起来，一举扭转了我国经济社会发展的被动局面。

1986年9月，邓小平接受美国哥伦比亚广播公司《六十分钟》

节目的电视采访，在回答致富与共产主义的关系时指出："不能有穷的共产主义，同样也不能有穷的社会主义。致富不是罪过。但我们讲的致富不是你们讲的致富。社会主义财富属于人民，社会主义的致富是全民共同致富。社会主义原则，第一是发展生产，第二是共同致富。我们允许一部分人先好起来，一部分地区先好起来，目的是更快地实现共同富裕。正因为如此，所以我们的政策是不使社会导致两极分化，就是说，不会导致富的越富，贫的越贫。坦率地说，我们不会容许产生新的资产阶级。"①

党的十六大之后，党中央确立了"把解决'三农'问题作为全党工作的重中之重"的战略定位。党的十八大之后，习近平在担任党的总书记后出席的首次中央农村工作会议（2012 年 12 月）上指出，把解决好"三农"问题作为全党工作重中之重，是我们党执政兴国的重要经验，必须长期坚持、毫不动摇。②

改革开放 40 余年来，中国人民的总体收入水平不断提高，包括农民在内的低收入群体在党的十八大以来收入增长更加显著。1978 年，中国人均 GDP230 美元，是当时世界上最贫穷的国家之一。到 2007 年，中国人均 GDP 达到 2600 美元，但仍然是中低收入水平。到 2019 年底，我国人均 GDP 已经略超 1 万美元，到了中高收入水平。同时，经过有力的脱贫攻坚工作，贫困人口数量已经由 2012 年的 9899 万减少到 2019 年底的 551 万，贫困发生率由 10.2%降至 0.6%。到 2020 年，脱贫攻坚战精准收官，中国告别贫困县、贫困村、贫困户，完成了消除绝对贫困的艰巨任务。

2021 年 2 月 10 日，习近平在春节团拜会上指出："全面建成小康社会，实现第一个百年奋斗目标，在中国共产党奋斗史、新中国

---

① 《邓小平文选》第 3 卷，人民出版社 1993 年版，第 171—172 页。

② 参见《十八大以来治国理政新成就》（上册），人民出版社 2017 年版，第 426 页。

发展史、中华民族文明史上都具有里程碑意义。同时，我们必须认识到，这只是我们迈向中华民族伟大复兴的关键一步，我们决不能骄傲自满、止步不前，要继续谦虚谨慎、戒骄戒躁，继续艰苦奋斗、锐意进取，为实现第二个百年奋斗目标、实现中华民族伟大复兴而奋力拼搏，为人类和平与发展的崇高事业不断作出新的更大贡献！”①

从站起来到富起来、强起来，每一步路都不易。新形势下，我党领导庞大而复杂的经济社会建设，无疑需要巨大的组织成本。但检验这些成本的必要性与合理性的标准，仍然是人民群众的利益是否得到了根本维护。

三、中国现代化“我是谁”

从历史长河中看中国的现代化历程，或许如同久处静谧的湖水中落入了巨石：湖面上溅起如许水花，荡出层层涟漪；经过若干回合的岸水激荡，湖水终将复归清幽、宁静。

中国是屈指可数的世界农业文明起源地之一，在漫漫历史长河中，发展从未间断。最新考古发现显示，我国最早的农业起源可以追溯到公元前 1 万年以前，与西亚的农业起源基本处于同一历史时期，到公元前 8000 年至前 7000 年已经相当发达。早在商周时代，我国农业生产方式就已趋成熟。汉唐盛世，农业的发展使我国具备了足够的实力，对匈奴等强悍的北方少数民族也能实施有效的抵御和打击。清朝末年，建立在农业文明基础上的中国似乎丢失了先祖的智慧与大气，充满了因循和保守思想，社会发展在兴旺、衰退、崩溃、重建的周期里循环。

---

① 习近平：《在 2021 年春节团拜会上的讲话》，引用日期：2021 年 2 月 10 日，http：//www.xinhuanet. com/politics/2021—02/10/c _ 1127090398. htm.

自清末李鸿章兴办洋务之后，中国开始进入“千年未有之大变局”，从自给自足的自然经济向以交易为主的市场经济国家转型。洋务运动及之后的种种探索俱往矣，但都成为中国共产党领导下的国家现代化进程的前车之鉴。

中国的现代化进程是在向他国学习中不断推进的。在学习的过程中，不够虚心不行，没有自信不行；亦步亦趋不行，独辟蹊径难行；发展太慢不行，过于着急则又欲速不达，甚至难免走弯路。百余年以来，许多努力与尝试无果而终，直至中国共产党成立，中国人民才有了主心骨。中华人民共和国成立之后，中国加快了现代化建设的进程；改革开放后，国家的现代化进入了深水区。从起初的“师夷长技”到最终形成中国特色社会主义现代化道路，古老而又年轻的中国逐步有了一份自信和从容。

新中国成立不久，中国共产党就提出了建设社会主义现代化国家的目标。从第一个五年计划到第十四个五年规划，一以贯之的主题是把我国建设成为社会主义现代化国家。在这个过程中，我们党对建设社会主义现代化国家在理论认识上不断深入，在战略部署上不断成熟，在实践创新上不断丰富。

毛泽东同志是中国式现代化道路的先行探索者，他以深邃的理论思考成果和高超的领导艺术，为中国的现代化指明了方向、奠定了基础。1949 年 10 月，中华人民共和国成立，“西方资产阶级的文明，资产阶级的民主主义，资产阶级共和国的方案，在中国人民的心目中，一齐破了产。资产阶级的民主主义让位给工人阶级领导的人民民主主义，资产阶级共和国让位给人民共和国”①，中国人民开始在社会主义旗帜下为“建设一个中华民族的新社会和新国家”而继续奋斗。中华人民共和国成立初期，中国的现代化建设路径一度

① 《毛泽东选集》第 4 卷，人民出版社 1991 年版，第 1471 页。

体现了苏联特色。但是，随着“苏联模式”弊端的显现，毛泽东及时提出“以苏为鉴”，开始带领全党探索适合中国情况的社会主义现代化建设道路。他要求创造新的理论，写出新的著作，把马克思列宁主义基本原理同中国实际进行“第二次结合”，找出在中国进行社会主义革命和建设的正确道路。1956 年起，毛泽东相继发表《论十大关系》《关于正确处理人民内部矛盾的问题》等重要文章，系统阐述了关于中国式现代化道路的初步构想。

邓小平同志率先提出了中国式现代化的概念。1978 年 10 月，邓小平访问日本了解到日本汽车工厂的人均年产量是中国最先进的汽车制造厂的 90 多倍时，陷入了深深的沉思。参观归来，他不无感慨地说：“我懂得什么是现代化了！”之后，他提出了一个让世界关注的课题——中国式的现代化。他说：“我们开了大口，本世纪末实现四个现代化。后来改了个口，叫中国式的现代化，就是把标准放低一点。”“中国式的现代化，必须从中国的特点出发”[①]。1979 年 12 月 6 日，邓小平会见日本首相大平正芳时向日本客人作了这样的解释：“我们的四个现代化的概念，不是像你们那样的现代化的概念，而是‘小康之家’”[②]。1985 年 3 月 25 日，他在会见美国新闻界人士时指出：“从我们制定战略目标起，就把我们的建设叫作社会主义四个现代化。我们经常讲四个现代化，往往容易忽略了主词：社会主义。”[③] 同年 8 月 28 日，邓小平在会见津巴布韦非洲民族联盟主席、政府总理穆加贝时指出：“我们要实现工业、农业、国防和科技现代化，但在四个现代化前面有‘社会主义’四个字，叫‘社会主义四个现代化’。”[④] 1990 年 4 月 7 日，他在会见泰国正大集团董事长谢

① 《邓小平文选》第 2 卷，人民出版社 1991 年版，第 194、164 页。
② 《邓小平文选》第 2 卷，人民出版社 1991 年版，第 237 页。
③ 《邓小平思想年编：1975～1997》，中央文献出版社 2011 年版，第 535 页。
④ 《邓小平文选》第 3 卷，人民出版社 1993 年版，第 138 页。

国民等的谈话中更加明确地指出："我们搞的四个现代化，是社会主义的四个现代化。"① 这些谈话明确了中国式现代化的社会主义性质。

江泽民同志 1997 年提出"新三步走"战略，使我国的现代化建设有了更为具体细致的蓝图，和更明确清晰的路径和目标，为实现中国式现代化积累了丰富的经验。胡锦涛同志根据全面开创社会主义现代化建设新局面的要求，提出把解决"三农"问题作为全党工作"重中之重"的战略定位，不断拓展小康社会的内涵，丰富和深化现代化建设的目标，对于实施"新三步走"战略，建设社会主义现代化国家具有重要意义。

习近平总书记代表党中央，明确提出要走中国式现代化新道路。2021 年 7 月 1 日，在庆祝中国共产党成立 100 周年大会上，习近平总书记指出："走自己的路，是党的全部理论和实践立足点，更是党百年奋斗得出的历史结论。中国特色社会主义是党和人民历经千辛万苦、付出巨大代价取得的根本成就，是实现中华民族伟大复兴的正确道路。我们坚持和发展中国特色社会主义，推动物质文明、政治文明、精神文明、社会文明、生态文明协调发展，创造了中国式现代化新道路，创造了人类文明新形态。"② 2022 年 10 月，党的二十大报告系统阐述了中国式现代化的五大特征：人口规模巨大的现代化、全体人民共同富裕的现代化、物质文明和精神文明相协调的现代化、人与自然和谐共生的现代化，以及走和平发展道路的现代化。2024 年 11 月 5 日，习近平总书记到湖北咸宁市嘉鱼县潘家湾镇考察时同乡亲们说，我们推进中国式现代化，必须加快推进乡村振兴……各级党委和政府要把"三农"工作紧紧抓在手里，夯实基础，

① 《邓小平文选》第 3 卷，人民出版社 1993 年版，第 357 页。

② 习近平：《在庆祝中国共产党成立 100 周年大会上的讲话》，人民出版社 2021 年版，第 13—14 页。

完善服务，让老百姓的日子越过越好，更上一层楼。[①]

中国的现代化道路既不是全面“苏”式的，更不是全盘“西”化的，而是在汲取西方一切先进成果的同时，走出了一条具有自身几千年农耕文明悠久历史和中国共产党强烈理想信念烙印的中国特色社会主义现代化道路。

（一）可贵的探索——中华苏维埃

作为极具创新精神的现代政党，中国共产党自成立之后的第十年，就开始探寻现代化的国家治理之路。

中国共产党人独立领导创建的第一个国家政体——中华苏维埃共和国是一次可贵的探索，是中华人民共和国的历史预演。

1930 年 2 月 4 日，中共中央发出关于召集全国苏维埃区域代表大会的通告，首次提出建立全国苏维埃中央政权，以统一领导全国各地苏维埃区域斗争的构想。自此，中共中央将建立全国性苏维埃政权的任务提上议事日程，并开始了长达 1 年零 9 个月的筹备工作。

1931 年 11 月 7 日至 20 日，中华苏维埃第一次全国代表大会在江西瑞金叶坪召开。出席大会的有来自中央苏区、闽西、赣东北、湘赣、湘鄂赣、琼崖等苏区的代表，还有来自红军、全国总工会、全国海员工会等方面代表，共 610 人。越南、朝鲜的来宾也应邀出席大会。会议期间，毛泽东代表中共苏区中央局向大会作《政治问题报告》，朱德作《红军问题报告》。大会通过《中华苏维埃共和国宪法大纲》以及临时中央提供大会讨论的《中华苏维埃共和国土地法》《中华苏维埃共和国劳动法》《中华苏维埃共和国关于经济政策的决定》等法律文件，选举毛泽东、周恩来、朱德等 63 人组成中央

---

① 参见《习近平：推进中国式现代化，必须加快推进乡村振兴》，人民网，http://cpc.people.com.cn/n1/2024/1106/c64094—40355229.html.

执行委员会，宣告中华苏维埃共和国临时中央政府的成立。

一周之后，中华苏维埃共和国临时中央政府执行委员会召开第一次会议，毛泽东当选为主席，项英、张国焘为副主席。在中央执行委员会之下设立人民委员会，毛泽东当选为主席，项英、张国焘（一直未到中央根据地任职）为副主席。会议宣告中华苏维埃共和国临时中央政府正式成立，即日开始工作。

11 月 28 日，毛泽东和项英、张国焘颁布《中华苏维埃共和国暂行税则》和《中华苏维埃共和国婚姻条例》。中央执行委员会关于颁布暂行税则的决议指出：临时中央政府根据宪法的规定，“废除国民党军阀的一切田赋、丁粮、苛捐、杂税、厘金等，实行统一的累进税”①。统一累进税将纳税的重担放在剥削阶级身上，对于被剥削的阶级与最苦的下层群众则免除纳税的义务。关于暂行婚姻条例的决议指出：“目前在苏区男女婚姻，已取得自由的基础，应确定婚姻以自由为原则，废除一切封建的包办、强迫与买卖的婚姻制度。”②

中华苏维埃共和国定都瑞金，以中国工农红军作为国家的武装力量；确定了国旗、国徽，以《国际歌》为国歌；成立了国家银行，发行苏维埃币。

当时，日军已经入侵中国，但实际统治全国大部分疆域的中华民国政府没有向侵略者宣战的勇气。而在白色统治包围之中的新生的苏维埃共和国，却毅然在 1932 年 4 月就发出了对日宣战的通电。

1932 年 4 月 15 日，中华苏维埃共和国中央政府发表毛泽东起草的《中华苏维埃共和国临时中央政府宣布对日战争宣言》。宣言指出：“中华苏维埃共和国临时中央政府特正式宣布对日战争，领导全中国工农红军和广大被压迫民众，以民族革命战争，驱逐日本帝国主义出

① 《毛泽东年谱（1893—1949）》（上卷），中央文献出版社 2013 年版，第 359 页。
② 《毛泽东年谱（1893—1949）》（上卷），中央文献出版社 2013 年版，第 359 页。

中国，反对一切帝国主义瓜分中国，以求中华民族彻底的解放和独立。"[①] 5 月 9 日，毛泽东和项英、张国焘发表《中华苏维埃共和国临时中央政府反对国民党出卖淞沪协定通电》。通电指出，五月五日国民党政府与日本帝国主义签订的《淞沪停战协定》，是无耻的投降与公开的卖国。号召全国劳苦群众坚决地起来进行民族战争，反对日本帝国主义的走狗国民党政府，保卫中国的领土完整，求得中国的完全独立与解放。

苏维埃政府与工农红军为了反对日本帝国主义的侵略，在反"围剿"的紧急关头，不惧危险，以最大的决心派遣抗日先遣队北上抗日。

1934 年 7 月 15 日，中华苏维埃共和国中央政府主席毛泽东，副主席项英、张国焘，中国工农红军革命军事委员会主席朱德，副主席周恩来、王稼祥等联名发表了《为中国工农红军北上抗日宣言》。10 月，中央苏区第五次反"围剿"失败，中华苏维埃共和国中央政府被迫放弃中央苏区，随中央红军主力长征。同月，中华苏维埃中央政府办事处成立，统一领导中央苏区留守军民的斗争。

1935 年 10 月，马背上的中华苏维埃共和国中央政府抵达陕甘苏区。12 月，中华苏维埃共和国改名为"中华苏维埃人民共和国"，宣布迁都延安，对外名义称"中华苏维埃中央政府西北办事处"。

第二次国共合作之际，1937 年 9 月 6 日，中华苏维埃中央政府西北办事处更名为"中华民国陕甘宁边区政府"。9 月 22 日，正式结束苏维埃国家政权形式，陕甘宁边区政府成为中华民国的一个特别行政区，中国工农红军部队相继改编为中国国民革命军第八路军（八路军），参加对日作战。10 月，原中华苏维埃中央政府办事处所辖南方八省苏区之红军部队，亦改编为国民革命军陆军新编第四军

① 《毛泽东年谱（1893—1949）》（上卷），中央文献出版社 2013 年版，第 370 页。

（新四军），并开赴江南抗日前线。

至此，历时5年零10个月的中华苏维埃共和国完成了光荣的历史使命。中华苏维埃共和国是中国共产党以农民为国民和主要革命力量，以农业为主要产业，以所辖农村为主要管理范围的现代化执政尝试。其中许多经验做法在中华人民共和国成立后得以延续。

（二）听，理想落地的声音

共产党的信仰是共产主义。中国共产党领导人民创立的中华人民共和国的现代化探索，是从建立共产主义的初级阶段——社会主义制度开始的。

在中国这个封建主义存续了两千多年的大国，社会主义绝对是新生事物。因此，从姓“社”姓“资”之争，到确立以“解放和发展生产力”为中心，新中国对于如何走上社会主义现代化道路进行了曲折的探索。

事实上，早在抗日战争期间，毛泽东对于什么是中国特色就有比较成熟的思考和认知。1944年7月，毛泽东会见英国记者斯坦因。关于斯坦因提出的“中国第一”还是“共产党第一”的问题，毛泽东是这样回答的：“没有中国，就没有中国共产党。你提的问题等于是问是先有孩子还是先有父亲，这不是一个理论问题，而是一个实际问题。我们相信马克思主义是正确的思想方法，并不是说我们就忽略了中国文化遗产及非马克思主义的思想的价值。接受中国古代思想或外国思想，并不是无条件地接受过来，它们必须和中国实际情形结合，根据实际情形而实行。我们的态度是批判地接受中国历史遗产和外国思想，盲目地接受和盲目地拒绝，我们都反对。我们中国人必须以自己的头脑来思想，并决定什么东西能在中国土地上生长起来。”[①]

解放战争过程中，东北、华北等老新解放区（约 1.6 亿人口）已经实行了土地改革，消灭了封建剥削制度。

中华人民共和国成立后，广大新解放区还尚未实行土地改革。为了彻底进行土地改革，1950 年 1 月 24 日，中共中央发出指示，开始在新解放区进行土改运动的准备工作。6 月，中共七届三中全会讨论了新解放区土地制度改革。随后，刘少奇在全国政协一届二次会议上代表中共中央做了《关于土地改革问题的报告》，阐明了土地改革的重大意义和党的方针政策。6 月 30 日，中央人民政府正式公布《中华人民共和国土地改革法》。中共中央决定，从 1950 年冬季开始，用两年半或三年左右的时间，根据各地区的不同情况，在全国分期分批地完成土地改革，并规定在开展土地改革运动之前，县以上的领导机关要选择少数地区进行典型试验，在做法上采取以点带面，点面结合，在总结经验的基础上分批开展。

从 1950 年冬季开始，一场大规模的土地改革运动在新解放区农村广泛展开。在土地改革运动中，中共中央规定的土地改革的总路线和总政策是：依靠贫农、雇农，团结中农，中立富农，有步骤地有分别地消灭封建剥削制度，发展农业生产。到 1952 年秋，全国土地改革基本结束，3 亿多无地或少地的农民分到了约 7 亿亩土地。

土地改革的完成，彻底摧毁了在我国存在了两千多年的封建土地制度，促进了农业生产的迅速恢复和发展，在一定程度上为我国社会主义现代化建设奠定了基础。

1953 年 10 月，为开好第三次农业互助合作会议，毛泽东约中央农村工作部副部长廖鲁言等人谈农业互助合作问题。他指出：“办好农业生产合作社，即可带动互助组大发展。在新区，无论大、中、

---

① 《毛泽东年谱（1893—1949）》（中卷），中央文献出版社 2013 年版，第 529 页。

小县，要在今冬明春，经过充分准备，办好一个到两个合作社，至少一个，一般一个到两个，至多三个。”“个体农民，增产有限，必须发展互助合作。对于农村的阵地，社会主义如果不去占领，资本主义就必然会去占领。难道可以说既不走资本主义的道路，又不走社会主义的道路吗?”“我们不搞资本主义，这是定了的，如果又不搞社会主义，那就要两头落空。”“现在农民卖地，这不好。法律不禁止，但我们要做工作，阻止农民卖地。办法就是合作社。互助组还不能阻止农民卖地，要合作社，要大合作社才行。”①

1955 年 7 月，毛泽东在中共中央召集的省市区党委书记会议上做《关于农业合作化问题》的报告，陈述他对农业合作化形势的估计和态度。报告指出：“目前农村中合作化的社会改革的高潮，有些地方已经到来，全国也即将到来。”“为了使全国农村逐步地完成合作化，必须认真地整顿已有的合作社。”“必须做好建社以前的准备工作。必须从一开始就注重合作社的质量，反对单纯地追求数量的偏向。”“在生产上，必须比较单干户和互助组增加农作物的产量。”②关于农业合作化的发展步骤，报告提出，准备采取逐步前进的办法，以 18 年的时间完成合作化，即从中华人民共和国成立到第三个五年计划最后一年即 1967 年完成，并提出全面规划、加强领导的方针。这篇报告总结几十年来党领导农业互助合作运动的基本经验，对我国农业合作化的历史和基本指导方针的许多论述是基本正确的。但是，由于报告错误地批评邓子恢的正确意见，以致在农业合作化的指导上出现了要求过急、工作过粗、改变过快、形式也过于简单划一等问题。

1956 年 1 月 25 日，毛泽东主持召开最高国务会议第六次会议，

---

① 《毛泽东文集》第 6 卷，人民出版社 1999 年版，第 298、299、299、299 页。
② 《毛泽东文集》第 6 卷，人民出版社 1999 年版，第 418、423、425、426 页。

讨论全国农业发展纲要草案修正稿。他在会上发表讲话，提出“社会主义革命的目的是为了解放生产力”，认为“农业和手工业由个体的所有制变为社会主义的集体所有制，私营工商业由资本主义所有制变为社会主义所有制，必然使生产力大大地获得解放”。[①] 讲话强调：“我国人民应该有一个远大的规划，要在几十年内，努力改变我国在经济上和科学文化上的落后状况，迅速达到世界上的先进水平。”[②] 可惜，这里强调的解放生产力“目的”论，没有能够坚持下去。

1957 年 5 月 25 日，毛泽东在接见中国新民主主义青年团第三次全国代表大会全体代表时发表讲话，指出：“中国共产党是全中国人民的领导核心。没有这样一个核心，社会主义事业就不能胜利。”[③] 同时指出：“一切离开社会主义的言论行动是完全错误的。”[④]

1959 年 2 月 23 日，毛泽东在停靠天津的专列上，同河北省、天津市负责人谈话，强调要发展商品经济和商品交换。谈话指出：“中国是商品经济不发达的国家，应该有个广大的发展。商品交换不但是城乡之间，还有乡乡之间，还有对外省的交换。”公社“不干涉生产队内政，这样积极性就提高了。社与队、社与社、队与队、社与国家，都是买卖关系，看来买卖关系缩小不对，要利用价值法则进行商品交换”。“农村的劳动力，要搞粮食，还有林、牧、副、渔，要有专业队搞多种经济，不然社的收入就成问题了。还有劳动管理问题，搞不好就浪费了。”[⑤] 从几十年后的今天来看，这样的思想和声音是理智而冷静的，可惜的是，在当时并未成为主流意见，甚至

---

① 《毛泽东文集》第 7 卷，人民出版社 1999 年版，第 1 页。
② 《毛泽东文集》第 7 卷，人民出版社 1999 年版，第 2 页。
③ 《毛泽东文集》第 7 卷，人民出版社 1999 年版，第 303 页。
④ 《毛泽东文集》第 7 卷，人民出版社 1999 年版，第 303 页。
⑤ 《毛泽东年谱（1949—1976）》第 3 卷，中央文献出版社 2013 年版，第 596、597、597 页。

如果由普通人说出来很容易被归入右派而遭到批判和打击。

1960年8月，中共中央发出《关于全党动手，大办农业，大办粮食的指示》（以下简称《指示》）。《指示》指出："农业是国民经济的基础，粮食是基础的基础。"①《指示》还提出坚决从各方面挤出一切可能挤出的劳动力充实农业战线，坚决压缩水利等农村基本建设等八条具体要求。

1962年7月7日，邓小平在接见出席青年团三届七中全会全体人员时，谈到怎样恢复农业生产问题。他指出："农业要恢复，主要是两个方面的政策，一是把农民的积极性调动起来，一是工业支援农业。调动农民的积极性，主要还得从生产关系上解决。生产关系究竟以什么形式为最好，恐怕要采取这样一种态度，就是哪种形式在哪个地方能够比较容易比较快地恢复和发展农业生产，就采取哪种形式；群众愿意采取哪种形式，就应该采取哪种形式，不合法的使它合法起来，就像四川话'黄猫、黑猫，只要捉住老鼠就是好猫'。"②

改革开放之初，1979年7月，邓小平谈到社会主义要发展生产力的话题时指出："搞现代化就是要加快步伐，搞富的社会主义，不是搞穷的社会主义。社会主义优越于资本主义，是最大的阶级斗争。有的人说社会主义不如西方好，如果那样，这是什么社会主义？是'四人帮'的社会主义。生产力不发展，有什么社会主义优越性。"③

1981年5月下旬，邓小平召集起草《关于建国以来党的若干历史问题的决议》的相关人员谈话时说，我们把列宁有关小生产问题的一段论述误解了，搬到中国犯了教条化的错误。他说，从1957年至1978年的20年里，我们吃了"左"的亏，照搬了别国的农业集

---

① 《建国以来重要文献选编》第13册，中央文献出版社1996年版，第516页。

② 《邓小平年谱（1904—1974）》（下），中央文献出版社2009年版，第1714页。

③ 《邓小平年谱（1975—1997）》（上），中央文献出版社2004年版，第540页。

体化模式，结果非但没能促进生产力发展，反而挫伤了农民群众和基层干部的积极性。搞平均主义、大锅饭，使大部分农民处在非常贫困的状况，衣食住行都困难，人们生活水平低，经济长期处于停滞状态，总不能叫社会主义。

此后，在面对资产阶级自由化思潮引发的种种事件时，邓小平进一步阐释了走社会主义道路的坚定性和促进生产力发展的必要性。

1987 年 3 月，邓小平会见美国国务卿舒尔茨，强调中国必须走社会主义道路，必须保持安定团结的政治局面。他指出：“第一条，中国只能走社会主义道路。第二条，中国要搞四个现代化建设，没有一个稳定的政治形势不行。”“所谓资产阶级自由化，就是要中国全盘西化，走资本主义道路。”“如果走资本主义道路，可能在某些局部地区少数人更快地富起来，形成一个新的资产阶级，产生一批百万富翁，但顶多也不会达到人口的百分之一，而大量的人仍然摆脱不了贫穷，甚至连温饱问题都不可能解决。只有社会主义制度才能从根本上解决摆脱贫穷的问题。”“中国要实现四个现代化，摆脱落后状态，必须有一个安定团结的政治局面，必须有领导有秩序地进行建设。”① 邓小平说：“我们坚定不移的原则是要有稳定的政治局面，以保证有秩序地进行四个现代化建设。我们历来提倡有理想、有道德、有文化、有纪律，其中最重要的是有理想、有纪律。理想就是社会主义现代化。很多人只讲现代化，忘了我们讲的现代化是社会主义现代化。要搞四个现代化，使中国发展起来，就要有纪律、有秩序地进行建设。”②

1992 年初，邓小平视察武昌、深圳、珠海、上海四地时发表谈话，就什么是社会主义、怎样建设社会主义提出一系列新思想、新

① 《邓小平文选》第 3 卷，人民出版社 1993 年版，第 207、207、208、208 页。
② 《邓小平文选》第 3 卷，人民出版社 1993 年版，第 208—209 页。

论断。他提出“革命是解放生产力，改革也是解放生产力”的论断，指出：“社会主义基本制度确立以后，还要从根本上改变束缚生产力发展的经济体制，建立起充满生机和活力的社会主义经济体制，促进生产力的发展，这是改革，所以改革也是解放生产力。过去，只讲在社会主义条件下发展生产力，没有讲还要通过改革解放生产力，不完全。应该把解放生产力和发展生产力两个讲全了。”① 邓小平提出了判断姓“社”姓“资”的“三个有利于”标准，指出：“改革开放迈不开步子，不敢闯，说来说去就是怕资本主义的东西多了，走了资本主义道路。要害是姓‘资’还是姓‘社’的问题。判断的标准，应该主要看是否有利于发展社会主义社会的生产力，是否有利于增强社会主义国家的综合国力，是否有利于提高人民的生活水平。”“计划多一点还是市场多一点，不是社会主义与资本主义的本质区别。计划经济不等于社会主义，资本主义也有计划；市场经济不等于资本主义，社会主义也有市场。计划和市场都是经济手段。”② 邓小平提出了关于社会主义本质的论断：“社会主义的本质，是解放生产力，发展生产力，消灭剥削，消除两极分化，最终达到共同富裕。”③ 邓小平还指出：“社会主义要赢得与资本主义相比较的优势，就必须大胆吸收和借鉴人类社会创造的一切文明成果，吸收和借鉴当今世界各国包括资本主义发达国家的一切反映现代社会化生产规律的先进经营方式、管理方法。”④

“三个有利于”标准的提出和对社会主义本质的界定，让中国的发展跨越了几十年间一直存在的时刻须甄别姓“社”与姓“资”的主义藩篱，使解决“三农”问题以及促进全面的经济社会发展有了

---

① 《邓小平文选》第 3 卷，人民出版社 1993 年版，第 370 页。
② 《邓小平文选》第 3 卷，人民出版社 1993 年版，第 372、373 页。
③ 《邓小平文选》第 3 卷，人民出版社 1993 年版，第 373 页。
④ 《邓小平文选》第 3 卷，人民出版社 1993 年版，第 373 页。

开阔的空间和美好的前景。

（三）“狮子”醒了

从“自力更生为主，争取外援为辅”到全面实行改革开放，中国共产党领导中国进行现代化建设的视野更开阔了，步伐更稳健了。

在马克思主义理论指导下成立的中国共产党，从成立之初就义无反顾地担负起为人民谋幸福、为民族谋复兴的历史使命。

中华人民共和国成立后，鉴于新生共和国面临的恶劣国际环境，国家考虑优先发展国防工业，农业则成为发展工业和城市建设的重要积累来源。但社会主义如何搞，对全党来说，都是一个全新的课题。虽然苏联已经有了一个现成的模式，但根据民主革命时期的经验，照搬肯定是不行的，必须结合本国的实际情况来确立自己的建设道路。

▲ 学习苏联经验海报

显然，其任务是十分艰巨的。

在走什么样的发展道路问题上，我国先后提出工业化、农业机械化和“四个现代化”（最初指农业、工业、科学技术和国防四个方面）的发展路径。改革开放后，随着国内外形势的发展变化，我国对“四个现代化”的内容不断拓展深化。

1964年12月13日，毛泽东审改周恩来准备向全国人大三届一次会议做的政府工作报告第四稿，在报告讲到进行技术革命、采用新技术处，他加了这样一段话：“我们不能走世界各国技术发展的老路，跟在别人后面一步一步地爬行。我们必须打破常规，尽量采用先进技术，在一个不太长的历史时期内，把我国建设成为一个社会主义的现代化的强国。”①

1964年12月21日，在全国人大三届一次会议上，周恩来在政府工作报告中宣布：“现在我国调整国民经济的任务已经基本完成，整个国民经济已经全面好转，并将进入一个新的发展时期，争取在不太长的历史时期内，把我国建设成为一个具有现代农业、现代工业、现代国防和现代科学技术的社会主义强国。”②

改革开放之后，党中央总结以往的经验和教训，顺应人民的呼声，把工作中心转移到发展经济和解决民生问题上。

1984年1月1日，《中共中央关于一九八四年农村工作的通知》（即当年中央一号文件）指出：“农业生产责任制的普遍实行，带来了生产力的解放和商品生产的发展。由自给半自给经济向较大规模商品生产转化，是发展我国社会主义农村经济不可逾越的必然过程。”“随着农村分工分业的发展，将有越来越多的人脱离耕地经营，从事林牧渔等生产，并将有较大部分转入小工业和小集镇服务业。这是一个必然的历史性进步，可为农业生产向深度广度进军，为改变人口和工业的布局创造条件。不改变‘八亿农民搞饭吃’的局面，

① 《毛泽东文集》第8卷，人民出版社1999年版，第341页。

② 中共中央文献研究室：《毛泽东思想形成与发展大事记》，中央文献出版社2011年版，第785页。

农民富裕不起来，国家富强不起来，四个现代化也就无从实现。”[①]

1984 年 3 月，中共中央、国务院发出的《转发农牧渔业部和部党组〈关于开创社队企业新局面的报告〉的通知》，指出“发展多种经营，是我国实现农业现代化必须始终坚持的战略方针。只有不断开辟新的生产门路，妥善安排不断出现的多余劳力，充分利用农村的剩余劳动时间，逐步改变八亿人搞饭吃的局面，使农村商品生产得到充分的发展，农村才能富裕起来，也才能逐步积累农业现代化所需要的大量资金”[②]。

1984 年秋收之后，中国的人均占有粮食水平达到近 400 千克，首次超过世界平均水平，同时，富余农业劳动力也开始越来越多地向非农产业转移。“八亿农民搞饭吃”的局面有了初步突破。

改革开放之后，我国逐步建立起了以投资、外贸和消费“三驾马车”拉动经济发展的增长模式，但国内消费市场长期落后于投资和外贸增长。因此，加强农业农村发展，提高农民可支配收入和消费能力一直是保障“三驾马车”行稳致远的重要内容。

随着改革开放的深入和社会主义市场经济制度的建立，特别是 2011 年 12 月中国加入世界贸易组织之后，我国越来越充分地利用国内国际两个市场、两种资源来促进发展。这包括在确保国家粮食安全的前提下，优化农产品贸易布局，实施农产品进口多元化战略，支持企业融入全球农产品供应链。在此背景下，中国经济增长对世界经济增长的贡献率不断增长，2008 年之后，每年基本都超过 30%。中国经济社会进一步发展也逐步有了更高的目标。

在 20 世纪末基本实现总体小康的情况下，党的十六大报告明确提出要全面建设小康社会。党的十八大报告首次提出要全面建成小

---

① 《中共中央国务院关于“三农”工作的一号文件汇编（1982—2014）》，人民出版社 2014 年版，第 40、49 页。

② 《十二大以来重要文献选编》（上），人民出版社 1986 年版，第 439 页。

康社会。

党的十八大之后，距离全面建成小康社会的期限越来越近。经过多年的努力，容易脱贫的地区和人口已经基本脱贫，剩下的都是难啃的“硬骨头”。习近平多次到各地贫困地区考察，一再响鼓重锤地动员和部署精准扶贫、精准脱贫工作。

脱贫攻坚战的全面胜利，标志着全面小康社会建设打通了“最后一公里”，“两个一百年”目标的第一个目标任务胜利完成。可贵的是，这一伟大发展目标是通过中国人民的勤劳与内向式的借力发力而完成的，完全不同于西方发达国家通过殖民与侵略获得财富积累而发展跃升的模式，发展的成果毫无疑义地站在人类文明与道德的高地之上。

2020 年全国两会期间，习近平看望参加全国政协十三届三次会议的经济界委员时讲话强调：“面向未来，我们要把满足国内需求作为发展的出发点和落脚点，加快构建完整的内需体系……逐步形成以国内大循环为主体、国内国际双循环相互促进的新发展格局，培育新形势下我国参与国际合作和竞争新优势。”① 习近平的重要讲话，既立足于当时要克服新冠疫情冲击、切实完成脱贫攻坚战任务的现实，又着眼于全球化长远发展远景，是关系我国国家安危与发展前途的重大谋划和战略布局，具有强烈的现实价值和长远意义。

习近平曾在中法建交 50 周年纪念大会上宣告：“中国这头狮子已经醒了，但这是一只和平的、可亲的、文明的狮子。”② 中国已经并正在向世界证明，中国经济发展、社会稳定、实现现代化的过程，同样对其他国家大有裨益。因为中国的现代化不是追求一花独放，相反，当中国打开国门在全球化的浪潮中发展起来的时候，带给世

---

① 《我和总书记面对面　把满足国内需求作为发展的出发点和落脚点》，《人民日报》2020 年 5 月 24 日。

② 《习近平总书记系列重要讲话读本》，学习出版社、人民出版社 2014 年版，第 36 页。

界的是更好的发展机遇。中国的发展品格仍然是几千年农耕文明崇尚的自强不息与厚德载物。这只醒来的狮子是自信而强大的，这种自信是脚踏在祖先耕耘过的每一寸土地，依然感受得到一代又一代中国人自强不息、厚德载物的浩然之气的文化自信。

（四）积累“初级阶段”定力

从“赶英超美”到“两个一百年”奋斗目标，中国在现代化道路上逐步有了一份耐心和冷静。

中国近代历史的起点，是从以英国为急先锋的西方世界军事入侵中国的一场战争——鸦片战争开始的。而中华人民共和国成立之初，首当其冲对我国国家安全构成威胁的是美国，英国等 17 国作为其“仆从国”——在朝鲜登陆作战并把战火烧到我国东北。或许这正是中国要“赶英超美”的重要起因。

1955 年 10 月 29 日，毛泽东在同全国工商联执委会委员的谈话中提出：“我们的目标是要使我国比现在大为发展，大为富、大为强。”“我们还是一个农业国。在农业国的基础上，是谈不上什么强的，也谈不上什么富的。但是，现在我们实行这么一种制度，这么一种计划，是可以一年一年走向更富更强的，一年一年可以看到更富更强些。而这个富，是共同的富，这个强，是共同的强，大家都有份。”① 他强调：“我们的目标是要赶上美国，并且要超过美国。”“究竟要几十年，看大家努力，至少是五十年吧，也许七十五年，七十五年就是十五个五年计划。哪一天赶上美国，超过美国，我们才吐一口气。”② 按七十五年算，由 1955 年推后 75 年，是 2030 年，那正是目前国内外诸多政经人士预测的中国 GDP 总量将超过美国的年

① 《毛泽东文集》第 6 卷，人民出版社 1999 年版，第 495 页。
② 《毛泽东文集》第 6 卷，人民出版社 1999 年版，第 500 页。

份。由于新冠疫情的冲击，中美两国的经济走势差增大，或许这个年份还会提前。但在75年前做出如此“神准”的预测，只有胸怀千秋的伟大领袖才做得到。

1956年11月9日，周恩来主持国务院常务会议，总结1956年国民经济计划的执行情况和磋商1957年国民经济计划的控制数字，他在会议总结中指出：“从我们国家大、很落后、人口多的实际和要建设、要注意人民生活的原则出发，我们现在根据可能把原来设想的建设速度放慢，不能算是错误。明年度的计划必须采取退的方针……目的是要保持平衡。这不发生‘左’倾、右倾的问题。”[①] 谈到苏联发展重工业的经验教训时，他指出：“中心就是一条，搞重工业不要失掉人民，否则就没有了基础，就成了沙滩上的建筑物。我们要在人民需要的基础上建立重工业，重工业要为人民服务，同时也注意轻工业和农业，使人民的长远利益和目前利益结合起来，否则就要吃亏。对于高指标应该勇于抵抗，敢于修改，这才是马克思主义者。”[②]

1962年1月30日，毛泽东在扩大的中央工作会议（七千人大会）上的讲话中指出：“从现在起，五十年内外到一百年内外，是世界上社会制度彻底变化的伟大时代，是一个翻天覆地的时代，是过去任何一个历史时代都不能比拟的。处在这样一个时代，我们必须准备进行同过去时代的斗争形式有着许多不同特点的伟大的斗争。为了这个事业，我们必须把马克思列宁主义的普遍真理同中国社会主义建设的具体实际，并且同今后世界革命的具体实际，尽可能好一些地结合起来，从实践中一步一步地认识斗争的客观规律。要准备着由于盲目性而遭受到许多的失败和挫折，从而取得经验，取得

① 《周恩来年谱（1949—1976）》（上），中央文献出版社1997年版，第630页。
② 《周恩来年谱（1949—1976）》（上），中央文献出版社1997年版，第630页。

最后的胜利。由这点出发，把时间设想得长一点，是有许多好处的，设想得短了反而有害。”① 这一讲话似乎在某种程度预见到中国当今面临的国内国际环境，对新时代中国特色社会主义的发展也具有很强的针对性、指导性。

1978年，从农村开始的对内改革开始实行责任制，允许一部分人一部分地区先富起来，拉开了我国改革开放的大幕，开创了中国特色的社会主义道路。

1981年9月，邓小平会见日本公明党委员长竹入义胜率领的日本公明党第十次访华代表团时，就中国的发展目标指出：“实现四个现代化是相当大的目标，要相当长的时间。本世纪末也只能搞一个小康社会，要达到西方比较发达国家的水平，至少还要再加上三十年到五十年的时间，恐怕要到二十一世纪末。”②

1987年10月25日，中国共产党第十三次全国代表大会上召开，主题报告为《沿着有中国特色的社会主义道路前进》。报告阐明当代中国正处在社会主义初级阶段，提出把是否有利于发展生产力作为党在社会主义初级阶段考虑一切问题的出发点和检验一切工作的根本标准。同时，报告确定20世纪后20年和21世纪前50年分三步走，基本实现现代化的战略目标，即：“第一步，实现国民生产总值比一九八〇年翻一番，解决人民的温饱问题。这个任务已经基本实现。第二步，到本世纪末，使国民生产总值再增长一倍，人民生活达到小康水平。第三步，到下个世纪中叶，人均国民生产总值达到中等发达国家水平，人民生活比较富裕，基本实现现代化。”③

1992年，邓小平视察南方时进一步强调了初级阶段的长期性，指出：“我们搞社会主义才几十年，还处在初级阶段。巩固和发展社

① 《毛泽东文集》第8卷，人民出版社1999年版，第302页。
② 《邓小平思想年编（1975—1997）》，中央文献出版社2011年版，第384页。
③ 《十三大以来重要文献选编》（上），人民出版社1991年版，第16页。

会主义制度，还需要一个很长的历史阶段，需要我们几代人、十几代人，甚至几十代人坚持不懈地努力奋斗，决不能掉以轻心。”①

党的十四大至党的十九大坚持了我国处于社会主义初级阶段的定位，并在此基础上结合当时的发展状况，一步步对发展目标和路线做出了不断深化的战略部署。

（五）“让乡村尽快跟上”

中国共产党在领导中国实现现代化的进程中，越来越深刻地认识到，没有广大农民的参与，没有农业和农村的现代化，就不可能实现全国的全面的现代化。

1964 年 12 月，全国人大三届一次会议上，周恩来在政府工作报告中把农业现代化和工业现代化、国防现代化、科学技术现代化并称为“四个现代化”，其中，农业现代化居于首位。

1978 年 12 月，党的十一届三中全会提出，要“走出一条适合我国情况的农业现代化的道路”。

1991 年 11 月，党的十三届八中全会通过的《中共中央关于进一步加强农业和农村工作的决定》指出：“农业是经济发展、社会安定、国家自立的基础，农民和农村问题始终是中国革命和建设的根本问题。没有农村的稳定和全面进步，就不可能有整个社会的稳定和全面进步；没有农民的小康，就不可能有全国人民的小康；没有农业的现代化，就不可能有整个国民经济的现代化。”②

2003 年 1 月，中央农村工作会议回顾了我们党带领人民进行革命、建设和改革的历程，提出正确认识和处理农民问题，始终是决定党的事业胜利发展的一个根本问题。改革开放以来，农业和农村

---

① 《邓小平文选》第 3 卷，人民出版社 1993 年版，第 379—380 页。

② 《中共中央关于进一步加强农业和农村工作的决定》，人民出版社 1991 年版，第 1 页。

的发展为我国顺利实现现代化建设的前两步战略目标做出了巨大的贡献，提供了坚实的基础。从我国的未来发展看，实现全面建设小康社会的宏伟目标，最繁重、最艰巨的任务在农村。没有农民的小康，就没有全国人民的小康；没有农村的现代化，就没有国家的现代化。

2018 年 9 月，在中共中央政治局就实施乡村振兴战略进行第八次集体学习时，习近平强调：“没有农业农村现代化，就没有整个国家现代化。在现代化进程中，如何处理好工农关系、城乡关系，在一定程度上决定着现代化的成败。”①

当前，中国仍然是世界上最大的发展中经济体，城乡二元经济社会特征仍然相当明显。农业、农村、农民需共享改革开放的成果，融入整个中国现代化的进程，与改革开放市场化、国际化以及高科技化、信息化等发展潮流结合在一起。要实现基本公共服务均等化，重点和难点都在农村。

从农业来看，14 亿多人口的大国要始终绷紧粮食安全的弦，粮食生产年年要抓紧。稳定发展粮食生产，要深入实施藏粮于地、藏粮于技战略，重点抓好耕地和种子两个要害。耕地是粮食生产的命根子，需要采取“长牙齿”的硬措施，落实最严格的耕地保护制度，严防死守 18 亿亩耕地红线，坚决遏制耕地“非农化”，防止“非粮化”。粮食生产根本出路在科技，要坚持农业科技自立自强，加快实施农业生物育种重大科技项目，有序推进生物育种产业化应用，坚决打赢种业翻身仗。在此基础上实现中国农业现代化，已比以往任何时候都更加具备条件了。

从教育来看，虽然我国总体上已经普及了义务教育，但是城乡之间在教育质量上的差异还是比较悬殊的。特别是一些边远地区的

① 《习近平谈治国理政》第 3 卷，外文出版社 2020 年版，第 255 页。

学龄儿童，他们怎样能够得到均等化的义务教育，城乡之间怎样实现质量方面均等化，还有很长的路要走。

从医疗和养老保障方面来看，我国近年在新农村合作医疗的基础之上推行大病统筹，同时进一步提高了养老服务水平，但跟城市比，标准上还存在不小的差距，还有许多工作要做。

从住房情况看，农村的人均住宅面积看起来指标还不错，但实际上还有一些是需要改造的危房。脱贫攻坚阶段已经改造了不少，但距离乡村振兴的要求还是有差距的。今后，随着乡村建设行动的推进，各地农村民居的改造提升会根据条件逐步开展。

对于乡村建设行动，包括水电路气房讯、冷链物流等，近年来每年中央一号文件都做出了相应部署。“十四五”规划中，也把乡村建设摆在社会主义现代化建设的重要位置，力争见到明显成效，让乡村面貌有显著改善。

适逢百年风华，更怀千秋伟业。在党的坚强领导下，只要“三农”工作者以及各行各业促进“三农”发展的人们矢志艰苦奋斗，把小事当大事干，踏踏实实做好每一件必要的事情，我们就一定能够实现农业与农村的现代化，补齐全面现代化的短板，走向共同的幸福生活和美好未来。

第二章

认识“三农”对中国革命、建设与改革发展之重要性是马克思主义中国化的关键环节

“三农”问题作为中国现代化进程中的基本问题，与中国共产党的使命密切相关，是中国共产党从诞生之日就面临的一个重要的和基本的问题。

1921 年 7 月，中国共产党第一次全国代表大会召开，讨论和通过了《中国共产党纲领》。这是中国共产党历史上关于党的建设的第一个马克思主义的文献。《中国共产党纲领》共十五条，其中一条是“以无产阶级革命军队推翻资产阶级，由劳动阶级重建国家，直至消灭阶级差别”①，这“劳动阶级”中最广大、最勤劳的群体，就是中国农民。

在中国历史上，农民一直被排除在政治之外，即使是农民起义促成的改朝换代，农民也最终会回归同样的处境。因此，中国共产党提出的“劳动阶级重建国家”“消灭阶级差别”是中国亘古未有的事情。为了实现这个崇高远大的理想，中国共产党找到了农村包围城市、武装夺取政权的道路。在这条道路上，虽然条件艰苦、考验繁多、曲折难行，但中国共产党以贫苦农民为主要人力资源、以广大农村为战略空间、以农业生产为物质支撑，最终战胜困难取得了胜利。

百余年来，随着时代、社会的变迁以及党的任务的变化，中国共产党对“三农”问题的认识大致可以分为四个时期：

第一个时期，新民主主义革命时期，即从 1921 年中国共产党诞生至 1949 年中华人民共和国成立。在这一时期，经过大革命的失败和一定时期艰苦的探索，中国共产党走上了马克思主义中国化的革命道路：农村包围城市、武装夺取政权。在这条道路上，中国共产党逐步形成了在战略空间上重视农村，在人力资源上依靠农民，在物力支持上以农业为基础的中国革命特色。

---

① 中国革命博物馆：《中国共产党党章汇编》，人民出版社 1979 年版，第 1 页。

第二个时期，社会主义革命和建设时期，从1949年中华人民共和国成立至党的十一届三中全会前。这一时期是逐步建立和实行单一公有制和计划经济的社会主义模式阶段。农业是工业化进程的主要原始积累来源，对农副产品统购统销和实行人民公社制度是这一时期的显著特点。

第三个时期，明确建设中国特色社会主义的时期，从1978年党的十一届三中全会召开至党的十八大。这一时期，党反思以往“三农”政策的弊端，顺应农民的创造和革新要求，实行以家庭联产承包责任制为主的农村基本经营制度。以农村改革的成功为起点，逐步推进全面改革开放，实现了中国发展道路的伟大转折，并随着经济社会的繁荣发展于2003年确定把解决好“三农”问题作为全党工作的重中之重。

第四个时期，中国特色社会主义新时代，从2012年党的十八大至今。以习近平同志为核心的党中央，坚持以人民对美好生活的向往为奋斗目标，高度重视、热忱推动解决事关全局发展的“三农”问题，特别是高度重视脱贫攻坚工作，弥补农村发展短板，在高质量实现了全面建成小康社会的百年目标的同时，乡村振兴也呈现出美好的发展前景。

百余年党史证明，在不同的历史时期，正确认识“三农”问题并制定正确的政策，是中国共产党推动革命和建设事业顺利发展、实现马克思主义原理与中国革命和建设实践与时俱进的结合的关键因素之一。百余年间，党对“三农”问题的正确认识以及由此做出的重大决策，是马克思主义中国化的重要成果。

一、农村包围城市、武装夺取政权

农村包围城市、武装夺取政权，最后取得全国胜利的革命道路，是以毛泽东为代表的中国共产党人在领导中国革命实践中逐步摸索出来的，是马克思主义经典学说和已有革命成功经验所没有的，是具有中国特色的发展道路和总战略。其基本路径是，首先在敌人统治力量比较薄弱的农村发动农民武装起义，建立人民军队，建立革命根据地，把武装斗争、土地革命、建立政权结合起来，使之建成支持长期革命战争的战略基地；然后依托根据地积累发展革命力量，随着革命战争、人民武装和根据地的发展，逐步形成农村包围城市的战略态势，最后夺取全国胜利。

（一）掌握武装的力量

中国共产党人最初的革命活动，是学习苏联的革命成功经验，发动工人运动。

上海、北平、武汉等地的工人运动确实发动起来了。可是，1923 年 2 月 7 日下午，北洋军阀的枪弹给早期的中国共产党人上了“手里必须有武装”的重要一课。彼时，罢工的上千工人在京汉铁路总工会门前集会，突然有两个营的部队包抄过来。枪声大作，37 名工人当场被打死，200 余人负伤。接着，军警大肆搜捕罢工领导者，组织罢工的林育南、项英等人在工人的掩护下逃脱。当夜，军警抓到京汉铁路总工会江汉分会委员长、共产党员林祥谦，将他绑在汉口江岸车站的木桩上，强令其复工。林祥谦宁死不屈，被活活砍死并枭首示众。“二七”大罢工变成“二七”惨案。2 月 9 日，总工会发表声明谴责吴佩孚暴行，同时被迫同意复工。

随后，全国其他许多地方的工会接连关门，整个工人运动陷入低潮。设在上海的中共中央机关和陈独秀的住所都转入更秘密的状态。严峻形势下，共产国际进一步催促中共中央加快同国民党的合作。

国共合作时期，当时在广州主管宣传工作并主办农民运动讲习所的毛泽东曾经应邀到黄埔军校讲过课，重点讲中国革命与农民问题。他以湖南口音所做的讲演让许多黄埔学生多年后记忆犹新，尤其是走入农村建立根据地后，更是佩服毛泽东的远见。遗憾的是，当时的中共中央负责人没有采纳毛泽东等人的建议，错过了在发动农民运动的同时着手建立武装力量的机会。直至“四·一二”反革命政变后，中国共产党才开始着手建立自己的武装力量。

（二）不发薪饷的新军队

当时，中国90%的人口在农村，因此，农民成为主要的兵源。然而，真正建立武装力量还须解决资金的问题。

南昌起义时，起义部队共两万余人；走到广东潮汕地区后，只剩1.1万人。作为叶挺独立团（北伐时有“铁军”之称）老底子的第二十五师，在朱德、陈毅的率领下辗转奔向湘南，2500人的队伍在行军中不断有人开小差，到粤北只剩800人。由于“当兵吃粮，领饷养家”这种旧式雇佣军队的制度影响根深蒂固，参军不发钱的革命道理一时难以被官兵接受。南昌起义一个月后，毛泽东领导下的秋收起义部队骨干——武汉国民警卫团也出现了同样的问题。

1936年，毛泽东与斯诺谈话时曾回顾说，部队穿过湖南向南转移时，不得不突破成千上万的国民党部队的包围，多次战斗后伤亡惨重。当时，部队的纪律很差，政治水平很低，不仅战士，指战员中开小差的也很多。从文家市出发时部队有1700余人，经10天行军到达井冈山下时，全团部队只剩700多人。

在这种情况下，共产党人如何建军呢?

毛泽东找到一个方法，那就是到农村去进行土地革命，依靠贫苦农民建立一支不发军饷的军队。

从投身建军工作之初，毛泽东就率先垂范，同战士们一起克服困难。这种行为带动了整个革命军队，以后也长期地影响了全中国。

1927年10月，秋收起义部队初上井冈山时，干部战士都身着单衣。为解决棉衣问题，毛泽东率队下山打游击。由于地形和敌情不明，部队到了江西遂川县大汾镇后，突遭地方反动民团袭击，仓促撤退中，部队出现混乱，许多人跑散。随毛泽东撤到黄坳的官兵只剩下30多人，伙食担子又跑丢了，大家又饿又累，散坐四处。一时人心涣散，部队面临解体之危。

值此危急关头，这位被干部战士瞩目的“中央派来的毛委员”站起来，一反平时文人的举止，以他十几年前当兵时学过的立正姿势双足并拢，身姿笔挺地大喊：“现在来站队！我站第一名，请曾连长喊口令！”①

一时间，情绪低落的这一小队人又集合成严整的队伍，不久又汇集起大队人马，重新振作。这种在危急关头“站第一名”、当排头兵的壮举，在军心动摇之时激励官兵继续奋斗，体现了毛泽东深邃与坚定的马克思主义信仰！

当然，红军的队伍虽然不发饷，但在保障官兵的温饱之余，还是尽可能地给大家发一些零花钱。

回望当年，掀起那场“红旗卷起农奴戟”的波澜壮阔的国内革命战争，是第一代中国共产党人把马克思主义与中国半殖民地半封建社会的具体实际相结合，探索出一条马克思主义经典著作中找不到的独特道路，即发动农民进行土地革命——建立根据地和红军——最后以农村包围城市、武装夺取政权道路的坚实起点。在开拓充满中国特色的革命道路的历程中，出身湖南山乡的农家子弟毛泽东，无论在实践探索上还是理论总结方面都是公认的最杰出的代表。

（三）以农村为中心闹革命

中国革命的创新之路，是在党带领人民的集体奋斗中开辟出来

① 《毛泽东传（1893—1949）》，中央文献出版社2004年版，第170页。

的。在这个过程中，毛泽东做出了卓越的贡献。他不仅在实践上首先把武装斗争的立足点放在农村，领导人民开创井冈山革命根据地，创造性地解决了为坚持和发展农村根据地所必须解决的一系列根本问题，而且随时总结革命过程中的经验与教训，进而从理论上对中国革命的道路问题作了初步的说明。

在创建井冈山革命根据地的过程中，毛泽东明确地指出，“以农业为主要经济的中国的革命，以军事发展暴动，是一种特征”；并且“建议中央，用大力做军事运动”。[①] 武装斗争之所以成为中国革命的一种特征，是因为在半殖民地半封建的中国，反动统治者总是依靠赤裸裸的暴力来维持其统治的。在没有民主制度的情况下，共产党不可能通过合法途径来教育群众，积蓄革命力量。党要领导人民群众起来革命，就必须拿起武器进行战斗。

中国的革命战争主要是在农村进行的。由于敌人十分强大，红军相对弱小，共产国际、中国共产党和红军内部曾有人对红色政权存在和发展的可能性表示怀疑。

1928 年 2 月，共产国际执委会第九次扩大全会做出的《共产国际关于中国问题的议决案》，断定中国共产党进行的游击战争、建立的小块根据地是散乱的、不相关联的、必致失败的，因此反对“中国党对于游击战争的溺爱”，强调要以城市为中心，“准备城市与乡村相配合相适应的发动”。[②] 6 月，共产国际领导人布哈林在党的六大上做报告，同样认为中国共产党应以城市为中心，反对在农村建立巩固的根据地，主张红军走州过府、流动游击。中共中央接受共产国际的指导，也主张以城市为中心。

即便是正在农村从事武装斗争的毛泽东，对这个问题也是逐步

---

① 《毛泽东选集》第 1 卷，人民出版社 1991 年版，第 79 页。

② 中共中央文献研究室、中央档案馆、《党的文献》编辑部：《中共党史风云录》，人民出版社 1990 年版，第 261 页。

地认识清楚的。

1928年5月、10月，毛泽东在其主持召开的湘赣边界党的第一、第二次代表大会上，提出工农武装割据的思想，并且对于中国农村区域小块红色政权能够存在和发展的原因进行了论证，从而给从事农村斗争的同志提供了重要的理论指导，使其增强了建设农村根据地的信心和决心。不过，这时的毛泽东还没有形成全党应把工作中心放在农村的思想，也还是认为要以城市工作为中心，并且是抱着影响和配合城市工作的目的而主张在湘赣边创建根据地的。

在红四军进军赣南、闽西的过程中，特别是从1929年到1930年，毛泽东更加深刻地认识到建立巩固的农村根据地的重要性。此时，农村游击战争已经广泛地进行，并且有力地显示出它在中国革命中所发挥的积极作用；而城市斗争则始终处于困难的境地。实践表明，中国革命要走上胜利发展的道路，必须把工作中心放在农村。当共产国际和中共中央还未充分认识到这一点的时候，毛泽东已经从中国国情出发，提出了以农村为中心的思想。

毛泽东专门写文章阐明中国革命只能走与资本主义国家不同的道路。1930年1月，毛泽东在《星星之火，可以燎原》中指出，那种“全国范围的、包括一切地方的、先争取群众后建立政权的理论，是于中国革命的实情不适合的”①。他指出，中国是许多帝国主义国家互相争夺的半殖民地，由此出现了统治阶级内部长期混战的现象，有了红军和游击队的存在和发展的可能，有了在四周白色政权中建立小块红色区域的可能；红军、游击队和红色区域（也就是在局部地区内的革命政权）的建立和发展，是半殖民地中国在无产阶级领导之下的农民斗争的最高形式和必然结果，并且是促进全国革命高

① 《毛泽东选集》第1卷，人民出版社1991年版，第97—98页。

潮的重要因素。[①] 毛泽东批评把坚持无产阶级的领导与发挥农民的革命主力军作用对立起来的观点，重申 1929 年 4 月红四军前委复中央信中提出的中国革命只有农民斗争得不到工人的领导而失败，没有农民斗争的发展超过工人势力而不利于革命本身的思想。他总结各地红军、游击队和根据地建设的经验，指出执行“单纯的流动游击政策”，不能完成促进全国革命高潮的任务，必须采取“有根据地的，有计划地建设政权的，深入土地革命的，扩大人民武装的路线是经由乡赤卫队、区赤卫大队、县赤卫总队、地方红军直至正规红军这样一套办法的，政权发展是波浪式地向前扩大的，等等的政策”。[②] 他着重指明坚持农村根据地斗争的意义，认为“必须这样，才能树立全国革命群众的信仰，如苏联之于全世界然。必须这样，才能给反动统治阶级以甚大的困难，动摇其基础而促进其内部的分解。也必须这样，才能真正地创造红军，成为将来大革命的主要工具。总而言之，必须这样，才能促进革命的高潮”[③]。

这些论述，实际上提出了把党的工作重心由城市转移到农村，在农村地区开展游击战争，深入进行土地革命，建立和发展红色政权，待条件成熟时再夺取全国政权的关于中国革命新道路的思想。

以毛泽东为主要代表的中国共产党人，坚持了辩证唯物主义的思想路线，善于向实践学习，向群众学习，善于总结群众斗争的新鲜经验，所以才能够在中国革命的转折关头表现出革命的首创精神，显示出巨大的理论勇气，提出农村包围城市、武装夺取政权的思想，从而为中国革命的胜利指明正确的道路。

---

① 参见《毛泽东选集》第 1 卷，人民出版社 1991 年版，第 98 页。
② 《毛泽东选集》第 1 卷，人民出版社 1991 年版，第 98 页。
③ 《毛泽东选集》第 1 卷，人民出版社 1991 年版，第 98—99 页。

二、“三农”事业支撑工业化发展

中华人民共和国成立之后，中国农业和农村的发展与变迁始终是在支撑工业化、城镇化进程的大背景下进行的。依靠农业农村所做的贡献，国家在一穷二白的基础上，仅用了约20年的时间就建立起了比较完整的工业体系。

中华人民共和国成立时，全国人口为5.42亿，其中农业人口有4.84亿，农业和传统手工业收入占国民收入比例接近90%，人均国民收入不足印度的一半，主要工业产品产量占世界的份额可以忽略不计。1950年，印度人均钢产量为4千克，美国为538.3千克，而中国在1952年才2.37千克；同一年，印度人均发电量10.9千瓦时，美国是2949千瓦时，而中国1952年仅2.76千瓦时。可以说，中华人民共和国成立之初，中国工业产业处在近乎于无的状况。

改革开放之初，中国已基本拥有了完整的工业体系。今天的中国，早已成为世界第一大工业产出国，非农产业增加值占比超过90%，拥有41个工业大类、207个中类、666个小类，是全球唯一拥有联合国全部产业门类的国家，生产了世界上超过50%的钢铁、水泥，60%的家电，70%的化纤、手机和计算机……

（一）农业支持工业，农村服务城市

中华人民共和国成立之际，中国没有任何现代化工业。为了尽快建立国家工业体系，加快工业化进程，我国长期实行统购统销政策，特别是针对粮棉油等主要农副产品，通过压低农产品价格，实行工农产品剪刀差，从农业和农民那里获取了巨额的积累。据中国人民大学教授严瑞真1978年的研究显示，在中华人民共和国成立后前20年的农业集体化发展中，国家通过剪刀差从农业获取了

7000亿～8000亿元人民币的积累，而1978年前，中国全部国有工业固定资产是9000亿元人民币。相关研究显示，中华人民共和国成立后60年间，城市从“三农”获得的总积累达到17.3万亿元人民币。正因为有了农业的强力支持，1950年至1977年间中国工业的发展速度为11.2%，仅次于日本的12.4%，远高于美国、苏联、德国、英国等世界强国。虽然重工业、轻工业和农业结构严重失调、积累与消费之间落差巨大，但经过了20年的艰苦奋斗，到70年代初，中国初步完成了国家工业化的原始资本积累。

那是一个过来人回忆起来无不感慨的年代，延续激昂的革命热情，农业农村在支持工业化城市化发展以及抗美援朝等重大事件中担负着重要角色，但诸多生活用品因远不能充分满足需求而供应紧张，因贫乏而益珍贵的商品对应着繁多的票证。最刚需的是粮票。粮票在计划经济年代是起到过重要作用的，保证人们虽吃不饱，但饿不死。农民虽然生产粮食，上缴定购粮、征购粮，却不能享有粮票供应的保障，因而基本上被固定在农村。

改革开放以来，特别是20世纪90年代之后，我国在推动城市发展中实行了土地剪刀差的做法。农村土地虽然归集体所有，但实际上村集体并不能买卖，只能由政府征地，而且由政府定价。政府征用、征购土地之后，再将使用权出让给企业，政府将从中获得的巨额剪刀差，投入工业化发展和城市建设等方面。

20世纪90年代以来，许多地、县升级为市后，将大量周边农村划为市区；同时，大中城市为了实现城市空间扩张，也将大量郊区县并入市区，但这些被划归为市区的农村，有相当部分并没有实现城镇化，基础设施和公共服务依然停留在农村水平，农民的生活消费方式也没有市民化。从城乡发展对比来看，一边是城镇越来越大，特别是大城市二、三产业集聚发展，人口越来越多，房子越盖越多，交通越来越拥堵；另外一边却是农村人口不断外流，村落逐步减少，空壳村庄日益增多，农村资源闲置和浪费现象严重。

我国现行的《中华人民共和国土地管理法》规定，城市市区的土地属于国家所有。农村和城市郊区的土地，除由法律规定属于国家所有的以外，属于农民集体所有；宅基地和自留地、自留山，属于农民集体所有。其中，城市建设用地为城市建设和工业化所用，在农用地和农村建设用地上就只有农民。但当城市和工业建设需要时，农用地或集体建设用地可以被征占。另外，《中华人民共和国农村土地承包法》规定，农村土地承包采取农村集体经济组织内部的家庭承包方式，意味着农村土地承包权只能在农民之间流转，城市居民无权参与。这样就出现在城乡壁垒分明的情况下，城市可以“招安”农村土地和人才，而城市土地和市民流向农村却十分鲜见。

这些政策与法规的指向，总体框架是在农业支持工业，农村服务城市的时期形成的；目前虽然已经进行了许多改革与修正，但距离促进乡村振兴和实现城乡一体化发展还有较大的差距。在国家实施乡村振兴战略、加快农业农村现代化的新时代，许多体制机制方面的改革创新需要加速推进。

（二）农民工是中国现代工人的主体

中国现代的工人阶级，是19世纪中后期开始在中国农民中逐步分化产生的新的社会群体。

早在19世纪40年代，中国的工人阶级就随着外国资本在中国直接经营的近代企业而产生，随后，在19世纪60年代清政府创办的洋务运动和民族企业中，在19世纪70年代民族资本开始经营的近代企业中，工人阶级逐渐发展壮大起来。

到1919年，中国工人阶级的队伍发展到200万人左右。其中的一部分曾经是国际劳工。据记载，第一次世界大战期间，从1916年到1918年，英法将招募的14多万名中国劳工运送到西线战场，成为一战中协约国的一股重要力量，其中仅来自山东的劳工就不少于 8 万人。这些中国劳工曾冒着生命危险，在战场修建公路、战壕，维修铁路和坦克，甚至拆除未引爆的炸弹，在前线和后方都发挥了重要作用。一战结束之后，明确记载死亡的华工有 2000 余人，另外还有约两万名华工下落不明。为纪念这些在一战中做出巨大牺牲的华工，2019 年 5 月，一战华工华表纪念碑在英国伦敦皇家阿尔伯特码头竖起。纪念碑庄严肃穆，面向东方。

▲ 英国一战华工华表纪念碑设计图

当然，中国工人阶级主要的贡献还是在国内，他们扎实推动了中国工业化的发展。

20 世纪 50 年代至 70 年代，农业合作化和农村的社会主义改造使相当数量的农业劳动力转化为工人，促进了我国工业化和城市化的迅速发展，有利于我国建立相对完整、基础的工业体系。

20 世纪 80 年代后期开始，农村开始出现大量的潜在富余劳动力并大批转移就业。80 年代初，受粮票制度的影响，农民离土不离乡，在乡镇企业就业。1984 年的中央一号文件允许务工、经商、从事服务业的农民自带口粮到集镇落户，维持多年的限制人口流动的政策开始出现松动。农民逐步大规模地向城市二、三产业转移。据统计，1984—1988 年，农村剩余劳动力主要流向当地的乡镇企业，从业人数达到 9545 万人，其中 1984 年、1985 年两年每年新增就业近 2000 万人。两亿左右的农村务工人员通过辛勤而艰苦的工作推进了我国的城镇化和工业化进程，促进国民经济在高速增长中实现了结构的调整与优化。从那时起，每年春节前后，浩浩荡荡的人口或南下北上，或东去西往，铁路、公路车流如水，交织成一股逾月不退的“春运潮”，构成了全球人口最多的候鸟式迁徙的宏大画面。而这一画面中的主角，就是奔波在城乡之间的农民。

随着改革开放的深入，城镇经济迅速活跃起来，劳动力需求迅速增加。而粮食、食用油和其他副食品市场的放开，客观上为农民长时间驻留城市务工提供了可能。再加上当时农村的剩余劳动力过剩，农民大规模进城务工具有客观必然性。

最早进城的农民从事的都是城市人不愿意干的工作，如保姆、干脏活累活的临时工、个体工商户的雇工以及制作家具、补鞋、补锅等各类手工匠人，也有往返于城乡间进行各种商品贩运的小商贩。

1986 年，国家开始允许国有企业招收农村劳动力。到 1986 年底，全国登记在册的进城农民已达 480 万人，加上未登记入册的估计有 1500 多万人。

20 世纪 80 年代后期，中国东南沿海地区经济快速发展，大批农民涌向这些地区从事制造业的相关工作。从 20 世纪 80 年代后期开始，农业机械化在各地农村加快发展，极大地解放了农业劳动力。在此背景下，农村的剩余劳动力开始大量转移到城镇二、三产业。随着社会主义市场经济体制的逐步确立，对农民外出就业的束缚逐步解除，农村劳动力的跨地区流动日趋活跃，逐渐成为农村劳动力向非农产业转移的主要形式。

据国家统计局发布的数据，1978—1998 年，全国农村劳动力外出就业人数从不足 200 万人增加到 6500 万人。每年从农历正月初五起，每天有数以万计甚至高达十几万的出省民工涌向车站、码头。到 2003 年，实际外出就业数量已达 9900 万人，比上年增加 500 万人。2004 年，农村外出务工劳动力数量首次超过 1 亿人，达到 1.1823 亿人。取消农业税之后，农村劳动力转移连续数年快速增长，到 2010 年达到约 2.42 亿人。

▲ **20 世纪 90 年代农民工外出打工情形**

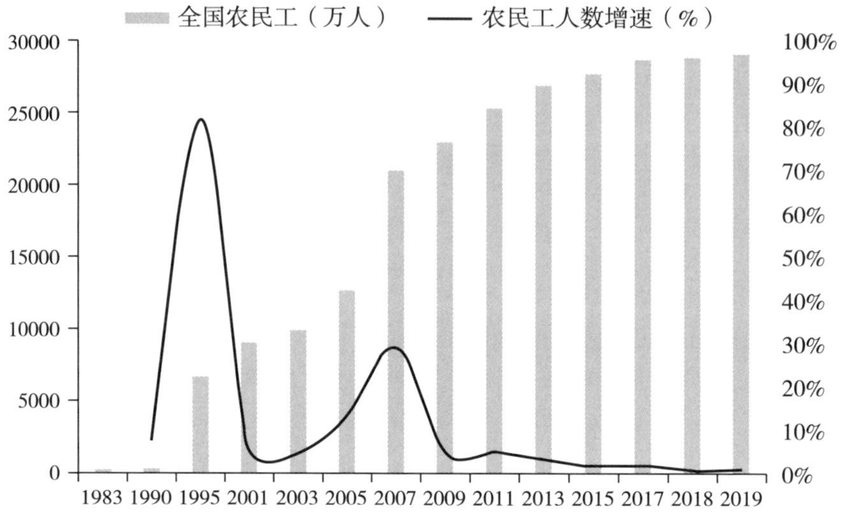

▲ **1983—2019 年全国农民工数量增长情况示意图**①

现在，农民工这一新兴的工人阶级队伍在人数上早已超过传统工人，成为当代中国工人阶级的主力军。改革开放 40 余年来，中国积极探索社会主义市场经济体制下的工业化发展道路，工业化的战略重心逐步转向在配置资源中发挥市场作用、低成本出口导向、建设开放型经济、基于比较优势推进产业结构优化升级。从广袤的农村源源不断地走出的大批最年轻、最富活力的打工者，形成新兴的农民工大军，为各类企业的发展贡献了力量，成为中国制造的基石。中国经济对世界的影响，很大一部分体现在中国制造，而中国制造是以广大农民工为主体的亿万中国产业工人的贡献。继 2009 年入选美国《时代》年度人物后，2010 年，中国产业工人再次作为一个群体登上美国著名财经杂志《财智》当年“全球最具影响力人物”排行榜，被称为“世界经济最强大的力量之一”。

农民工进城在建设城市、繁荣城市经济的同时，推动了经济结

① 资料来源：国家统计局。

构的大调整和城乡经济的发展，一、二、三产业的产值比从改革开放之初的4∶4∶2变为当前的1∶4∶5。另外，大批农村劳动力进城务工就业，弥补了城市劳动力供给的结构性不足，有效地抑制了劳动力成本的上升速度，为发挥我国劳动力资源优势、提高企业的竞争力做出了重要贡献，同时也为城镇产业的技术升级和二、三产业的发展创造了有利条件。

（三）乡镇企业的历史贡献

现在的许多中小企业乃至大型企业，是从最初的农村乡镇企业发展过来的。

在我国，乡镇企业经历了20世纪50年代的萌芽、60年代的徘徊、70年代的复苏，直到改革开放以后，才发展壮大起来。总体而言，在近30年里，中国乡镇企业的前身，即社队企业，基本上是在曲折中成长的。乡镇企业的发展，尽管还不足以打破长期存在的二元经济结构，但在一定程度上改变了中国失衡的城乡关系。

1987年6月，邓小平在会见外宾时说：“农村改革中，我们完全没有预料到的最大的收获，就是乡镇企业发展起来了，突然冒出搞多种行业，搞商品经济，搞各种小型企业，异军突起。”① 事实上，这不是他第一次高度评价乡镇企业。1983年初，邓小平在江苏、浙江、上海考察后，就指出乡镇企业安置了大量农村剩余劳动力，使农民可以就地就业，也使农村面貌得到巨大改变，乡镇企业还支援了农业。尽管邓小平说这不是中央的功绩，但正是由于中央给了乡镇企业足够的自由发展空间，乡镇企业才能写就中国乡村乃至全国经济发展史上的一段传奇。

其实，乡镇企业早在20世纪50年代就兴起了。1958年，中央

① 《邓小平文选》第3卷，人民出版社1993年版，第238页。

《关于人民公社若干问题的决议》中明确提出人民公社必须大办工业。之后，各地纷纷利用土钢铁、土机床、土原料、土设备、土办法兴办各种工厂，“公社工业”成了专用称谓。公社工业实行“三级所有，队为基础”的管理体制以后，转变为社队工业；加上社队办的种植、养殖场等企业，就形成了“社队企业”。“大跃进”后，在对国民经济进行调整的过程中，中央要求农村人民公社和生产大队压缩战线，社队企业滑入低谷。1968 年，中央发出《关于大力发展农村副业生产的指示》后，社队企业又重新发展起来。1977 年，原农林部专门成立人民公社企业局，农村手工业企业归人民公社领导管理，社队企业迎来了新的发展。

1978 年，社队两级共有 152.43 万个企业，安置转移农村劳动力 2826.56 万人，产值达到 491 亿元，相当于当年农业总产值的 38% 左右。1979 年 7 月，国务院发布《关于发展社队企业若干问题的规定》，首次以法规的形式肯定了社队企业的地位。

1981 年，国务院下发的《关于社队企业贯彻国民经济调整方针的若干规定》进一步明确提出，社队企业已成为农村经济的重要组成部分，符合农村经济综合发展的方向，国家应继续予以支持。国家对乡镇企业的支持，主要是针对集体企业（即原来的社队企业）的。而对于其他类型的乡镇企业，则主要以放松发展限制为主。

1984 年，中共中央、国务院发布《关于 1984 年农村工作的通知》，鼓励发展社队企业，鼓励专业户生产致富，实行政社分设。由此，中国确立了乡镇企业（当时称为“社队企业”）在国民经济中的重要地位，并在政策、资金、税收等方面给予大力支持，乡镇企业的发展进入全新的历史时期，农村剩余劳动力转移也进入“黄金时期”。这一年，在各地撤销人民公社建立乡镇政府的情况下，中央发出《关于开创社队企业新局面的报告》。《报告》将农村的“社队企业”更名为“乡镇企业”。社队企业本来是集体经济的一种组织形式，但随着市场调节范围的扩大，农村各类经济主体越来越活跃。出于归口管理的需要，乡镇区域内的集体企业、合作企业和个体企业都被纳入乡镇企业范围。

1985年的中央一号文件《中共中央、国务院关于进一步活跃农村经济的十项政策》对乡镇企业在信贷、税收优惠方面进行了明确规定："对饲料工业、食品工业、小能源工业的投资和其他乡镇企业的技术改造费，在贷款数额和利率上给予优惠。按税法规定，对新办乡镇企业定期免征所得税，期满后仍有困难的，可以继续定期减免。乡镇企业用于补助社会性开支的费用，可按利润的10%在税前列支。"① 据当时的农牧渔业部乡镇企业局统计，1985年全国乡镇企业发展到1222.5万个，比上年增加616万个；企业职工人数增加到6979万人，占农村劳动力总数的比重由上年的14%提高到19%；总产值达到2728.4亿元，按可比口径计算，比上年增长43%，其中，建筑业和商业、饮食、服务业分别增长45.2%和54.9%；企业总收入达到2565.6亿元，按可比口径计算，增长速度为47.2%；企业纯利润达到287.4亿元，上交国家税金137.2亿元。在乡镇企业经济发达的地方，乡镇企业的税金已成为当地财政收入的主要来源。

乡镇企业的职工主要是离土不离乡的农民，其工资收入成为当时近7000万农民工以及他们的家庭摆脱贫困过上小康生活的有力保障。到1987年，乡镇企业产出的二、三产业产值合计达4854亿元，首次超过了农业总产值，成为中国农村经济发展史上的一个里程碑。

从1996年起，按照农业部（2018年改为农业农村部）的部署，

---

① 《中共中央国务院关于"三农"工作的一号文件汇编（1982—2014）》，人民出版社2014年版，第59页。

全国各地对乡镇企业的统计口径进行了调整，乡镇集体或个人兴办的企业不再称作乡镇企业。这类企业基本属于中小企业，但仍然是国家发展的重要组成部分，对就业的贡献要远大于其对经济发展的贡献。

三、改革从农村开始

邓小平说："我们的改革是从农村开始的。"[①] 改革为什么会首先从农村开始？原因在于之前较长时期内，在优先发展重工业的战略引领下，我国实行城乡户籍分开、粮食统购统销和粮票的制度，不仅使农业生产长期增速缓慢，而且使农村人口被严格地限制在土地上，农业内部的剩余劳动力不断积累，农村劳动力就业极其不充分，不少农民生活相当贫困……

这些状况使得工业和农业之间的利益矛盾不断加剧，中国的城乡二元社会经济结构矛盾日益突出，迫切需要改革以推动发展。

（一）18个沉甸甸的红手印

中国农村改革的一个标志性事件，发生于中国安徽省凤阳县一个默默无闻的小村庄——小岗村。由于实行包产到户，小岗村成为新时期中国农村改革的实质性起点。

据著名学者陈文胜考证，在"大跃进"之后，小岗村饿死60人、死绝6户，不论大户小户、男人女人，只要能蹦能跳的都讨过饭。

1978年，小岗村仍然是一个字——"穷"，属于"吃粮靠返销、生活靠救济、生产靠贷款"的"三靠村"。

① 《邓小平文选》第3卷，人民出版社1993年版，第155页。

这时候，出现了一个历史性人物——严宏昌。1978 年，生产队将在外打工的严宏昌拉了回来，希望他能够改变小岗村从来没完成过国家生产任务的窘况。严宏昌回村后，村里老人们的话打动了他，“怀念 1950 年至 1955 年家家户户有土地的那段日子”。

简单的话语，却道出了农民的心声。

严宏昌暗想，要救小岗，只能把地分到各家手中。然而，在那个年代，即便只是简单地将这个想法说出来，也要承担巨大的政治风险。从 1978 年 9 月起，严宏昌在出工期间悄悄将这一想法和生产队里的其他人进行沟通。最终，以严宏昌答应“出来牵头”作为条件，18 户人家全部同意包产到户。

1978 年 11 月 24 日下午 5 点多，18 户的代表聚集在严立华家里。之所以选在严立华家，是因为只有他家有前后两间房。妻儿在后屋睡觉，他们在前屋开会。

“我们赌过誓，连老婆孩子也不能说，谁说谁就不是人。”严宏昌回忆说。在纷纷杂杂地讨论了 4 个小时后，严宏昌拟下了这份改变历史的“生死状”，并带头摁下了红色的指印。之后，其他 17 户一家接一家地将自己的拇指压在了这张纸上。“生死状”的结尾写道：“我们干部作（坐）牢杀头也干（甘）心，大家社员也保证把我们的小孩养活到十八岁。”所指的干部，即为严宏昌、严俊昌等人。现在，这张写得歪歪扭扭而且还有错别字的生死状被保存在中国历史博物馆，编号 GB54563。

签下“生死状”的当晚，他们就将生产队里的种子、生产工具分到了 18 户村民，次日，又分了田……

这就是中国农村改革史上著名的小岗村包产到户。通过包产到户，农业生产的基本单位落实到了农户，农民又一次真正成为土地经营的主人。

这样一个“冒天下之大不韪”的创举，意外地拉开了中国农村

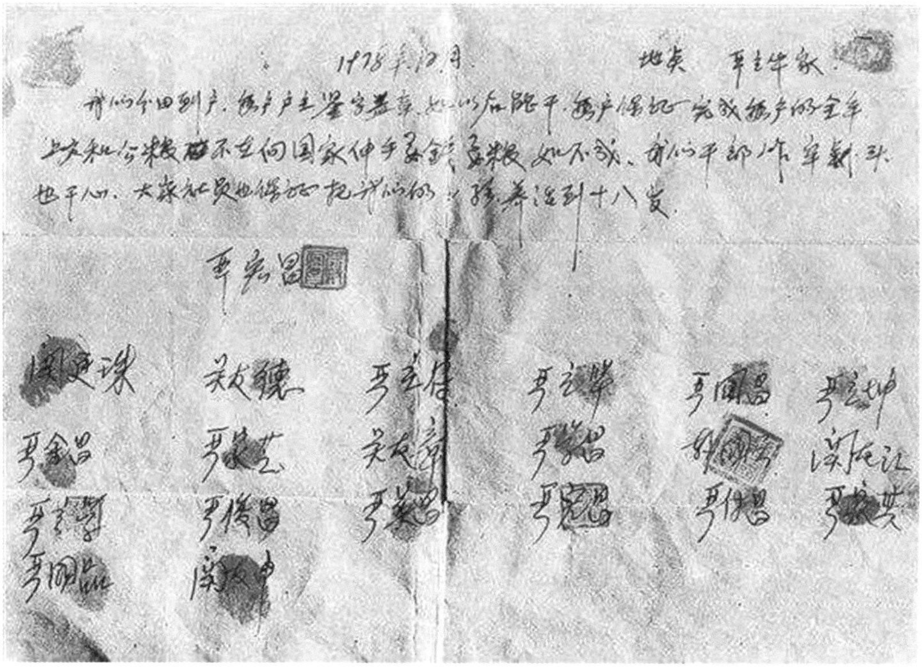
1978年12月 地点 严立华家
我们分田到户，每户户主签字盖章，如以后能干，每户保证完成每户的全年上交和公粮，不在向国家伸手要钱要粮，如不成，我们干部作牢杀头也干心，大家社员也保证把我们的小孩养活到十八岁。
严宏昌

▲ 大包干红手印契约

改革的序幕，也证明了农村改革势在必行。

1979 年 10 月，小岗村打谷场上一片金黄，经计量，当年粮食总产量 13.2 万斤，相当于全队 1966 年到 1970 年 5 年粮食产量的总和。另外，油料总产量 3.52 万斤，是过去 20 年产量的总和。这一年，23 年来吃救济粮的小岗村，破天荒地向国家交售公粮 3 万斤，交售油料 2.5 万斤，再加上归还国家的 800 元贷款和留下的集体公积金之外，人均收入达到 400 元。

就在这 18 户小岗村民怀着忐忑的心情开始大包干不久，1978 年 12 月 13 日，在党的十一届三中全会前夕召开的中央工作会议闭幕会上，邓小平作了《解放思想，实事求是，团结一致向前看》的总结讲话。他在这一讲话中指出：“解放思想，开动脑筋，实事求是，团结一致向前看，首先是解放思想。”“不但中央、省委、地委、县委、公社党委，就是一个工厂、一个机关、一个学校、一个商店、一个生产队，也都要实事求是，都要解放思想，开动脑筋想问题、办事情。”“在管理制度上，当前要特别注意加强责任制。”“在经济政策上，我认为要允许一部分地区、一部分企业、一部分工人农民，由于辛勤努力成绩大而收入先多一些，生活先好起来。一部分人生活先好起来，就必然产生极大的示范力量，影响左邻右舍，带动其他地区、其他单位的人们向他们学习。”①

邓小平或许想不到，在基层的生产队，正有一群人以如此果决的方式探索促进生产的办法。

这一刻，最高决策层和基层农民的心，是相通的。

但是，在久经“宁要社会主义的草，不要资本主义的苗”思想影响的中华大地，要全面地实事求是地认识和解决问题，仍然需要一个过程。

（二）农村改革的“试点”效应

1979 年 3 月 12 日至 24 日，刚成立不久的国家农委召开了七省三县农村工作座谈会。这是一次专门讨论农业生产责任制的会议。七省为广东、湖南、四川、江苏、安徽、河北、吉林，这几个省的领导对包产到户有的坚持，有的反对，有的观望。三县是安徽全椒、广东博罗、四川广汉，这三个县都是进行过农村改革的。

座谈会召开在十一届三中全会和四中全会之间，此时，全国正处在政策大转变的时期：政治上，各地都在推进平反冤假错案，给地主摘帽，甄别“右派”，落实干部政策等工作；经济方面，国家提出三年调整方针，同时准备经济体制改革。这一阶段，对许多问题的认识很不一致，老办法不行，新办法不明，大家思想准备又不足，因此，有人在会上提出，阶级、阶级斗争还讲不讲，阶级路线还要

① 《邓小平文选》第 2 卷，人民出版社 1994 年版，第 141、143、150、152 页。

不要，学大寨还搞不搞？

面对这种情况，会议主持人、国家农委副主任杜润生为避免主题分散，仍按会前的决定，决定集中讨论责任制问题。对于生产责任制的讨论，又主要集中在两个问题上：“包产到组”实行什么制度？对“包产到户”究竟应采取什么态度？

对于包产到组，三中全会关于农业问题的决议草案曾提到“也可以在生产队统一核算和分配的前提下，包工到作业组，联系产量计算劳动报酬，实行超产奖励”①。会议围绕这个问题产生了分歧，分歧主要在于是否允许把劳力、农具、土地、牲畜“四固定”，常年包到组。有的认为不能固定到组，认为那就是分队，是三级所有变成四级所有；有的认为不固定到组是行不通的，怎么联系产量？恰巧在这时，发生了“张浩事件”。

张浩是甘肃省的一名干部，1979 年 2 月回洛阳伊川县探亲，发现村里正在分产到组，因家里劳动力不足，少分了几口牲口，便给《人民日报》写信，认为包产到组、包产到户是脱离群众、不得人心的。国家农委主任王任重批示报社：态度要明朗，号召大家不要搞包产到户，已包的说服引导，回到集体经济。这个批示正好在会议期间，并于 1979 年 3 月 15 日以加编者按的形式在《人民日报》头版发表，因而对四川、安徽等地的试验起了泼冷水的作用。

经过争论，座谈会在会议纪要中提出，现在存在的包括常年包工包产到组在内的几种办法，只要群众拥护，都可以试行。这样就达成了对包产到组的共识。

关于包产到户，除安徽外，广东、四川等地也反映有包产到户的，具体数量不详，只知道办法很多。发言中，赞成包产到户的人

---

① 《新时期经济体制改革重要文献选编》（上），中央文献出版社 1998 年版，第 24 页。

占多数。吉林省农工部部长史林琪、广东省农工部部长杜瑞芝都极力主张对包产到户开个口子，放开一点，尊重群众的选择。也有人怕口子一开就控制不住了。经过讨论，大家趋向要把口子开得更大一点。但是，王任重从外地回来后，在会上讲了集体经济的优越性，特别强调统一调配劳动力的优越性。

对于包产到户，会议期间，3 月 20 日下午，时任中央主要负责人华国锋约见会议代表时举了湖南洞庭湖“双抢”的经验，证明组织起来分工合作可以提高新的生产力，集体经济还是优越的。但他也讲不要“一刀切”。3 月 22 日，王任重又到会讲话，说：合作化几十年了，到底是好是坏？基本上是好的。华国锋和王任重的态度都是允许自由讨论，并没有上纲上线。

最终，会议提出对于群众搞包产到户，如果一时说服不了，也不要勉强去纠正，更不能搞批判斗争，这等于批准既成事实。另外，华国锋认为深山、偏僻地区的孤门独户实行包产到户，也应当许可。1979 年 4 月，中央批转了这个会议纪要，这是中央文件里第一次提出在一些特殊地区应当允许包产到户，为农村政策的进一步转变奠定了基础。

七省三县座谈会是“文化大革命”后，首次把包产到户提到中央来讨论的会议。从结果来看，提出满意的解决方案尚需时日，但思想已经解冻，禁区已经打开。

1979 年 9 月，十一届四中全会通过了《中共中央关于加快农业发展若干问题的决定》。虽然其中提出，除某些副业生产的特殊需要和边远山区、交通不便的单家独户外，也不要包产到户，但毕竟为包产到户开了口子。而且其中“可以按定额记工分，可以按时记工分加评议，也可以在生产队统一核算和分配的前提下包工到作业组”的表述，体现了国家对农业农村工作的灵活态度。

此后，华国锋又主持召开了一次中央会议，邓小平、李先念等出席。会上，杜润生说明了一些农村现存的问题：有些地方包产到户，生产很好，群众欢迎。也出现了一些问题，如河北赞皇县一带在实行包产到户的过程中，因对林业政策缺乏事先安排，农民怕今后政策有变，先下手捞现钱，砍了些树。李先念说，包产到户不宜提倡；中国单干了几千年，还是没粮食吃，还是受穷嘛！华国锋再次用他在湖南“三夏”抢收抢种季节必须互助、合作的事例来说，非集体化不可。邓小平当场没有就此问题表态，他说，农村问题很多，一大堆，应该抓住主要的解决。他还说，贫困地区总得放宽政策。这为他日后支持包产到户埋下伏笔。

（三）可以包产到户，也可以包干到户

1979 年底，包产到户还只是在全国个别地方试行，比重仅占 9%，虽然一些地方自发仿效，数量逐步增加，但在党内特别是在高级干部中间仍然有待统一认识。[①]

到 1980 年以后，情况开始有了变化。

这年 2 月，十一届五中全会选举胡耀邦为中央书记处总书记，万里接替王任重主管全国农村工作。4 月，中央召开编制长期规划会议，姚依林兼任国家计划委员会主任主持会议。他先召集中央几个综合部门的负责人，就会议准备解决的几个问题征求意见。

在讨论粮食问题时，姚依林请国家农委杜润生先讲。杜说：“贫困地区要调那么多粮食救济，交通又不便利，靠农民长途背运，路上就吃了一多半，国家耗费很大，农民所得不多。建议在贫困地区搞包产到户，让农民自己包生产、包肚子，两头有利。”[②] 姚依林听后，立即表示赞成。

---

① 参见杜润生：《杜润生自述：中国农村体制变革重大决策纪实》，人民出版社 2005 年版，第 132—134 页。

② 杜润生：《杜润生自述：中国农村体制变革重大决策纪实》，人民出版社 2005 年版，第114 页。

这次征求意见会后，姚依林到邓小平那里去汇报，胡耀邦、万里等在座。姚依林说，工业、农业都要甩掉一些包袱，农委同志建议如甘肃、内蒙古、贵州、云南等地，中央调给他们粮食很多，是国家很大的负担。可不可以考虑，对这些地区，在政策上放得宽一点。地广人稀、经济落后、生活穷困的地区，索性实行包产到户之类的办法。让他们自己多想办法，减轻国家的负担。

邓小平听后说，我赞成依林同志刚才讲的意见。在农村地广人稀、经济落后、生活穷困的地区，像西北、贵州、云南等省，有的地方可以实行包产到户之类的办法。

在编制长期规划的会议上，姚依林就把这个信息传达给了与会者。当时不让登报，也没有形成文件，知道的人不多。但对打开甘肃、云南、贵州等地的局面，起到了积极的作用。

1980 年 5 月，邓小平在一次谈话中，赞扬了安徽肥西县的包产到户和凤阳的大包干，他说："农村政策放宽以后，一些适宜搞包产到户的地方搞了包产到户，效果很好，变化很快。""有的同志担心，这样搞会不会影响集体经济。我看这种担心是不必要的。我们总的方向是发展集体经济。""只要生产发展了，农村的社会分工和商品经济发展了，低水平的集体化就会发展到高水平的集体化。""现在农村工作中的主要问题还是思想不够解放。"①

就在同一个月，国家农委根据全国长期规划会议精神，正式向中央做了《关于包产到户问题的请示报告》，提出允许在特殊困难地区实行包产到户。

邓小平的这两次讲话，预示包产到户可能成为中国经济改革的一个突破口。

---

① 《邓小平文选》第 2 卷，人民出版社 1994 年版，第 315、315、315、316 页。

1980 年 9 月 14 日至 22 日，中央召开各省区市党委第一书记座谈会，对包产到户问题进行专题讨论。这次会议由胡耀邦主持，万里此时已担任国务院副总理兼农委主任，杜润生以农委副主任的身份负责起草文件。文件一方面肯定地重申集体经济是我国农业向现代化前进的不可动摇的基础；另一方面也指出，集体化道路经历过曲折，发生过一些失误，对人民公社脱离农民群众的一些做法必须改革。会议指出，在那些边远山区和贫困落后的地区，群众对长期“吃粮靠返销，生产靠贷款，生活靠救济”的生产队已经丧失信心，因而要求包产到户的，应当支持群众的要求，可以包产到户，也可以包干到户，并在一个较长的时间内保持稳定。

会后不久，中共中央形成《关于进一步加强和完善农业生产责任制的几个问题》的纪要印发全党，是为 1980 年中央 75 号文件。这是中共中央以文件形式明确表明可以包产到户，也可以包干到户的第一个文件，是对多年来关于“包产到户”争论问题的一个总结，是根据实践进行的校正和补充，也是党中央对农民群众在实践中创造的包产到户生产责任的肯定回应，有极其重大的实践意义。75 号文件一发布，立即受到亿万农民的热烈拥护。包产到户、包干到户的闸门即将被打开，已然呈现势不可当之趋势。

（四）确立家庭联产承包责任制

此后一段时间，农村改革没有搞全国大动员，更多的是由各省区、市领导掌握，各地按照各自的理解贯彻执行，允许群众选择，放弃命令式的硬推或硬纠。其中的一个重要举措——允许贫困区率先实行包产到户在安徽、贵州、内蒙古等省区内全面推行了。

1981 年 10 月的一天，时任中央农村政策研究室主任杜润生正准备起草中央次年一号文件的工作，突然接到国务院办公厅通知，要求他出席国务院会议并发言。他到会场一看，参会的有一两百人，各部的部长、非国务院系统的同志也都来了，实际上是个扩大会议。在会上，杜润生讲了以下几点：

第一，集体经济已难以维持，它最大的弊端就是把人捆死了。农民说不怕累，就怕捆。中国农民有了一点自由，是能够做出许多创造的；不给他自由，他有可能变成你的包袱，只想少出劳力，多挣工分。政府发救济粮款一天比一天多，贫困户一天比一天多。这个包袱是继续背下去，还是放开手脚让劳动者自主创造财富呢？

第二，社会主义的目标是实现共同富裕，不是共同贫困。因为担心出现差别、两极分化，结果搞了绝对平均主义。除交政府购粮外，集体生产的剩余只够按人分配基本口粮，工分贬值，起不到激励作用。生产总量增加很慢，人均分配量越来越少，最后变成糊口经济。这会引起恶性循环，城市里也是低工资，农产品只能低价格。在这种情况下，只能用票证控制分配，购物证券从粮票开始，发展到几十种产品都得用票，票证也变成一种可交换的东西，货币化了。平均主义并不会真正彻底公平，有一部分特权分子则多吃多占（当场薄一波插话：那也是一种剥削嘛！）。与此同时，社队出现分空户（即工分不兑现，约占14%），拖欠户（约占31%）。如不改革，难以为继。

第三，包产到户实际是公有土地、家庭经营。这种制度有什么利弊？

中国地少人多，家庭经营规模太小。生产队剩余劳动力超过1/3。家庭承包土地不论按户、按人、按劳计算，都是细小的规模，没有规模效益。影响科学进步、技术提高。家庭成了经济主体以后，可以避免瞎指挥，也可以阻止正确的指挥，会对政府的指令造成诸多不便，还会滋长一点资本主义因素。这是弊！

但是人多地少的格局，并不会因实行集体化而改变。经济生活中存在的上述矛盾，导致公私两困。权衡利弊，选择土地公有、家庭承包，这种半公有、半私有的形式，既满足了农民对家庭经营的偏爱，使小私有者的积极性得以发挥，又保留了土地的公有制。从1956年出现包产到户到现在，已经是四起三落了，如果我们再拒绝接受，予以打击，它还会有第五次、第六次。

还有一个被人忽视的道理，就是农业有别于工业。农业是自然再生产和经济再生产的一个结合体，受生物学规律支配，要求不误农时。我国气候分为热、温、寒三带，每一带又分山地和平原，海拔每增高百公尺气温就下降0.6度。西藏虽是世界的最高原，气候寒冷，但雅鲁藏布江峡谷也有自己的小热带。四川是山地也能生产荔枝。同一纬度有不同的地形，不同的气候。土壤也是一个地方一个样子：红土、黑土、沙土、黏土。农田需要降水，水量多少取决于大自然的施舍。

这些都决定了农业的决策最好是现场决策，远距离操纵是不行的。动物、植物都是有生命的物体，需要精心呵护。家庭经营则最适宜这种现场决策。如果把农民家庭给予知识武装，再加上现场决策的便利，仅此一点就可以提高生产力。现代的技术、农业的机械，以及化肥都可以分户掌握使用。这就是为什么截至现在就连最发达的资本主义国家，也还保留了80%～90%家庭经济的原因。社会主义国家的大型集体农庄，反而生产效率低下，呼唤改革。

今后随着科学技术的发展，工业化、城市化程度的提高，人口转移的加速，家庭经营将逐步扩大土地规模，实现多种形式的联合，既告别过去自发的、孤立的小农经济，也将有别于那种限制农民自由发展的集体经济。[①]

杜润生讲话之后，薄一波接着发言。他表示：这个介绍很好，说清了问题。农民要搞包产到户、我们要集体化，这个矛盾反反复复多少年。许多干部，包括邓子恢、润生同志，都在这个问题上付出了很大的代价，受了多年的冤枉。现在看来，这个问题可以很好地解决了。

1981 年冬，中央召开了全国农村工作会议。会后不久，有关国家领导给会议主持人写信建议：不要再强调不同地区不同形式了，让群众自愿选择，选上啥就算啥，领导不要硬堵了。中央农村政策研究室根据这个精神起草了 1982 年的中央一号文件《全国农村工作会议纪要》，正式肯定了土地的农户承包经营制度，结束了对包产到户 30 年的争论，使其从此成为中央的政策。群众、干部反映良好。胡耀邦同志说，农村工作方面，每年搞一个战略性文件，下次还要排“一号”。此后 5 年，每年的中央一号文件都是谈农业问题。[②]

虽然农村家庭联产承包责任制自 1982 年后在中华大地开始推广实行，但第一次提到“基本制度”这个高度，则是 1991 年颁布的《中共中央关于进一步加强农业和农村工作的决定》，其中明确规定：“把以家庭联产承包为主的责任制、统分结合的双层经营体制，作为我国乡村集体经济组织的一项基本制度长期稳定下来，并不断充实

① 杜润生：《杜润生自述：中国农村体制变革重大决策纪实》，人民出版社 2005 年版，第 132—134 页。

② 参见杜润生：《杜润生自述：中国农村体制变革重大决策纪实》，人民出版社 2005 年版，第 136 页。

完善。”①

（五）让粮票、布票等票证成为历史

全面实行包产到户（家庭联产承包责任制）的效果如何？

“大包干，大包干，直来直去不拐弯。”“交够国家的，留足集体的，剩下都是自己的。”“砸了大锅饭，磨盘不推自己转，头儿不干，咱大家干。”这些简单直白的歌谣，道出了农民的喜悦和欢腾。

1998年12月1日，时任中央财经领导小组办公室副主任韩长赋在《农民日报》发表了一篇短文，非常生动地介绍了包产到户前后东北农村的变化：

> 20年前，我在东北农村当大队书记，那时候生产抓得很紧。一大早就到生产队里去敲钟。头遍钟，家家户户烧火做饭；二遍钟，全体社员集合出工。前边有村干部领工，后边有村干部催工，但仍是慢慢腾腾，稀稀拉拉，出工不出力。尽管劳动力全部归田，起早贪黑，每年仍有很多地侍弄不好。庄稼长得不壮，杂草倒很旺盛。当时总以为这是东北地太多的缘故。
>
> 1983年，东北农村也实行包产到户，此时我已到北京工作，偶尔有机会回乡，突觉情况大变，地还是那些地，人还是那些人。没有干部敲钟，家家户户该忙什么就忙什么，地侍弄得清清爽爽，还有暇余外出打工。过去年年喊要上“纲要”，过“黄河”，就是过不去。现在不声不响，早过了“长江”。
>
> 现在想来，道理也很简单，也很深刻：土地承包到户，农民有了自主权，得到了更多实惠，真正感觉是为了自己劳动。为自己劳动，为啥还要干部敲钟？钟声不灵政策灵，是党的政

① 《中共中央关于进一步加强农业和农村工作的决定》，人民出版社1991年版，第6页。

策调动了农民的积极性。政策对了头，一步一层楼。国家政策稳定，农村就有大希望。江泽民总书记讲，家庭承包经营30年不变，30年之后也没有必要再变，实乃农业之幸，农村之幸，农民之幸也。[①]

包产到户的效果立竿见影，极大地解放了农业生产力，一举打破了农业生产长期停滞不前的局面。其更重大的制度意义在于，终于承认了农业生产经营的基本单位是家庭的客观规律，农业的生产经营自主权终于回归到了农户家庭。

全国实行家庭联产承包责任制之后，在促进增产增收、解决吃饭问题和贫困问题等方面的效果极为明显。根据国家统计局的数据，1978年，我国粮食总产量6095亿斤，1984年达到了8146亿斤，增长了33.7%，创了当时的历史最高纪录；人均粮食占有量从1978年的633斤增加到了1984年的781斤，增加了23.4%。长期困扰全国人民的温饱问题从此基本上解决了。农民人均纯收入增幅更高，从1978年的134元增长到了1984的355元，扣除价格因素后实际增长了1.5倍，年均增长16.2%。而同期城镇居民人均收入年均增长7.93%，城乡收入差距在这一时期明显缩小。

在农业农村发展良好的形势下，很快也出现了“甜蜜的烦恼”。经过对农村经济微观经营主体和宏观市场环境的同时改革，1984年，我国农业生产达到一个阶段内的顶峰。尤其是几十年来被看作重中之重的粮食，甚至由“手中无粮，心中发慌”转变为“粮食多了，卖粮困难”。农民卖粮只能拿到“白条”的现象出现了。

农村改革开始，优先的目标是解决农村微观经营机制的问题，

① 韩长赋：《钟声不灵政策灵》，《农民日报》1998年12月1日。

即将人民公社体制改变为家庭承包制。可是，这并没有解决经济发展的宏观机制，即市场经济机制问题。改革的目的是发展生产力，特别是发展商品生产。忽视这一条，家庭经营就被限制于自给经济的范围，就必将影响国民经济的整体发展和农民生活的改善。于是，中央开始探索推出进一步的改革举措。

为解决卖粮难、财政补贴负担重的问题，经过深入调查，中共中央农村政策研究室整理出一个书面建议，提请中央书记处会议讨论。除陈述情况外，提出农村经济迫切要求放松历史上多年形成的政府垄断、管制，及其他妨碍农民进入市场的规定，以利发展商品生产，摆脱穷困。

农产品统派购制度实行已久，派生出的分配问题和利益调整问题惯性很强，改变甚难。中国农业的进一步改革受制于城市国有经济改革和政治体制改革，用当时的一句话来说，就是对于中国农村改革，一切“便宜”的项目已经出台，不触动深层结构，再不能前进一步了。正是这个原因，农村改革初期一系列中央一号文件的历史使命告一段落。但中国的农村改革并未终结，还须从国民经济全局改革中寻找前进道路。

1993 年 2 月 15 日，《国务院关于加快粮食流通体制改革的通知》颁发。通知提出，积极稳步地放开粮食价格和经营。同年 2 月 10 日，上海市宣布全面放开消费品市场，在放开粮、油价格的同时，取消粮票、油票等票证。5 月 10 日，北京市政府放开粮油购销价格，粮票在北京也正式“退役”。到 1994 年，全国各地基本取消了粮票。这标志着一度与大多中国人形影不离、有“第二货币”之称的粮票走进了历史。一个食品紧缺的票证时代终结了。这是中华人民共和国从计划经济转变到市场经济过程中的里程碑事件，形象地说明了马克思主义中国化在社会主义初级阶段的新进展。

▲ 粮票等票证

20 世纪 80 年代确立的我国农村基本经营制度，是以后农村继续改革的基础。

第三章

“三农”事业始终是中国共产党领航中国发展的“根据地”

中国共产党成立百余年来，经过艰辛探索和奋斗，无论在理论上还是实践上，都以推动“三农”事业发展为“根据地”，取得了新民主主义革命的胜利和社会主义革命与建设的巨大成就。

从 1927 年到 1949 年，在全国的工作重心由农村转向城市前的 22 年间，中国共产党在土地改革、农村政权建设、发展农业经济以及动员广大农民参军参战等方面积累了丰富的经验，形成了一整套正确的理论、方针、政策和办法，为夺取全国政权奠定了坚实的基础。以毛泽东为代表的中国共产党人总结建党后正反两方面的经验教训，找到了如何依靠农业、农民建立农村根据地的办法，即找到了符合中国国情的革命道路。这个阶段，“三农”事业是革命力量保存发展、推动全民族抗战和夺取全国政权的“根据地”。

中华人民共和国成立之初，党领导人民群众在全国范围内率先开展土地改革和农业社会主义改造，为社会主义制度的初步建立奠定了基础。这个阶段，“三农”是进行社会主义改造和确立社会主义制度的“根据地”。第一个五年计划开始实施后，大规模的经济建设全面展开。为保障工业化的顺利进行，党决定改造分散落后的小农经济，实行农副产品统购统销和过渡时期总路线。由此开始，在相当长的时期内，我国农业和农村的发展与变迁是在为工业化、城镇化进程做贡献的大背景下进行的。正是依靠“三农”提供的巨额原始积累，中华人民共和国在一穷二白的基础上逐步建立起比较完整的工业体系。这个阶段，“三农”事业是国家工业化超常发展的“根据地”。

党的十一届三中全会之后，在农村率先进行的改革让广大农民的生产积极性空前提高。20 世纪 80 年代，中央连续发布 5 个一号文件推动农村改革步步深入。新的农村基本经营制度确立，农产品流通体制改革全面实施，农民收入连年快速恢复性增长，农业农村经济发展出现了前所未有的繁荣局面，国民经济也出现了新的发展和繁荣。这个阶段，"三农"事业是改革开放和解放社会主义生产力的"根据地"。

20世纪80年代后期至今，农村存在的大量潜在剩余劳动力开始出现并实现大批转移就业。从离土不离乡到去乡镇企业就业，到逐步大规模向城市二、三产业转移，到两亿多农民工长期在城镇辛勤而艰苦地工作，农村改革中解放出来的生产力进一步推进了我国城镇化和工业化、信息化的发展，实现了国民经济在持续增长中结构的调整与优化。与此同时，农村的大量土地通过土地剪刀差的形式为城镇化发展做出贡献，农业保障了粮食和各种农产品的有效供给，是经济社会保持平稳较快发展的基础。这个阶段，"三农"事业是综合国力持续提升和工业化、城镇化、信息化快速发展的"根据地"。

一、"有了土地改革这个胜利，才有了打倒蒋介石的胜利"

"有了土地改革这个胜利，才有了打倒蒋介石的胜利。"① 1950年6月6日，毛泽东在七届三中全会上总结中华人民共和国的建国历程时如是说。

得民心者得天下。中国共产党成立以后，很快就认识到占全国人口90%以上的农民的重要性，认为中国革命的基本问题是农民问题，把为广大农民谋幸福作为重要使命。早在中央苏区根据地时期，我党就开辟了乡村建设试验田，先后制定并颁布了《井冈山土地法》和《兴国土地法》；解放战争时期，又颁布了《中国土地法大纲》。这些尝试和举措，为推进中华人民共和国成立后的农村建设积累了

① 《毛泽东文集》第6卷，人民出版社1999年版，第73页。

宝贵经验。

一部《井冈山土地法》展开了土地革命的可贵尝试；之后的《兴国土地法》让千千万万苏区农民看到希望，坚定地跟着红军走；《中国土地法大纲》让亿万解放区农民翻身得解放，衷心拥护给他们带来千年不遇大福利的中国共产党。

（一）《井冈山土地法》的探索意义

毛泽东非常注重进行农村社会调查，由此成功地探索出农村包围城市、工农武装割据的革命道路。

1926年，毛泽东在湖南韶山写成《中国佃农生活举例》一文，从分析佃农入手研究当时的社会，这是现在能见到的毛泽东的最早的调研报告。同年，毛泽东发表了《中国农民中各阶级的分析及其对于革命的态度》，初步运用马克思主义的阶级分析法，将农村居民分为大地主、小地主、自耕农、半自耕农、半益农、贫农、雇农、乡村手工业者和游民八个阶级，并就各个阶级对革命的态度进行了比较深入的科学分析，初步形成关于农村阶级分析的理论。

1927年3月，毛泽东深入湘潭、湘乡、衡山、醴陵、长沙五县徒步调查，写成《湖南农民运动考察报告》，其中充分肯定了农民运动的反封建意义，提出了党在农村的阶级政策和发展战略，成为党指导农民运动的重要纲领性文献。《湖南农民运动考察报告》发表后，随即被共产国际翻译成俄文和英文印在其机关刊物上，影响进一步扩大。

在土地革命时期，为了了解农村的阶级结构和阶级关系，毛泽东写了《永新调查》《宁冈调查》《寻乌调查》《兴国调查》《长冈乡调查》《才溪乡调查》等大量调研报告，涉及的对象有各级干部、广大农户、乡村穷秀才、破产商会的会长、旧知县衙门的师爷、管钱粮的官吏、旧时监狱的狱卒以及妓院的妓女等。随着井冈山、海陆丰、赣南、闽西等根据地的建立和发展，土地革命广泛开展起来。在根据地内，消灭封建地主土地所有制，没收地主的土地分配给农民，实现“耕者有其田”的制度，成为中国共产党领导人民进行的最重大的社会变革，土地革命也成为根据地各项政策中最基本的内容。

1928年10月上旬召开的湘赣边界党的第二次代表大会，讨论了毛泽东起草的《井冈山土地法》。经过两个多月的酝酿和修改，《井冈山土地法》在12月间正式颁布，它是1927年冬天到1928年冬天井冈山地区土地斗争经验的总结，是中国共产党领导农民在几个县的范围内实行土地改革的第一次尝试。尽管初次制定的土地法还存在一些缺陷，但贫苦农民的革命热情和生产积极性仍然因为破天荒地分得了土地而大大提高了，于是从各方面全力支持红军和根据地的发展。

这里要说一个小插曲。

1955年，解放军举行首次授衔仪式，当时有上百位身经百战的老战士被授予将军。如果查一下他们的籍贯，就会发现他们大多集中于几个“将军县”，如红安、兴国、平江、麻城、金寨等县。从这些将军们的籍贯中，军史研究专家徐焰发现了一个问题并感到不解：首批100多名将军中，为什么井冈山籍的一个也没有（2000年宁冈县同井冈山市合并后才算有了一个）？那里可是毛泽东最早建立农村根据地、最早进行土地革命的地方。通过研究，徐焰得出的结论是，除了井冈山当地山高人稀的客观原因外，还有一个重要原因便是毛泽东自己后来解释的土地政策失误。毛泽东说：“在这以前，是没有任何经验的。这个土地法有几个错误：（一）没收一切土地而不是只没收地主土地；（二）土地所有权属政府而不是属农民，农民只有使用权；（三）禁止土地买卖。”[①] 可

① 《毛泽东文集》第1卷，人民出版社1993年版，第51页。

以说，《井冈山土地法》深受苏俄革命时实行土地国有制度的影响，从而强调没收地主的土地后归公，而不是分给当地农民，也不许买卖。因而，当地农民对土改的获得感不强，参军参战的积极性自然就不高。红军中出身井冈山的人不多，主要原因正在于此。

（二）赣南红军兵源充足的秘密

1929年1月，毛泽东、朱德率领红四军主力从井冈山突围，同年4月到达江西南部的兴国。毛泽东第一次到兴国，就马上进行社会调查，召开干部会议，总结井冈山斗争的经验，很快制定出《兴国土地法》。

与《井冈山土地法》相比，新法最大的变化就是打破苏俄模式，不再没收一切土地，只没收地主的田地分给农民。这等于承认农民的土地私有，是真正的“打土豪、分田地”。农民得到了真正属于自己而不是属于政府的土地后，参军、参战、保家保田的积极性就马上被调动起来了。马克思曾说过：“人们为之奋斗的一切，都同他们的利益有关。”[①] 正是由于《兴国土地法》解决了农民的切身利益，英雄的革命老区兴国县在中国革命战争史上永远留下它的名字。在这个仅有28万人口的小县里，先后有8万人参加红军和赤卫队。毛泽东、朱德创建的红一方面军开始长征时，8万红军中有2.7万是兴国县人。经过二万五千里长征，这2.7万名战士到达陕北的只有约2000人，也就是说，长征中每走一里路，就倒下一名兴国农民战士。

当年，红军不发军饷，然而共产党通过土地革命给农民战士发了一项最大的“军饷”，那就是农民祖祖辈辈盼望的土地。农民打

---

① 《马克思恩格斯全集》第1卷，人民出版社1995年版，第187页。

了土豪，分了田地之后，认识到只有革命到底才能有出路，因此战斗最坚决。正如毛泽东当时所说：“红军士兵都有了阶级觉悟，都有了分配土地、建立政权和武装工农等项常识，都知道是为了自己和工农阶级而作战。因此，他们能在艰苦的斗争中不出怨言。”①

之后，《兴国土地法》的经验推广到全国各个革命根据地。在全国第一“将军县”湖北黄安县（现红安县），农民同样分到了土地，踊跃参加红军、赤卫队。

旧中国，90%的人口在农村，谁能争取到农民，谁就有取之不尽的兵源，就能赢得战争的胜利。毛泽东最早认识到这一问题，将“打土豪、分田地”同扩大红军、进行革命战争紧密联系起来，因此，广大农民踊跃参军参战，使只有两三百万人口的中央苏区竟能坚持数年之久以抗击敌人“围剿”。

毛泽东创立的《兴国土地法》，创新了当时红军队伍养兵、训兵、带兵、用兵的方式，由此建立起一支以农民为主体，由无产阶级领导的完全新型的革命军队。此后20多年的革命战争中，中国共产党人在既没有国家政权又不给军队发饷、物质条件极为困苦的情况下，取兵于农、养兵于农、寓兵于农。土地革命、农民战争、共产党的领导相辅相成，构成了中国革命战争的基本内容。

（三）南泥湾精神不过时

1938年10月，日本军队占领武汉后，改变其侵华政策，逐步将主要军事力量转向中国共产党领导的抗日根据地，实行灭绝人性的烧光、杀光、抢光“三光”政策。国民党在日本帝国主义的诱降面

① 《毛泽东选集》第1卷，人民出版社1991年版，第64页。

前，消极抗日，积极反共，破坏抗日统一战线，包围封锁陕甘宁边区及各抗日根据地，停发八路军、新四军经费，加之华北等地连年遭受自然灾荒，致使整个抗日根据地逐步陷入没粮吃、没衣穿、没被盖、没经费的困境。

面对如此严重的困难，是饿死呢？解散呢？还是自己动手解决困难呢？毛泽东代表党中央坚定地回答："我们是确信我们能够解决经济困难的，我们对于在这方面的一切问题的回答就是'自己动手'四个字。"①

1939年1月初，毛泽东代表中共中央在陕甘宁边区第一届参议会上讲话，提出了"发展生产，自力更生"的口号，号召边区人民群众和部队、机关、学校全体人员开展必要的生产活动。边区政府主席林伯渠向大会作政府工作报告时，在讲到边区的任务时说："要支持长期抗战，应付与日俱增的经济困难，同时建立国防经济基础，改善人民生活，以加强抗战力量，扩大生产运动，成为目前重要战斗任务之一。"② 此次参议会还通过了高克林等提议的"工作人员参加生产运动案"，交付边区政府实行。

1939年2月，中共中央在延安召开生产动员大会，中央财政经济部部长、办公厅主任李富春代表中央在延安召开的生产动员大会上作了《加紧生产，坚持抗战》的动员报告，阐明了开展生产运动的目的和意义，提出了发展生产的具体计划，号召全体军民克服困难、努力生产。

1941年，为克服经济上的严重困难，中共中央号召军民开展大生产运动。在大生产运动中，边区留守部队的指战员们坚决响应党中央的"屯田"号召，提出"背枪上战场，荷锄到田庄"的战斗口

① 《毛泽东文集》第2卷，人民出版社1993年版，第461页。
② 谭虎娃：《延安精神新论》，人民出版社2015年版，第152页。

号，一面保卫边区，一面开荒生产，分别到南泥湾、槐树庄、张村驿、大风川、小风川、豹子湾等地军垦屯田，其中尤以八路军三五九旅在南泥湾的生产自给搞得最好，为边区大生产运动树立了一面旗帜。

南泥湾位于陕西延安城东南 45 千米处，方圆约 100 千米，抗日战争时期与国民党统治区接壤，是延安的南大门。这里原名烂泥湾，1940 年，延安自然科学院生物系主任乐天宇意外发现这是一块地广人稀、土质肥沃、水源充足、极适合农垦的荒地。他立即向朱德汇报这一发现，朱德亲自勘察三次，还给它起了一个好听的名字——南泥湾。1941 年春天，八路军 120 师三五九旅战士高唱着“一把镢头一支枪，生产建设保卫党中央”的战歌，浩浩荡荡地开进了南泥湾。三五九旅原在晋西北抗日前线，为了增强边区的防御力量、保卫中共中央，于 1939 年 10 月被调回陕北。

初进南泥湾的战士们面对的是乱木杂草丛生、山禽野兽成群的荒郊野地，可是他们不但没有被吓倒，反而以大无畏的英雄气概提出“在深山密林安家，向荒山野岭要粮”的战斗口号，自力更生、艰苦奋斗。没有房子住，战士们就用树枝、杂草搭窝棚、挖窑洞，甚至露宿野外；粮食不够吃，就挖野菜、采野果、打猎物；开荒没有工具，就收集废铜烂铁自己制造；夏天没有衣服，就光着肩膀干活；冬天被褥单薄，就砍柴烧炭御寒取暖；学习没有纸，就用桦树皮代替；洗衣没有肥皂，就用皂角和草木灰将就……

即使困难重重，三五九旅的将士们仍然紧抓开荒生产这个中心不放。从旅到团都制订了生产计划，规定了生产任务，上至旅长，下到伙夫，都编入生产小组，创办了“新中国”的大农场。王震旅长身先士卒，和战士一起开荒，双手全是血泡。718 团团长陈宗尧把团部搬到山顶上，架上电话，白天劳动，晚上办公。一次，他患了重病，大家劝他下山休息，他却说：“不完成党组织交给的开荒任务，我宁死也不离开山头。”政委左齐在抗日战场上失去了双臂，不能拿镢头，就给战士做饭烧水，并挑送上山。在干部的带动下，全旅出现了感人的忘我劳动场面。天未亮，许多战士就上山开荒；天已黑，还不肯收工下山，迫使领导不得不定出中外罕见的劳动纪律，即“生产时不得早到和迟退”。①

在全体官兵的艰苦奋斗下，1941 年，全旅就开荒 11000 多亩土地，人均种植粮食蔬菜 6 亩。1943 年，三五九旅的生产规模从临镇延续到九龙泉，长 50 余千米、宽 10 多千米的地区，满山遍野都是开荒种地的人群。这年，全旅种植面积达 100000 亩，收获细粮 12000 石，洋芋、南瓜等折合粮食（3 斤折粮 1 斤）3000 石，收获蔬菜 590 多万斤，粮食蔬菜完全做到自给。全旅共养猪 4200 多头，牛 820 余头，羊 7800 余只，达到王震旅长提出的“二人一猪、一人一羊，十人一牛”的指标。1944 年，全旅开荒种地 260000 多亩，产粮 37000 石，收棉花 5000 斤，实现了年初给每人下达的生产粮食 6 石 1 斗，一人一只羊，二人一头猪，十人一头牛的计划。全旅吃穿用完全自给自足，不但不要政府一分钱、一粒粮、一寸布，反而每年向政府交纳公粮 10000 石。可以说达到“自己动手，丰衣足食”，使南泥湾变成了“到处是庄稼，遍地是牛羊”的“陕北好江南”。

党中央和边区政府不仅制定政策，正确领导机关、学校的生产运动，而且主要领导人以身作则，亲自参与生产，与人民群众一起艰苦奋斗。毛泽东在自己住的窑洞下面的山坡旁开了一块地，经常利用休息时间锄草、施肥、浇水，精心进行田间管理。工作人员说他工作忙，劝其不要劳动，毛泽东却笑着对大家说：“自己动手克服困难嘛！这是大家的事情，我也该积极参加。这是党中央的号召、

---

① 黄宏等：《延安精神》，人民出版社 2005 年版，第 214 页。

边区政府的决定，我当然要坚决执行啰!”① 年近花甲的朱德从抗日前线回到延安后，不仅成了大生产运动的杰出领导人之一，而且也是生产劳动的模范。他和自己的工作人员组成一个生产小组，开垦了 3 亩地，种植菠菜、葫芦、白菜、芥菜、笋、南瓜、黄瓜和豆角等，精管细作，蔬菜长势与收成良好。中央书记处的其他成员也都亲自动手开荒种地。中央直属机关的工作人员（包括毛泽东）还集资在杨家岭沟口开设了一个合作社，方便了大家的日常生活。

边区的大生产运动生产了大量的农产品和手工制品，极大地缓解了边区的财政困难，留下了“自己动手　丰衣足食”的精神和永远传承的许多佳话，拉开了中国现代农垦事业的序幕。

这里要插入一个小故事。开展大生产运动时，毛泽东和当地的劳动模范杨步浩等结下了长久的友谊。

▲ 杨步浩（1905—1977）

1942 年冬，陕西横山县（现榆林市横山区）人杨步浩被评为延安县（现延安市）劳动英雄。1943 年 2 月，他和其他劳动英雄一同

① 高凤林：《党中央在延安十三年党群关系口述史》，人民出版社 2016 年版，第 277 页。

去南泥湾慰问八路军三五九旅时，无意间得知毛泽东、朱德也同战士们一样要完成生产任务。杨步浩听后心情十分激动，主动要求为毛主席、朱总司令代耕。

从 1943 年起，杨步浩以自己的劳动果实，连续多年主动为毛主席、朱德总司令送交代耕粮。

1944 年麦收后，杨步浩赶着两头毛驴将晒干的一石小麦送到中共中央驻地杨家岭，代毛泽东交纳公粮。毛泽东亲切地接见了他，当问到他为什么要代自己和朱德耕田时，杨步浩含泪介绍了自己的苦难身世后，接着说："吃米不忘种谷人。我现在翻了身，不能忘记共产党和您的恩情呀！"

1945 年 11 月 28 日，杨步浩过 40 岁生日时，毛泽东、朱德特意派代表前往祝贺。当接过毛泽东、朱德赠送的"与人民同寿"的大红绸幛和 20 万元边币的贺礼时，杨步浩再也控制不住内心的激动，对送礼的同志说："毛主席、朱总司令工作那么忙，还把我这普通农民的生日记在心里，我实在感激不尽。"从此，他与毛泽东、朱德等中共中央领导人及陕甘宁边区政府、延安县政府的负责人来往更多了。

中华人民共和国成立后，杨步浩曾先后于 1952 年、1961 年、1975 年三次进京看望毛主席、周恩来、朱德。其中 1961 年那一次，是因为当时全国处在困难时期，毛主席惦念延安时期的老朋友，托人给杨步浩捎去几斤白糖、两瓶酒和两块布料。见物思人，杨步浩给毛主席写了一封信，信中说："主席，我很想念您老人家，很想去看看您，不知您有空没有？"不久，毛主席给他回信："我同意，你跟地方上商量一下，只要地方上同意，我没有什么意见。"经延安县委讨论后，杨步浩进京的愿望实现了。他高兴得几夜都没有睡好，同老伴精心缝制了几个白粗布小口袋，装上延安最好的小米、绿豆、瓜子、干菜，于国庆前夕到了首都北京。

1961 年 10 月 1 日，在天安门城楼上，毛主席亲切会见了老朋友。之后，又把他请到中南海家里，设家宴款待，又同他长时间交谈，了解延安的变化，感谢延安人民的问候。

（四）土改反映出民心向背

1947 年春，胡宗南的 20 多万精锐部队逼向延安，为了保存战斗实力，中共中央决定暂时撤出延安。美国记者安娜·路易斯·斯特朗在延安采访毛泽东时，问他对最后的胜利是否有把握，毛泽东在回答中甚至连军队也没有提，只是说：“那就要看我们的土地改革工作完成得好不好，蒋介石肯定要失败，因为他反对农民的土地要求，如果我们能够解决土地问题，我们就一定会胜利。”①

1947 年 10 月，中共中央在西柏坡正式公布《中国土地法大纲》（以下简称《大纲》）。《大纲》明确规定，废除一切地主的土地所有权，废除一切祠堂、庙宇、寺院、学校、机关及团体的土地所有权，废除封建性及半封建性剥削的土地制度。《大纲》同时规定了分配给农民的土地归个人所有，由政府发给土地所有证；规定了不分男女老幼，统一平均分配，在土地数量上抽多补少，质量上抽肥补瘦；还规定，由农会征收旧式富农按平分原则所多余的土地财产分给贫苦农民。

一夜之间，解放区的墙壁上都贴上了用毛笔书写得工工整整的《大纲》布告。在西柏坡纪念馆废除封建土地所有制展厅，展示着当年在晋察冀解放区发出的联合布告样品，布告写在一份黄色宣纸上：

中国共产党中央委员会所提中国土地法大纲，我晋察冀边

① 王树增：《人心向背决定中国命运——解放战争胜利的启示》，《党建》2017 年第 10 期。

区党政军民一致拥护，并经边区行政委员会公布实行，以彻底废除封建性及半封建性剥削的土地制度，实行耕者有其田的土地制度……

分得土地的老百姓用各种方式表达着喜悦，有的扭起了秧歌，高兴地唱着："土地证四方方，鲜红的金印盖中央。感谢中国共产党，咱们的生活有保障！"[①] 在河北省平山县西柏坡纪念馆的陈列柜里，有一面来自平山县下盘松村的锦旗，上面绣着"土地回老家"字样。据工作人员介绍，下盘松村乡亲们获得土地的那一刻，纷纷涌向田间、地头，争着抢着捧起那散发着芳香的泥土，揣在胸前用心感受着。

土地改革之后，解放战争三大战役的千里运输线上，奔流着一支亘古罕见的支前大军。支前民工多达 880 余万人次，支前大小车辆 141 万辆，担架 36 万余副，牲畜 260 余万头，粮食 4.25 亿千克。时任华东野战军司令员陈毅曾深情地说："淮海战役的胜利，是人民群众用小车推出来的。"[②] 这样的情形，早在 1947 年回答外国记者问题时，毛泽东已经通过民心的向背预见到了。

二、"农业是国民经济的基础，粮食是基础的基础"

中华人民共和国成立伊始，就在全国范围内率先进行土地改革和农业社会主义改造，由此开始，依靠"三农"提供的巨额原始积累，中华人民共和国从一穷二白的起点上逐步建立起完整的工业体系和国民经济整体布局。这个阶段，"三农"事业是国家工业化超常

---

① 《邓颖超传》（上），人民出版社 1993 年版，第 404 页。
② 《新华月报》：《永远的丰碑（十七）》，人民出版社 2007 年版，第 167 页。

发展的“根据地”。

（一）新中国的首部经济法规：《中华人民共和国土地改革法》

中华人民共和国成立后，占全国3/4面积的新解放区尚未进行土地改革。据国家统计局公布的统计资料显示，全国土地改革前，占农户总数不到7%的地主富农占有50%以上的总耕地，而占全国农户57%以上的贫农、雇农，仅占约14%的耕地。存在着的大量农民少地或无地的状况，阻碍着农村经济和中国社会的发展。

1950年6月，中央人民政府颁布了《中华人民共和国土地改革法》，规定废除地主阶级封建剥削的土地所有制，实行农民的土地所有制。这年冬闲时节，全国分批进行土改，没收地主的土地分给无地或少地的农民耕种；同时也分给地主一份，让他们自己耕种，在劳动中改造自己。到1952年底，除了部分少数民族地区外，全国基本上完成了土地改革。约3亿无地或少地的农民分到了约7亿亩土地和大量的农具、牲畜和房屋等；而之前每年需要向地主缴纳的约3000万吨粮食，从此也被永远免除了。

土地改革的完成，彻底摧毁了在我国存在了两千多年的封建土地制度，消灭了地主阶级，使农民成了土地的主人。这不仅使得人民政权更加巩固，也大大解放了生产力，使农业生产获得恢复和发展，为国家工业化建设准备了条件。

中国共产党在领导农村土地改革时，并没有设想要实行农村土地集体所有制。《土地改革法》第一条和第三十条分别规定：废除地主阶级封建剥削的土地所有制；实行农民的土地所有制，并允许土地自由买卖。但土地改革刚刚完成，就有少量缺资金、缺劳力、缺耕畜的农户迫于生计而卖掉刚分到的土地。这种现象引起了党中央的深深忧虑：怎样才能彻底根除历史上反复出现的土地兼并现象？怎样才能使农民不会再次失去土地？为了避免历史悲剧的重演，中国农村的土地制度走上了集体所有制的道路。农村土地的集体所有制，是指农村土地分别属于一个个具体的农村集体经济组织的成员集体所有，而这样的农村集体经济组织在全国有数百万个之多；农村集体的土地所有权不可分割到农户家庭和个人，土地的所有权不能买卖。到 20 世纪 50 年代末，中国农村全面实行了土地集体所有制。

但是，在探索土地集体所有制条件下如何搞好社会主义生产的问题上，由于没有成熟的经验可借鉴和步伐太快等原因，农民的生产积极性受到一定的抑制，农业生产形势无法兼顾对工业化的支持与解决全国人民吃饭穿衣两方面的重大任务，国民经济的发展因而严重受挫，部分农民甚至陷入了穷困之中，尤在青黄不接之时度日维艰。

（二）农村改革仍是进行时

改革开放之后，国家尊重农民创造的包产到户等农业生产模式。自 1982 年后，农村家庭联产承包责任制在中华大地开始推广实行：80 年代，废除了人民公社体制；1992 年的宪法修正案，正式将家庭联产承包责任制以国家根本大法的形式确立下来，但这并没有改变农村土地仍属于集体所有的性质，农村集体经济组织也依然存在。

2006 年，全国统一取消了农业税，用农民的话说，从此不用交“公粮”了。这样的条件下，土地集体所有的性质没有变，但农民与土地的关系发生了很大的改变。农民，特别是青年农民，不再受到土地的束缚，虽然仍重视土地上的权益，却能以更大的视野看待自身劳动力的经济价值和就业取向了。中央对由此产生的土地问题的改革也在继续推进。

2008 年 10 月，中共中央颁布《关于推进农村改革发展若干重大问题的决定》，关于农村改革的内容中，多处涉及农村土地问题，包括“赋予农民更加充分而有保障的土地承包经营权，现有土地承包关系要保持稳定并长久不变。”“按照依法自愿有偿原则，允许农民以转包、出租、互换、转让、股份合作等形式流转土地承包经营权，发展多种形式的适度规模经营。”“土地承包经营权流转，不得改变土地集体所有性质，不得改变土地用途，不得损害农民土地承包权益。”“在土地利用规划确定的城镇建设用地范围外，经批准占用农村集体土地建设非公益性项目，允许农民依法通过多种方式参与开发经营并保障农民合法权益。”“大幅度提高政府土地出让收益、耕地占用税新增收入用于农业的比例。”①

2014 年 11 月，中共中央办公厅、国务院办公厅印发了《关于引导农村土地经营权有序流转发展农业适度规模经营的意见》，其核心是要求坚持农村土地集体所有权，稳定农户承包权，放活土地经营权，以家庭承包经营为基础，推进家庭经营、集体经营、合作经营、企业经营等多种经营方式共同发展。这一改革，被群众简称为土地“三权分置”，有力促进了农村土地（指承包耕地）经营权有序流转和农业适度规模经营发展。

2020 年 9 月，中共中央办公厅、国务院办公厅印发了《关于调整完善土地出让收入使用范围优先支持乡村振兴的意见》（以下简称《意见》），并发出通知，要求各地区各部门结合实际认真贯彻落实，拓宽实施乡村振兴战略的资金来源。《意见》指出，土地出让收入是地方政府性基金预算收入的重要组成部分。长期以来，土地增值收益取之于农、主要用之于城，有力地推动了工业化、城镇化快速发展，但对农业农村发展的支持作用发挥不够。《意见》的总目标非常明确：从“十四五”第一年开始，各省（自治区、直辖市）分年度

① 《中共中央关于推进农村改革发展若干重大问题的决定》，人民出版社 2008 年版，第 12、13、13、14、15 页。

稳步提高土地出让收入用于农业农村比例；到“十四五”期末，以省（自治区、直辖市）为单位核算，土地出让收益用于农业农村比例达到50%以上。

集体所有制的土地，在保障农业发展的同时，应当也必将发挥出越来越强的对农民利益和乡村振兴的利好作用。

（三）勿忘农业税的历史贡献

农业税是国家对一切从事农业生产、有农业收入的单位和个人征收的一种税，俗称“公粮”。据史料记载，农业税始于春秋时期鲁国的“初税亩”，到汉初形成制度。历史上，农业税是历朝历代得以维持发展的主要经济来源，是中华文明得以永续发展的物质支撑，也是中华人民共和国工业化、城镇化起步阶段的主要资金来源。

农业税，虽然已经是历史，却代表着长期以来农民对国家发展的超常付出与奉献，是值得我们永远铭记的重要的历史。

中华人民共和国成立以后，1950年9月，中央人民政府批准并公布了《新解放区农业税暂行条例》。1952年后，根据土地制度的改革、农业生产的发展等情况，国家对农业税政策作了一些调整。1956年起，由于我国的生产关系发生了根本变化，中央开始起草新的农业税条例。1958年6月3日，第一届全国人大常委会第九十六次会议审议通过了《农业税条例》。这是中华人民共和国成立后第一部全国统一的农业税税法。

在相当长的时期内，我国农业和农村的发展与变迁是在为工业化、城镇化进程做贡献的大背景下进行的。农业对工业化、城镇化发展的贡献，除了农业税之外，还通过工农产品剪刀差来实现。正是依靠“三农”发展提供的巨额原始积累，中华人民共和国才逐步建立起比较完整的工业体系和城镇化基础。

改革开放之初，在小岗村人紧张地履约“红手印契约”时，国家相关部门改革农村经济体制的顶层设计也在紧锣密鼓地进行。

1979 年，回京知青翁永曦被分配到中国农民报社（现农民日报社）。一次偶然的机会，社长苗培时让他把第二天的社论送到国家农委，请当时分管政策的副主任杜润生预先审查一下。翁永曦送到时，与杜润生有一段特别的交流。

杜老当时正在伏案写文，抬头看见他，说：“没见过你啊。”

翁说：“我是新分配到报社的。”

杜老问：“原来在哪儿工作?”

翁回答：“在农村插队。”

杜老把笔放下，问：“多长时间?”

翁答：“前后十个年头。”

杜老说：“时间不短，你有什么想法?”

翁说：“农民太苦，农村太穷，工农业产品剪刀差太大，国家农业政策应该建立在务农有利可图的基础上。”

杜老说：“这算一条，有第二条没有?”

翁说：“有，从小受到的教育是‘大河有水小河满’，到了农村才知道，无论是经济界还是自然界，从来都是‘小河有水大河满’。”

杜老看了翁一眼说：“你把社论放下，我看完以后派人送回报社。”

这事就过去了。但是，一个礼拜以后，翁永曦接到了国家农业委员会办公厅的调令。

知青当中，翁永曦的经历是少有的：高中毕业后到内蒙古农村插队，其间被推荐上了北京大学，1976 年毕业后又回到插队的乡村继续当知青。像翁永曦这样既懂得中国国情，又有文化、勤思考的青年，正是推进改革所需要的人才。他后来被任命为中央农村政策研究室副主任，成为当时全国最年轻的副部级干部。

在杜润生的带领下，一批年轻有为、有丰富农村工作经验的学者参与了涉及农村改革的重大政策的制定。时任河北省正定县委书记习近平当时被聘为中共中央农村政策研究室特邀研究员。

国家在做出“给包产到户上了社会主义的户口”的重大改革之后，农业税制也在逐渐进行改革。

改革开放之际，农业税制主要有以下两个方面的调整：一是对贫困地区采取了大量减免税政策。1978年12月2日，国务院转发财政部《关于减轻农村税收负担问题的报告》。1979年11月9日，财政部在《关于加强农业财务工作的意见》中指出，农业税的征收额应当继续稳定不变，增产不增税。1985年2月28日，财政部印发《关于贫困地区减免农业税问题的意见》，对于符合条件的最困难农户，可以从1985年起给予免征农业税3年至5年的照顾。二是逐步建立了对农林特产征税的制度。1983年11月12日，国务院发布了《国务院关于对农林特产收入征收农业税的若干规定》。1993年2月20日，国务院下发《关于调整农林特产税税率的通知》，对部分农林特产品的税率进行了调整。1994年，为配合我国工商税制全面改革，农林特产农业税与原产品税、工商统一税中的农、林、牧、水产品税目（不包括改征屠宰税的生猪、菜牛、菜羊）合并，改为征收农业特产农业税（简称农业特产税）。1994年1月30日，国务院发布了《关于对农业特产收入征收农业税的规定》，它和《农业税条例》一起成为征收农业税的主要法律依据。

随着工业化、城镇化和农业现代化取得的长足进步，国民经济实力增强、结构趋优，中国共产党深刻总结国内外的经验教训，从加强农业、搞活农村入手，推进改革开放，改变了过去长期强调的农业为工业、农村为城市提供积累和农民就地发展、主要依靠农业致富的做法。

1992年，安徽省涡阳县新兴镇进行了税费制度改革的试验，按照全镇每年的支出总额确定农民的税费总额，税费一并征收，分摊到亩。随后，全国一些农业大省纷纷效仿。1993 年，河北省的部分地区及安徽阜阳、贵州湄潭、湖南怀化等地方也开始进行试点改革。这些早期的试点改革在具体方式方法上各有不同，但主要围绕“三提五统”[①] 进行，有税费合一模式、税费大包干模式、费改税模式等几种类型，在短期内不同程度地减轻了农民负担，但是也存在做法不尽规范、不甚妥当的问题。

为克服地方改革的局限性，中央决定加大力度，从全国、全局的高度指导农村税费改革。1998 年 9 月，中央成立农村税费改革领导小组，统筹推进全国农村税费改革试点工作。2000 年 3 月 2 日，中共中央、国务院发出《关于进行农村税费改革试点工作的通知》，明确了农村税费改革的主要内容，标志着农村税费改革正式进入实施阶段。同年，安徽试点启动。2001 年，江苏启动改革试点。2002 年，改革步伐加快，试点省份扩大至 20 个。2003 年 1 月 16 日，中共中央、国务院发出《关于做好农业和农村工作的意见》。3 月 27 日，国务院发布《关于全面推进农村税费改革试点工作的意见》，农村税费改革在全国范围内全面推开。由于有安徽、江苏等省份率先试点积累的经验，全国改革试点工作得以顺利推进。此时的农村税费改革已不再是单纯地制止不合理收费，而是在法律规定的税收幅度内减轻农民的赋税，这意味着农村税费改革迈入一个新的历史阶段。

进入新世纪，解决好“三农”问题被定位为全党全国的重中之重，一系列多予少取放活、强农惠农富农的政策连续出台。2004 年 3 月，第十届全国人大二次会议的政府工作报告提出，自 2004 年起逐步降低农业税税率，每年降低 1 个百分点以上，5 年内取消农

---

① “三提五统”，是指三项村提留和五项乡统筹。村提留是指村级集体经济组织按规定从农民生产收入中提取的用于村一级扩大再生产、兴办公益事业和日常开支费用的总称，包括公积金、公益金和管理费三项。乡统筹费是指乡镇合作经济组织依法向所属单位和农户收取的，用于乡村两级办学、计划生育、优抚、民兵训练、修建乡村道路等五项事业所需款项的总称。

业税。

自中央政府宣布逐步取消农业税后，农村税费改革骤然加速。从 2004 年农村税费改革模式看，主要有三种：第一，全部免征农业税。如吉林、黑龙江、北京、天津、浙江、福建。西藏一直免征农业税，上海于 2003 年开始免征农业税。第二，降低农业税 3 个百分点。全国有 12 个省份执行这一模式。第三，降低农业税 1 个百分点。全国有 11 个省份执行这一模式。由于各地积极落实减免农业税的政策，当年，全国农业税负担平均减轻 30%，农业税在全国财政收入中的比重不足 1%。

2005 年，农业税减免进一步提速。3 月，温家宝在第十届全国人大三次会议上的政府工作报告中提出："加快减免农业税步伐。在全国大范围、大幅度减免农业税。""原定 5 年取消农业税的目标，3 年就可以实现。"① 据统计，至 2005 年底，有 28 个省份已经全部免征农业税，另外 3 个省份即河北、山东、云南也将农业税率降到了 2%以下，并且这 3 个省中有 210 个县免征了农业税。至此，农业税已经名存实亡。

2005 年 12 月，第十届全国人大常委会第十九次会议决定自 2006 年 1 月 1 日起，废止《中华人民共和国农业税条例》，自此，在我国延续两千多年的农业税成为历史。

农业税的取消产生了积极的影响：一是大幅度减轻了农民负担。全面取消农业税，清理整顿了各项税费和摊派，有效遏制了曾经一度屡禁不止的农村"三乱"现象，初步建立了农民减负增收的长效机制，使更多农民加快了脱贫的步伐。二是推动了农村上层建筑的调整。全面取消农业税，有利于加快公共财政覆盖农村的步伐，推

① 温家宝：《政府工作报告——2005 年 3 月 5 日在第十届全国人民代表大会第三次会议上》，人民出版社 2005 年版，第 17、18 页。

动基层政府职能转变，规范基层行政行为，促进农村基层民主政治建设。三是强化了农业基础地位。加入世界贸易组织之后，我国的农业发展面临着严峻挑战。如果对农业征税，则使农业在国际上处于不利竞争地位。取消农业税，有利于增加农业生产投入，提高农业综合生产能力和国际竞争力。四是开启了统筹城乡发展的新纪元。全面取消农业税，标志着我国城乡二元税收制度的终结，使更多农村剩余劳动力能够转移到非农产业和城镇就业，有利于农民增收致富、摆脱贫困，有利于促进城乡统筹发展，有利于加快全面建设小康社会的进程。

铸鼎刻铭，告知后人。2006 年，河北省灵寿县清廉村农民王三妮满怀感谢党恩的心情，自费铸了一尊三足青铜圆鼎——“告别田赋鼎”。鼎上记录了历代田赋变迁。如今，这尊鼎就静静地立在中国农业博物馆四号展厅里，无言地诉说着时代的变迁。

▲ 告别田赋鼎

其实，与其说农民感恩党，不如说我们全社会更应该感恩农民。因为农民不仅为我们提供了生存所必需的农产品，还因为农民祖祖辈辈承担了社会动荡的终极痛苦才使国脉得以延续，在自身缺衣少食的情况下，担负了中华人民共和国从农业国向工业化、城镇化发展中原始积累的重担。

虽然农业税已经成为历史，但是农业税对中华人民共和国工业化、城镇化和各方面综合发展所做的历史性贡献，值得永远铭刻在史册中，铭记在全国人民的心中。

三、农村改革为工业化和城镇化飞跃发展奠基

20 世纪 40 年代，毛泽东反复强调，我们在推翻三座大山之后的最主要任务是要实现工业化，是将国家由落后的农业国变成先进的工业国，建立起独立完整的工业体系。

中华人民共和国成立后，经过 20 余年的艰苦奋斗，到 70 年代初，我国初步完成了国家工业化的原始积累，落后面貌开始改善。但重工业、轻工业和农业结构严重失调，积累与消费之间落差巨大，工业化发展后劲堪忧。

改革开放后，从 1980 年起，政府财政收入的 80%以上来源于城市工业，农业的积累地位下降，客观上有利于 1982 年以后进行的农村家庭联产承包责任制改革，有利于农村经济体制取得阶段性创新成果。同时，农村改革也为国家工业化向广大农村辐射、有效推进农村工业化创造了重要条件。到 1984 年，重工业、轻工业、农业的比例逐渐协调，中国经济出现了改革开放后的最佳状态。此后，经过近 30 年的快速增长，中国终于在 2010 年一跃成为头号制造业大国和仅次于美国的世界第二大经济体。

可以说，农村改革的成功推进了中国的工业化，促进我国从工

业化初期到工业化后期的历史性飞跃，使我国实现了从落后的农业大国向世界性工业大国的历史性转变；同时，农村人口的转移促进中国初步完成从乡村社会到城市社会的转型，进入城市社会的时代。

（一）农村改革为城市和工业改革奠基

自英国进行工业革命以来，工业化一直是世界经济发展的主题。世界经济史表明，没有经历成功的工业化进程，就不可能成为繁荣富强的现代发达国家。当今时代，发达国家的服务业虽已在其国民经济结构中占绝对优势，但也在不断推进所谓“再工业化”。实际上，从全世界范围看，当今世界仍处于工业化不断深化的时代。

对于中国而言，近代以来，如何把中国这样一个落后的农业国建设成为一个发达的工业国，实现工业化，是众多仁人志士为之奋斗一生的伟大梦想。历史表明，只有在共产党的领导下，这个梦想才可能实现。

十一届三中全会后，国家开始了一系列经济改革，率先进行的农村改革推进了工业企业改革和城市的改革开放。

从1980年到90年代中期，中国乡镇企业在全国农村遍地开花，成为改革开放后助推经济起飞的第一级动力。乡镇企业瞄准巨大的消费市场空白，利用城市工业淘汰的二手设备和从国营企业退休但仍富有“余热”的技术人员，迅速开动生产机器，在市场需求旺盛的建材、冶金、酿酒、服装、纺织、化工等行业全面开花。这一时期，农村工业化创造了惊人的1.3亿个工作机会，占到农业就业的1/3、农业富余劳动力的一半，实现出口6008亿元，总产值高达1.8万亿元。1980年至1988年间，全国轻工业产品市场供给能力增加的份额中，乡镇企业的贡献占32%；1988年主要消费品产量中，乡镇企业提供的电风扇占全国的45.5%，丝织品占68.7%，尼龙占

52.1%。到1997年，乡镇企业缴纳税金占全国财政总收入的17.7%，占全国地方财政收入的35.8%。凡是农村工业化发达的地区，也是地方财政收入较好的地方。除了对财政收入的贡献外，乡镇企业还承担起以工补农、以工建农的重任，从资金上支持当地农业的发展。

1978年至1997年，乡镇企业以工建农、补农累计736.6亿元，农村工业化对农业的反哺作用巨大。在农村工业化的高速发展阶段，农民收入中约1/3来源于乡镇企业。在这个阶段中，农民收入几乎每5年翻一番，对国内生产总值的贡献度最高曾超过50%，一度成为支撑中国经济的半壁江山。

1984年10月2日，邓小平会见参加国庆活动的杨振宁等60多位华人科学家时，谈到城市改革问题，邓小平指出："不久要开十二届三中全会，会议的主题是城市改革。如果说开拓新局面是从农业开始，这次则是全面改革，包括工业、商业、科技、教育等，范围很广。改革是很迫切的。因为农村政策见效，农民好起来了，如果城市不进行改革，就会妨碍农村继续前进，城市也满足不了占我国总人口百分之八十的农民的需要。城市改革要有更大的勇气。农村改革说明，城市改革不但必要，而且相信会成功。这就可以保证我国到本世纪末实现翻两番的目标。"①

农村改革的成果除了体现在农村工业化方面，也体现在对企业改革和城市管理改革的促进等方面。比如著名的改革先行者步鑫生最早进行的企业改革，就受到了农村改革成功经验的启发。

步鑫生是党的十一届三中全会后以改革先行者而闻名全国的新闻人物，他以敢为人先的精神，解放思想，大胆改革，在企业里推

① 《中国特色社会主义理论体系形成与发展大事记（一九七八——二〇〇八年）》，中央文献出版社2008年版，第79页。

行了一套独特的经营管理办法，在使一个集体所有制的地方小厂生产的衬衫畅销上海、北京、广州等大城市的同时，还为城市改革起步发挥了强烈的示范带动作用。

在我国实行改革开放政策35周年之际，作者在浙江海盐县有幸约见到当时已届80岁的步鑫生先生，并向他提了这样一个问题：“您当年在海盐衬衫总厂向旧的经济体制‘宣战’，开始大刀阔斧地进行改革之前，率先从农村开始的土地家庭联产承包责任制已经在全国普遍取得明显的成效。有报道说，您推行的改革措施是受农村政策的启发，是这样吗?”

▲ **2013年11月，步鑫生接受《农民日报》记者访谈　（林坚强 摄）**

步鑫生回答说：“我接手衬衫总厂时，企业有300多名职工，却状况不佳，老工人的退休金也无处可支。在这种情况下，我觉得必须进行改革，首先就是学习农村的联产承包责任制，在车间实行了‘联产计酬制’。当时安徽凤阳等地的土地承包责任制已经见到很好的成效，我参考其中的做法，在工厂里实行工人做多少衬衫，就拿多少工钱的做法，上不封顶，下不包底。当时时髦的说法是‘打破大锅饭！’”

步鑫生当年的改革创新精神和企业改革实践，为中国的改革开放进程写下了浓墨重彩的一笔。

（二）发挥民营经济的巨大潜力

改革开放之初，百业待兴，包括农村富余劳动力在内的众多就业者急需工作岗位。1979 年初，原国家工商行政管理局召开会议，会议向中共中央、国务院作了报告，提出“各地可以根据当地市场需要，在取得有关业务主管部门同意后批准一些有正式户口的闲散劳动力从事修理、服务和手工业者个体劳动，但不准雇工”[①]。同年 4 月 9 日，国务院转发了这个报告，虽然这个报告对个体经济作了种种限制，但它毕竟公开地为个体经济发展开了“绿灯”。此后，随着个体经济的发展，一部分个体工商户手中的资金不断增多，经营管理的能力日益增强，生产经营的规模也逐步扩大，学徒帮手越请越多。一些个体工商大户的雇工，已经远远超过国家规定的人数，成为事实上的私营企业。

1983 年，中共中央发出《关于印发〈当前农村经济政策的若干问题〉的通知》，首次提出，对超过规定、雇工人数较多的个体户采取不提倡、不宣传、不取缔的“三不原则”，对雇工人数实际已经网开一面。事实上，这一政策也得到了邓小平的支持，同年 1 月 12 日，邓小平在谈话明确表示：“有个别雇工超过了国务院的规定，这冲击不了社会主义。只要方向正确，头脑清醒，这个问题容易解决。

① 伍国友：《中华人民共和国史（1977—1991）》，人民出版社 2010 年版，第 190 页。

十年、八年以后解决也来得及，没有什么危险。”①

1984年1月1日，中共中央发布《关于1984年农村工作的通知》，第一次提出对当前雇请工人超过法定人数的企业，可以不按照资本主义的雇工经营看待。这在实质上解除了雇工限制，并且将它同令人不寒而栗的资本主义区别开来，是对雇工经营的明确肯定，为私营企业扩大规模创造了政策环境。

1984年11月9日，是中国民营经济发展史上具有特殊意义的一天。这一天，国务院特批大连个体户姜维和外商试办合资企业。这是自1956年资本主义工商业社会主义改造完成后出现的第一家私营企业，标志着销声匿迹了近30年的私营企业又重新获得国家的承认。

1987年，党的十三大召开，大会报告中明确指出，在以公有制为主体的前提下，要继续发展多种所有制经济，肯定私营经济是公有制经济必要的、有益的补充。由此，私营企业得到官方支持，正式登上中国经济舞台。

据原国家工商行政管理局统计，到1987年底，私营企业已经达到9万多户，从业人员总数约164万人，注册资金已有84亿元，其中农村的私营企业占全国私营企业总户数的80.74%，从业人员占全国私营企业从业人员总数的83.45%，资金占全国私营企业总数的83.6%。

1988年6月25日，《中华人民共和国私营企业暂行条例》（以下简称《暂行条例》）、《中华人民共和国私营企业所得税暂行条例》、《国务院关于征收私营企业投资者个人所得税的规定》三项法规正式颁布，私营企业的经营和管理终于有法可依，对发展中的私营经济

① 国家发展改革委经济体制综合改革司、国家发展改革委经济体制与管理研究所：《改革开放三十年：从历史走向未来》，人民出版社2008年版，第307页。

起到了重要的促进作用。

不同于1950年《私营企业暂行条例》所规定的“私营企业为私人投资经营从事营利的各种经济事业”，《暂行条例》首先定义了什么是私营企业：“私营企业是指企业资产属于私人所有、雇工8人以上的营利性经济组织。”[①] 照此规定，私营企业有两个本质特征，一是企业资产属于私人所有，另一个是雇工8人以上。这是区分私营企业与国营企业、集体企业、个体工商户的重要标准。企业财产的归属不同，这是私营企业与公有制企业的本质区别；雇工多少不同，这是私营企业与个体工商户的重要界限。《暂行条例》根据我国实际情况，把鼓励、引导私营企业发展，加强对私营企业的监督管理作为出发点，并规定了相应的内容。

《暂行条例》颁布之后，我国的私营企业几年内进入了高速扩张阶段。1992年到1995年，私营企业户数和从业人数以年增长50%以上的速度飞速发展，个别年份甚至成几倍增长。尽管后来增速有所减缓，但仍保持着较快的增长。即使1998年中国遭受了百年罕见的特大洪水灾害以及亚洲金融危机的冲击，私营企业的增长势头依然不减。

自1988年颁布实施后，《暂行条例》近30年未进行过任何修改和补充。随着社会经济的发展变化，它不仅与其所处的时代背景相背离，也与其他相关立法产生了冲突。2018年4月4日，《国务院关于修改和废止部分行政法规的决定》公布，其中已实行近30年的《中华人民共和国私营企业暂行条例》正式废止。但30年间，这份《暂行条例》保障和见证了民营经济的发展，对社会发展做出了巨大贡献。

---

① 张平：《中国改革开放：1978—2008综合篇》（上），人民出版社2009年版，第29页。

（三）农民用脚投票，支持城镇化发展

城镇化深刻地改变着世界和人们的生活。伴随工业化的深入发展，城镇化是世界各个国家和地区经济社会发展的必然趋势和必由之路，是一个国家和地区现代化程度的重要标志，同时，也是世界各国促进城乡协调发展、缩小城乡差距、消除城乡体制差别、实现城乡一体化发展的重要途径。就我国来说，城镇化事关中国式现代化建设全局，是转变发展方式、扩大内需的国家战略，是推动区域协调发展的重要动力，也是解决农业、农村、农民问题的重要途径。

根据发达国家已经走过的历程，一国的城镇化水平是与其工业化发展水平相适应的。中国科学院可持续发展战略研究组原组长、首席科学家牛文元曾说，国家的工业化程度较低时，城镇化程度自然也是较低的；国家的工业化进步了，就要求其城镇化率相应地提高，否则就可能制约工业化发展以及整个国民经济的发展。我国的城镇化发展曾长期落后于工业化的发展水平，工业化已经发展到中后期，而城镇化水平还在初级至中级阶段，这是严重缺乏同步性和不协调的。牛文元期望国家通过大力改革打破城乡二元结构，加快农民转化为市民的步伐。他预计到2020年，中国城镇化率可以超过50％。实际情况是，中国的城镇化率在2011年就超过了50％，2020年达到了60％以上。

改革开放前，由于种种原因，我国优先发展工业，农村人口生活较为艰难，基础设施建设缓慢，农民被严格限制进城。1953年、1956年、1957年，国务院先后下发了《关于劝止农民盲目流入城市的指示》《国务院关于防止农村人口盲目外流的指示》《关于制止农村人口盲目外流的指示》三份文件。由于严格限制农民流动，我国的人口城镇化速度相当缓慢，近30年间人口城镇化率仅增长了7.22个百分点。

改革开放后，随着人口流动的制度性障碍逐步破除，乡镇企业逐步从农村工业化模式向小城镇模式演进，加之国家对小城市成长及发展农村集镇的鼓励，小城镇大量涌现，迅速发展。到 1992 年，全国建制镇数量达到 1.45 万个，全国城镇化水平由 1978 年的 17.92%上升至 27.63%，速度较上一时期大幅提升。

1992 年，随着市场经济改革继续深入，因行政力量形成的工农产品价格剪刀差逐步消除，基本实现了商品平等交换。同时，工业化和城镇化发展吸引了大量廉价的农业要素资源。劳动力、资金、土地等要素向城镇和工业部门快速流动，特别是向大城市聚集，以轻工业、制造业为代表的工业蓬勃发展，城市聚集效应为第三产业的发展提供动力，城市人口和规模迅速提升。这就是中国农民的“造城运动”。其间，第一产业增加值占国内生产总值的比重持续下降，第三产业增加值占比稳步提升，城镇化速度很快，农业转移人口成为人口来源的主力。

自 1996 年之后，我国城镇化进入加速阶段，每年新增城镇人口约 2000 万人，年均城镇化水平提高近 1.5 个百分点。根据国家统计局数据，2011 年，全国农民工总量为 2.53 亿人，其中外出农民工（指离开本乡镇非农从业 6 个月以上的农村劳动力）为 1.59 亿人，占 62.8%。根据我国现行统计口径，外出农民工被纳入新增城镇人口的范围，据此，2011 年外出农民工占全部城镇人口的 23%，为我国城镇化率贡献了 11.8 个百分点。

2012 年，我国转移就业的农村劳动力超过 2.6 亿人，其中外出农民工超过 1.6 亿人，他们基本上都在城镇就业。农民外出就业，是城镇化快速推进给农村带来的变化，大大拓宽了农民的增收渠道，使其在城镇就业的收入早已超过在家中务农的收入。但是，每年转移的大量农村劳动力仍然游离于农村和城镇之间，尚未成为真正的市民，还处于人口由分散在农村生活向完全的城镇生活的过渡之中。

2017年1月25日，国务院印发《国家人口发展规划（2016—2030年）》，提出常住人口城镇化率2020年达到60%，2030年达到70%。根据国家统计局2019年8月15日发布的《沧桑巨变七十载 民族复兴铸辉煌——新中国成立70周年经济社会发展成就报告之一》，中华人民共和国成立70年来，我国城镇化水平显著提高。到2018年末，我国常住人口城镇化率达到59.58%，比1949年末提高48.94个百分点，年均提高0.71个百分点。报告显示，中华人民共和国成立70年来，城市数量显著增多。1949年末，全国城市共有132个。2018年末，城市数量达到672个。同时，城市人口规模明显扩大。1949年末，城市人口共3949万人。2017年末，我国地级以上城市户籍人口达到48356万人，户籍人口超过500万的城市有14个。报告还显示，城市面貌焕然一新，交通出行更加便利。1949年末，全国城市道路面积8432万平方米，拥有公共交通设施的城市仅27个，公共汽（电）车也只有2299辆，黄包车、自行车是大城市比较普遍的交通工具。2017年，全国城市道路面积达78.9亿平方米，地级以上城市营运公共汽（电）车50万辆。2018年，城市客运量为1262亿人次，年末公交专用车道长度达12850千米；30多个城市开通了轨道交通，轨道交通运营线路171条，运营里程5295千米。

国家统计局发布的《2019年国民经济和社会发展统计公报》显示，2019年年末全国大陆总人口140005万人，比上年末增加467万人，其中城镇常住人口84843万人，约占总人口比重的60.60%，比上年末提高1.02个百分点。户籍人口城镇化率为44.38%，比上年末提高1.01个百分点。全国人户分离的人口2.80亿人，其中流动人口2.36亿人。这表明，我国已提前一年实现了《国家人口发展规划（2016—2030年）》中提出的2020年城镇化发展目标。

2021年3月5日，十三届全国人大四次会议在北京开幕，时任国务院总理李克强作政府工作报告。报告提出，到“十四五”末，常住人口城镇化率要提高到65%，要发展壮大城市群和都市圈，实施城市更新行动，完善住房市场体系和住房保障体系，提升城镇化发展质量。根据“十四五”的目标，未来10年，我国的城市化率每年将提高一个百分点左右，即每年将有1300万人进入城市。特别是为了保障农民工市民化目标的实现，进城农民同城里人一样享有教育、医疗、社会保障等公共服务的改革在不断推进，必将对农民进城产生更大吸引力。此外，服务业的加快发展也将为城市化进程提供有力支持。随着第三产业“营改增”的税制改革全面推进，第三产业发展将有良好的政策环境，也必将出现一个爆发式增长局面，从而为城市创造更多的就业机会。

第四章

新“重农论”引领新型工农城乡关系

工农城乡关系是人类社会发展中最基本、最重要的关系之一。在实现现代化的过程中，如何处理好工农城乡关系是任何一个国家都需要面对的问题。工农城乡关系处理得如何，基本决定了一个国家的经济社会发展水平及其现代化的道路选择。因此，工农城乡关系问题在各国发展进程中都受到高度重视。

中华人民共和国成立初期，国家为快速推进工业化，在计划经济体制下规定了对人民高度约束的合作化生产，用农业和农村的高积累支持工业和城市的发展，试图在较短时期内从“必然王国”走向“自由王国”。其结果虽然取得了“两弹一星”等了不起的成果，但国民经济整体发展结构失调，农民和市民生活水平都比较低，工农城乡关系很不协调。

改革开放以来，中国共产党深刻总结国内外的经验教训，把解决“三农”问题摆在极端重要的位置，从加强农业、搞活农村入手，推进改革开放，调整工农关系和城乡关系，改变了过去长期强调的农业为工业、农村为城市提供积累和农民就地发展、主要依靠农业致富的做法。特别是党的十八大以来，以习近平同志为核心的党中央高屋建瓴统筹城乡经济社会发展，倾全社会之力解决农业农村发展滞后的短板问题，促进乡村振兴成为党中央解决“三农”问题的战略选择和发展路径，“三农”发展取得了长足进步，形成了新型协调的工农城乡关系。

一、新“重农论”的形成与发展

中国自古以来有重农的传统。我国传统的重农实质上是重用农力、重取农利，即皇粮国税。为了把农民限制在务农为本的范围内，历朝历代想尽办法限制流通牟利，体现了农业社会条件下“贫生于不足，不足生于不农”，因此，农业生产对社会发展极端重要。

中国共产党始终高度重视“三农”的发展，不仅重农之利，更重为农谋利。2003年以来，党中央把解决好农业、农村、农民问题确立为全党工作的重中之重。这一重大战略定位的确立，是与我国改革开放发展的历程，特别是与“三步走”战略的进程紧密相关的。

（一）重农主义与重农学派

中国古代的重农思想源远流长。据《国语》记载，早在西周后期，虢文公规劝周宣王行籍田之礼时说：“夫民之大事在农。上帝之粢盛于是乎出，民之蕃庶于是乎生，事之供给于是乎在，和协辑睦于是乎兴，财用蕃殖于是乎始，敦庞纯固于是乎成。”[①] 意思是民众的大事在于农耕，上天的祭品靠它出产，民众的繁衍靠它生养，国事的供应靠它保障，和睦的局面由此形成，财力的增长由此奠基，强大的国力由此产生。可以说，这是中国古代系统阐述重农思想的开端。

李悝是中国经济思想史上重农主义的先驱。他认为“籴甚贵伤民，甚贱伤农；民伤则离散，农伤则国贫。故甚贵与甚贱，其伤一也。善为国者，使民毋伤而农益劝”[②]，其中包含着重农抑商的思想。另外，他提出“农事害”是“饥之本”，“女工伤”乃“寒之源”，读来至今都令人有振聋发聩之感。

商鞅在《商君书》中首倡重农抑商，提出“农本”“商末”的概念，反对“商贾技巧”，主张“国待农战而安，主待农战而尊”[③]。

商鞅之后，重农抑商思想成为中国历朝历代经济思想的主流。

---

① （清）马骕：《绎史》卷二十七，中华书局2002年版，第831页。

② （汉）班固撰，（唐）颜师古注：《汉书》卷二十四上，中华书局1962年版，第1124页。

③ （清）马骕：《绎史》第一百十五，中华书局2002年版，第2956页。

“重农学派”则是在国外出现的，是18世纪50年代至70年代的法国古典经济学派。17世纪末至18世纪中叶，法国处于由封建主义过渡到资本主义的转变时期，农业在经济上占有很大优势。但是，法国国王路易十四和路易十五先后实行牺牲农业、发展工商业的重商主义政策，使农业遭到破坏而陷入困境，于是出现了反对重商主义政策、主张重视农业的重农主义经济学说。重农学说的理论基础是“自然秩序”论，认为自然界和人类社会存在的客观规律是“自然秩序”，而政策、法令等是“人为秩序”。只有适应自然秩序，人类社会才能健康地发展。

纯产品学说是重农主义理论的核心。重农学派认为财富是物质产品，财富的来源不是流通而是生产，所以财富的生产意味着物质的创造和其量的增加。在各经济部门中，重农学派认为只有农业是生产的，因为只有农业既生产物质产品，又能在投入和产出的使用价值中表现为物质财富的量的增加。对比之下，工业不创造物质，只变更或组合已存在的物质财富的形态；商业也不创造任何物质财富，而只变更其市场的时、地，二者都是不生产的。农业中，投入和产出的使用价值的差额构成了“纯产品”。在纯产品学说的基础上，重农学派提出了废除其他赋税而只征收单一地租税的主张。

重农学派之所以提出这些，是由于其领袖魁奈和杜尔哥在建立重农学派理论体系的过程中受到了中国古代文化的重要影响。在一定意义上，重农学派堪称中国古代文化与现代西方经济学之间的一座桥梁。

（二）“重中之重”战略定位的确立

中国共产党自成立开始就十分重视农民的力量和作用，不仅依靠农民建立起根据地，实现了农村包围城市、武装夺取政权的胜利。在革命过程中，党通过“打土豪，分田地”，把重农利和重为农谋利有机地结合起来。中华人民共和国成立之后，由于一穷二白，党和国家选择了首先重农利的做法。但历史自有其逻辑，共产党不忘初心，在国家初步富强起来之后就把为农谋利摆在了重要的位置。

改革开放后，在胜利实现了现代化建设“三步走”战略的第一步、第二步目标，人民生活总体上达到小康水平之后，2002 年 11 月，党的十六大明确提出要优化“低水平的、不全面的、发展很不平衡的小康”，全面建设小康社会。如何才能全面建成小康社会？作为发展短板的“三农”的分量显著增强了。

全面建成小康社会的关键在于，平均数不能代表大多数，决不能忽视农村这一最大的薄弱环节。彼时，党中央清醒地认识到，农业现代化是“四化同步”发展的短腿，农村是全面建成小康社会的短板，老乡收入基础不牢、成色不足，全面小康就站不住脚。

2003 年 1 月，中央农村工作会议在北京召开，胡锦涛在讲话中首次明确提出，把解决好农业、农村、农民问题作为全党工作的重中之重。2003 年 1 月发布的中央三号文件《中共中央、国务院关于做好农业和农村工作的意见》强调，全面建设小康社会，必须统筹城乡经济社会发展，更多地关注农村，关心农民，支持农业，把解决好农业、农村和农民问题作为全党工作的重中之重，放在更加突出的位置，努力开创农业和农村工作的新局面。2004 年 1 月公布的新世纪第一个部署“三农”工作的中央一号文件《中共中央国务院关于促进农民增加收入若干政策的意见》再次明确指出，把解决好农业、农村、农民问题作为全党工作的重中之重，并强调，对“三农”问题，不仅分管领导要直接抓，而且党政一把手要亲自抓，地、县两级领导要把主要精力放在农业和农村工作上；各行各业都要树立全局观念，为农民增收贡献力量，在全社会形成有利于农民增收的良好氛围。

2004 年前后，曾业松等学者通过《新农论》等著作提出让农民有其利、有其权、有其教的新重农主义，呼吁以农民为中心解决“三农”问题，为“三农”问题的“重中之重”定位做出了理论阐释，客观上促进了取消农业税等政策的出台与实施。

2004年开始，历年的中央一号文件都锁定解决“三农”问题，均强调把解决好农业、农村、农民问题作为全党工作的重中之重，并做出针对性的具体部署。党的十七大、党的十八大、党的十九大同样强调把解决好农业、农村、农民问题作为全党工作的重中之重这一战略定位，并做出了阶段性的部署。

党中央把解决好农业、农村、农民问题作为全党工作的重中之重，并制定了一系列多予少取放活、强农惠农富农政策，取得了促进农业农村发展和农民致富的良好效果，丰富和发展了我党的新型重农理论和实践。

（三）民族复兴大业的重农内核

2020年12月召开的中央农村工作会议上，习近平在讲话中历史性地阐述了中国共产党成立以来，认识与解决“三农”问题的过程：

> 我们党成立以后，充分认识到中国革命的基本问题是农民问题，把为广大农民谋幸福作为重要使命。改革开放以来，我们党领导农民率先拉开改革大幕，不断解放和发展农村社会生产力，推动农村全面进步。党的十八大以来，党中央坚持把解决好“三农”问题作为全党工作的重中之重，把脱贫攻坚作为全面建成小康社会的标志性工程，组织推进人类历史上规模空前、力度最大、惠及人口最多的脱贫攻坚战，启动实施乡村振兴战略，推动农业农村取得历史性成就、发生历史性变革。农业综合生产能力上了大台阶，农民收入较2010年翻一番多，农村民生显著改善，乡村面貌焕然一新。贫困地区发生翻天覆地

的变化，解决困扰中华民族几千年的绝对贫困问题取得历史性成就，为全面建成小康社会作出了重大贡献，为开启全面建设社会主义现代化国家新征程奠定了坚实基础。[①]

习近平在讲话中还强调：“从中华民族伟大复兴战略全局看，民族要复兴，乡村必振兴。从世界百年未有之大变局看，稳住农业基本盘、守好‘三农’基础是应变局、开新局的‘压舱石’。构建新发展格局，把战略基点放在扩大内需上，农村有巨大空间，可以大有作为。”[②]

民族要复兴，乡村必振兴！这一对民族复兴与乡村振兴关系的深刻阐释，是习近平首次从逻辑上高屋建瓴地指出乡村振兴作为必要条件在民族复兴伟大工程中的不可或缺性、不可替代性，是马克思主义“三农”观的最新认知成果。

此前，习近平在多个场合强调，“任何时候都不能忽视农业、忘记农民、淡漠农村。”[③]“中国要强，农业必须强；中国要美，农村必须美；中国要富，农民必须富。”[④]“农业强不强、农村美不美、农民富不富，决定着全面小康社会的成色和社会主义现代化的质量。”[⑤]

民族要复兴，乡村必振兴！如何实现乡村振兴？需要像习近平强调的那样，举全党全社会之力！振兴乡村是为了农民，也是为了全体国人；是为了现在的人，也是为了后世子孙；不仅关系大局、关乎全局，也关乎历史逻辑的必然性。实现乡村振兴，既要以农

① 《习近平出席中央农村工作会议并发表重要讲话》，引用日期：2020 年 12 月 29 日，http：//www.gov.cn/xinwen/2020—12/29/content_5574955.htm.

② 《习近平出席中央农村工作会议并发表重要讲话》，引用日期：2020 年 12 月 29 日，http：//www.gov.cn/xinwen/2020—12/29/content_5574955.htm.

③ 《中共中央国务院关于落实发展新理念加快农业现代化实现全面小康目标的若干意见》，人民出版社 2016 年版，第 3 页。

④ 《习近平总书记系列重要讲话读本》，学习出版社、人民出版社 2014 年版，第 68 页。

⑤ 《图解 2018 全国两会》，人民出版社 2018 年版，第 124 页。

民为主体，又要依靠全社会共同推进。我们比历史上任何一个时期都更接近“三农”发展“强美富”的美好图景，也比任何一个时期都有着更高的期许和要求。

历史是最好的教科书，中国革命历史是最好的营养剂。

回望过往，只有站在现实的维度，用心凝视历史长河，我们才能真正感受中国共产党成立以来，这百余年中用巨大的牺牲和艰辛的努力做出的改变，这百余年间用前无古人的理性和前所未有的创造开辟的新局，这百余年来用无数血水、泪水和汗水浇灌出的功勋与智慧的分量。

展望民族复兴的光明前景，新蓝图振奋人心，新征程催人奋进。期望全社会从百年党史中汲取力量，把思想和行动统一到党中央决策部署上来，以更有力的举措、汇聚更强大的力量推进乡村振兴，为全面建设社会主义现代化国家新征程做出越来越大的贡献。

二、新型工农城乡关系政策架构与实践

作为一个发展中大国，中国工农及城乡关系的发展一直是经济社会领域的重大问题。因此，不论是中华人民共和国成立之后、改革开放之初，还是进入 21 世纪后，如何协调工农城乡关系，促进城乡和谐发展，不仅是人民群众关心的热点问题，也是政府部门和学术界人士关注的重要课题。

（一）1949—1978 年：城乡二元结构的形成与固化

从中华人民共和国成立到改革开放，城乡关系表现为二元结构迅速形成并逐步固化，工农之间相对隔离。

中华人民共和国成立初期，国家为推进工业化，在农村和城市进行了规模浩大、持久深远的社会变革，建立了计划经济体制。

1952年，中国工业净产值占工农业总产值比重仅为25.3%，工业劳动者占社会总劳动力比重仅为6%。从产业结构和就业结构来看，当时的中国仍然是一个典型的农业国。在此背景下，以合作化为开端，以工业化为导向，工农城乡关系逐渐出现新的冲突，集中在如何协调工农产业关系上。

毛泽东在《论十大关系》中提出：“我们现在发展重工业可以有两种办法，一种是少发展一些农业、轻工业，一种是多发展一些农业、轻工业。从长远观点来看，前一种办法会使重工业发展得少些和慢些，至少基础不那么稳固，几十年后算总账是划不来的。后一种办法会使重工业发展得多些和快些，而且由于保障了人民生活的需要，会使它发展的基础更加稳固。”“我们现在的问题，就是还要适当地调整重工业和农业、轻工业的投资比例，更多地发展农业、轻工业。”①

从以上观点中可以发现，当时主要领导人已经认识到工业化进程中工业与农业的矛盾，意识到处理好工农关系的重要性，试图在发展战略上进行调整，以便协调工农关系。不过，在后续合作化、集体化浪潮的推进下，若干重大的农业生产运动所呈现出的农业生产的虚假繁荣，夸大了农业生产形势，无形之中掩盖了农业本身的问题，于是，优先发展工业成为工农关系的主导。

更为关键的是，伴随着人民公社高度集中的政治经济体制的建立，工农城乡之间生产要素的自由流动受到制度化的限制，突出表现在土地、劳动力、农副产品，乃至生产经营也被纳入政府计划经济当中，城乡之间以及农村内部的生产要素被国家行政手段所控制，形成以行政为主导的工农城乡关系格局。

在这一阶段，国家把粮食增产作为长期政治目标：工业化发展

---

① 《毛泽东文集》第7卷，人民出版社1999年版，第25、24页。

单兵突进，实行农产品价格剪刀差，压低农产品价格，依靠农业生产为工业提供超低的原材料资源，依靠农业人口为工业配套提供人力资源，完成工业化原始积累。

据世界银行的资料，1976 年，中国制造业增加值占商品生产增加值的比重已高达 51.6%，进入了“半工业化”国家的行列。本质上，这是一种强制性的、以牺牲农业为代价的极端工业化，虽然奠定了现代工业体系的基础，但也导致农业现代化发展严重滞后。为了解决人民的温饱问题，农业生产实行以粮为纲的发展方针，没有实现全面发展。农业生产被排除在现代化发展之外，基本还停留在传统生产阶段，严重落后于工业发展。

另外，农村开展的农业合作化运动，将之前的土地私有制改为合作社性质的集体所有制，集中的生产方式和平均的分配方式超越了当时中国生产力发展的现实水平，打击了农民的劳动积极性，从而制约了农村经济的发展。同时，与这种生产制度配套的二元化户籍制度也严格限制城乡之间劳动力的自由流动。20 世纪 50 年代初期，政府就通过严格的户籍制度管理人口，并从相关政策、管理制度等方面限制农村人口流入城市。

到改革开放的 1978 年，仍有 82.08%的人口生活在农村，而当年的农业产值仅占社会总产值的 22.9%。

（二）1978—2003 年：农村资源萎缩与城乡差距扩大

改革开放之后，中国的城乡差距经历了从趋向缩小、再到急剧扩大，迫切需要统筹协调的发展历程。

从农村改革开始，我们党深刻总结国内外的经验教训，从加强农业、搞活农村入手，推进改革开放，调整工农关系和城乡关系，改变了过去长期强调的农业为工业、农村为城市提供积累和农民就地发展、农民主要依靠农业致富的做法。伴随着改革开放之后的经济社会转型，工业化、城镇化和农业现代化都取得了长足的进步，国民经济实力增强、结构趋优。

从改革开放到市场经济体系建立，中国城乡关系从“大二元”经济结构进一步发展出“小二元”结构，即除了乡村中以农业为主的传统经济和城市中以工业为主的现代经济并存的经济结构，乡镇中也存在着传统农业经济和乡镇工业经济并存的状态。

家庭联产承包责任制的确立和乡镇企业的出现，释放了乡村在计划经济体制下积压多年的活力，农民收入显著提高，城乡差距快速缩小，城乡矛盾逐渐缓和。同时，小城镇为农业剩余劳动力在城市和乡村之间提供了一个中间选择，在国家政策的鼓励和支持下，小城镇快速发展。此外，1985 年，国家取消了实行长达 30 年之久的农产品统购统销制度，此后逐步放开了大多数农产品的经营，越来越多的农产品实现了市场定价，进一步搞活了农村经济，促进了农民收入的增加。这一时期，即 1979 年至 1992 年，可以称为农村体制改革和小城镇崛起期。

1992 年，社会主义市场经济体制建立，这是我国经济社会发展历程中的重要标志性事件之一。和上一时期农村人口以流入小城镇为主有所不同，这一时期城乡间的人口流动开始呈现出复杂性，省际城乡流动、迁移开始大规模出现。城市的发展必然离不开乡村的支持，这是由于乡村为城市的发展提供大量廉价的劳动力、廉价的土地资源、资金支持。这一时期，“多取少予”是农村政策的主要特征。“多取”是指农民支出的名目多样。农民在向国家缴纳农业税、农业特产税和屠宰税等税费的同时，还要向乡镇、村缴纳提留统筹费以及其他一些集资和摊派，另外，还要无偿提供义务工和积累工。“少予”是指财政支农不足。因此，这时期的城乡关系表现为城市的快速发展吸引着农村的劳动力、土地、资本资源流向城市，从而进一步推动城市发展。“多取少予”未能照顾到城乡之间的不均衡发展，城乡差距逐渐扩大。这一时期，即 1993 年至 2003 年，中国农业大学的专家张正河等人将其称为城市虹吸农村资源期。

可以说，1978 年至 2003 年期间的城乡关系在实质上依然是农业哺育工业、农村支持城市。如果从中华人民共和国成立算起，直到 2003 年，这一时期的城乡关系可以概括为以乡育城。

这一阶段，在工业化、城市化快速发展的同时，乡村自我积累和自我发展的能力也不断被削弱，城乡间社会发展和居民收入的差距在经历了 20 世纪 80 年代前期短暂的缩小之后，开始拉大。城乡之间的差距，最明显的表现就是城市的现代化程度越来越高，而村庄却在逐渐败落。具体表现为以下几点：一是村庄数量急剧减少，其中包含大量的传统古村落。虽然村落的消亡是城镇化过程中难以避免的现象，但中国村庄减少的速度之快令人担忧。二是乡村的美丽环境受到破坏，大部分乡村的自然纯美因受到工业化的污染破坏而不复存在。三是村庄空心化现象严重，土地和建筑资产浪费严重。同时，城乡居民收入的差距由 1978 年的 2.57∶1 扩大到 2003 年的 3.24∶1。虽然 1978 年至 1985 年的差距有所缩小，但没有改变总趋势。城乡居民收入差距的扩大，进一步产生消费差距、储蓄差距、财产差距乃至对教育的投入差距等。

然而，城乡间的差距不仅仅体现在经济方面，还体现在社会、政治地位上，例如，农村和城市每一名人大代表所代表的人口数并不相同，农村每一位人大代表所代表的人口数约为城市的人大代表所代表的人口数的 4 倍。此外，进入城市的农民无法在城市落脚，享受不到相同的待遇，难以真正融入城市，甚至受到冷眼和歧视，城市中心主义开始蔓延至社会价值领域，农民在这种城市文明主导的语境中仿佛成为社会底层的代名词。

（三）2003—2012年：城乡统筹发展酝酿与探索时期

进入21世纪，以胡锦涛同志为总书记的中央领导集体顺应历史潮流，在处理好工农关系、城乡关系和解决“三农”问题上，进行了一系列具有重大指导意义的理论创新，以新“重农论”为核心的新时期“三农”工作的基本思路和理论体系日渐成熟。

党的十六大提出了用统筹城乡经济和社会发展的战略思路解决“三农”问题，促进全面实现小康社会的目标；2003年中央3号文件首次提出把解决好“三农”问题作为全党全国的重中之重。由此开始，一系列多予少取放活、强农惠农富农的政策连续出台。

2003年的两个事件——孙志刚事件和熊德明讨薪事件在加快农民进城务工的脚步的同时，促进了全社会对“三农”问题的重视，也深刻地影响了城乡工农关系的改善进程。

这一年3月17日晚上，任职于广州某公司的湖北青年孙志刚——一个刚到广州工作不久的大学毕业生在前往网吧的路上，因缺少暂住证被天河区黄村街派出所警察送至广州市“三无”人员收容遣送中转站。次日，孙志刚被收容站送往一家收容人员救治站。在这里，孙志刚受到工作人员以及其他收容人员的野蛮殴打，于3月20日死于这家救治站。根据当时的收容遣送制度，警察有权将没有本地户口也没有随身携带暂住证的公民关进收容遣送站。这一事件见诸报道后，引起众怒，被称为“孙志刚事件”。两个月后，在媒体、公众和政府部门的共同努力下，实施多年的收容遣送制度终于被废止。这起事件最大的受益人群，应该说是农民工群体。之前，农民工曾经是收容遣送制度最大的被管理群体，而自此之后，农民工进城务工越来越被人们比较自然地接受，而嫌弃和轻视农民工的做法也越来越不得人心。

同样是在2003年，重庆市的一个普通农妇以她不普通的大实话，推动了农民工利益的保护。这年 10 月 24 日，温家宝总理在考察三峡库区移民安置工作途中，来到位于库区腹地的云阳县人和镇龙泉村 10 组看望乡亲。打完猪草回家的熊德明鼓足勇气，向总理反映她的丈夫李建民有 2300 多元的工钱已被拖欠了一年，影响孩子交学费。在温家宝的关心下，熊德明一家当晚就拿到了工钱，拖欠农民工工钱的问题也由此引起了社会前所未有的关注。熊德明因向总理说了“实话”，成为维护农民工权益的带头人，并荣获 2003 年“CCTV 中国经济年度人物”社会公益奖。她的“实话”开启了中国最大的农民工讨薪运动：重庆市开展“百日欠薪大检查”活动；北京市政府宣布，今后凡是严重拖欠农民工工资的企业将被逐出北京建筑市场；江苏、广东、湖北等省也相继出台政策维护农民工权益。由此，过去拖欠农民工工资的恶劣现象得以改善。

历史必将铭记这一年——2003 年，国家果断废止了城市收容遣送条例，着手消除对农村劳动力合理流动、进城务工经商的束缚；大规模开展清理拖欠农民工工资行动，大力整治农民工劳动就业环境……这些行动，促进全社会开始正视和重视解决农民工问题，温暖了亿万农民工和他们家人的心，使他们看到了工作和生活可以越来越幸福的希望。

自 2004 年至今，我国城乡关系可以概括为以城带乡。之所以发生如此重大的转变，其现实背景可以简单概括为两个方面：一方面，随着中国社会主义市场经济体制的逐步建立，发展滞后的“三农”问题及不断扩大的城乡差距已经成为制约中国经济社会发展的瓶颈；另一方面，中国加入世界贸易组织后，为了更好地融入其中，必须对城市和农村的公共管理政策进行改革。在内外因素的共同作用下，中央和地方高度重视解决“三农”问题。

在 2004 年秋召开的党的十六届四中全会上，胡锦涛提出了“两个趋向”的重要论断：“综观一些工业化国家发展的历程，在工业化初始阶段，农业支持工业、为工业提供积累是带有普遍性的趋向；但在工业化达到相当程度以后，工业反哺农业、城市支持农村，实现工业与农业、城市与农村协调发展，也是带有普遍性的趋向。”①在同年12月的中央经济工作会议上，胡锦涛进一步指出，我国现在总体上已到了“以工促农、以城带乡”的发展阶段。

2004年至2011年，是强农惠农政策推进期。这一时期，政府开始调整针对农村的宏观政策，城乡关系开始转向一体化发展的方向。2004年，中国在人均GDP超过1000美元时，明确提出“两个趋向”的发展政策，标志着“工业反哺农业，城市带动农村”的发展观正式确立，强农惠农的政策体系不断完善。在这一基本思路的指导下，2007年首次提出“用现代产业体系提升农业”，鼓励将产业链方式延伸到农产品加工领域，标志着工业和农业关系开始由松散型转向紧密衔接型。2010年10月，党的十七届五中全会审时度势，高瞻远瞩，明确提出了“在工业化、城镇化深入发展中同步推进农业现代化”的历史任务。

总之，统筹城乡发展成为这一阶段我国政府处理城乡关系的主要政策，围绕城乡利益格局调整，让农民享有更多更广泛的权利，如取消城乡差别，逐步改革户籍管理制度，减少了农民工进城务工的限制，解决农民工子女进城入学难的问题等；在经济方面，实行多予少取放活的政策，增加对农村农民的各种补贴，取消农业税和面向农民的各种不合理收费，逐渐加大对农村基础设施的投入比重等；在公共服务方面，完善农民的社会保障机制，全面实施农村义务教育经费保障机制改革，建立新型农村合作医疗制度，全面建立和完善农村最低生活保障制度、新型农村社会养老保险制度等；在农村人才队伍方面，有进有出，逐步提高农村人员的知识和技能水

① 《十六大以来重要文献选编》（中），中央文献出版社2006年版，第311页。

平，通过选拔“大学生村官”等方式引导大学生投身农村，国家和地方实施各种农民和农民工培训工程以提高农民素质；在制度创新方面，通过各种措施探索改善城乡关系的新方法，如设立城乡统筹配套改革实验区、农村改革综合实验区等。

通过出台和实施一系列强农惠农政策、制度，中国长期以来的城乡二元分割局面得到了一定程度的缓解。但由于城市在经济发展水平、收入水平、职业多样性、公共服务以及文化氛围等方面远优于乡村，对人口、资本、土地等生产要素具有强大的吸引力，城乡的巨大差距还形成了推力，将资源推往城市。因而，想要使城乡资源双向互动起来，还需要进行更多努力。

（四）党的十八大以来：逐步趋向城乡融合发展新格局

党的十八大以来，我党在新发展理念的指导下，加快推进工农城乡关系融合发展新格局的形成。

党的十八大报告提出，要“形成以工促农、以城带乡、工农互惠、城乡一体的新型工农城乡关系”①。这是党的十六大之后我党在探索和解决工农城乡关系方面的又一重大决策。面对工农城乡之间在土地、资金和劳动力等生产要素上的差距，单纯依靠多予少取，并不能从根本上解决工农城乡的差距。为此，党的十八大以来，在全面深化改革的背景下，党和国家试图从农村土地、资金和劳动力等方面构建城乡公共资源合理配置和要素平等交换的体制机制和政策体系，以便促进工农城乡生产要素的市场化，赋予农民更多的财产权，推动城乡要素的流动，在乡村振兴战略的引导下实现工农城乡的融合发展。

党的十八届三中全会明确提出，加快破解城乡二元结构，形成

① 《中国共产党第十八届中央委员会第三次全体会议文件汇编》，人民出版社2013年版，第10页。

以工促农、以城带乡、工农互惠、城乡一体的新型工农城乡关系，让广大农民平等参与现代化进程，共同分享现代化成果。

党的十九大首次将“城乡融合发展”写入党的文献，标志着中国特色社会主义工农城乡关系进入新的历史时期。报告强调，破解城乡发展不平衡不协调的矛盾，必须打破城乡二元结构的制度藩篱，重塑城乡关系，让城乡要素平等交换，公共资源均衡配置，让广大农民平等参与现代化进程。此阶段以生产要素改革为主，在土地、劳动力和资金等方面逐步构建工农城乡融合的体制机制。党的十九大报告首次提出实施乡村振兴战略，以农业农村优先发展作为新时代实现农业农村现代化的重大原则和方针，强调建立健全城乡融合发展体制机制和政策体系，为我们构建新型工农城乡关系指明了方向。

2018 年 9 月，习近平在十九届中共中央政治局第八次集体学习时讲话指出：“没有农业农村现代化，就没有整个国家现代化。在现代化进程中，如何处理好工农关系、城乡关系，在一定程度上决定着现代化的成败。我国作为中国共产党领导的社会主义国家，应该有能力、有条件处理好工农关系、城乡关系，顺利推进我国社会主义现代化进程。改革开放以来，我国广大农民为推进工业化、城镇化作出了巨大贡献。农业发展和农村建设也取得了显著成就，为我国改革开放和社会主义现代化建设打下了坚实基础。我国拥有 13 亿多人口，不管工业化、城镇化进展到哪一步，城乡将长期共生并存。40 年前，我们通过农村改革拉开了改革开放大幕。40 年后的今天，我们应该通过振兴乡村，开启城乡融合发展和现代化建设新局面。”①

2019 年 5 月，《中共中央国务院关于建立健全城乡融合发展体制

① 《习近平主持中共中央政治局第八次集体学习》，引用日期：2018 年 9 月 22 日，http：//www.xinhuanet.com/politics/2018－09/22/c_1123470956.htm？isappinstalled＝0.

机制和政策体系的意见》公开发布，要求坚持农业农村优先发展，以协调推进乡村振兴战略和新型城镇化战略为抓手，以缩小城乡发展差距和居民生活水平差距为目标，以完善产权制度和要素市场化配置为重点，坚决破除体制机制弊端，促进城乡要素自由流动、平等交换和公共资源合理配置，加快形成工农互促、城乡互补、全面融合、共同繁荣的新型工农城乡关系，加快推进农业农村现代化。

构建新型工农城乡关系是全面建设社会主义现代化国家的伟大工程，其目标是促进工农城乡协调发展，让全体居民平等参与现代化进程和共同分享发展成果，最终实现工农城乡的共同繁荣。

事实上，在新时代，从外貌衣着方面来区分城乡居民已经越来越难。这在一定程度上是城乡和谐发展的象征。虽然收入方面还有一定差距，但生活方式和消费倾向上，城乡已经越来越趋同。2019年8月，笔者从北京飞陕西汉中，在飞机上遇到一位在京当保姆的汉中姑娘。她穿着入时，也十分健谈，聊天中得知原来她是趁雇主有时间看孩子，请假坐飞机回家乡探亲。这是我印象中没有过的新鲜事儿。

三、消除绝对贫困：全面小康建设的收官之战

在中国革命的征途上，中国共产党与广大人民站在一起，向三座大山宣战，谱写了诸多穷而志坚的正气歌。革命成功之后，中国共产党及其领导的人民政府把消除贫困、实现广大人民更美好的生活作为了自己的奋斗目标。

改革开放之后，中国共产党在领导国民经济持续发展，提升人民群众生活水平的背景下，专门部署了扶贫脱贫工作，让8亿多贫困人口摆脱了绝对贫困。从坚持党对扶贫攻坚的领导到实施精准扶

贫精准脱贫，从构建大扶贫格局到激发贫困群众内生动力……当代中国通过脱贫攻坚的奋斗完成了全面建成小康社会的百年目标，也向世界贡献了减贫脱贫的中国智慧。

（一）1978—1985年：扶贫机制初步建立

今天的人们已经难以想象，会有这样的家庭生活场景：一家三口挤在一张床上，床对面拴着山羊；90岁的老人一个冬天都睡在床上，只因为没有衣服穿；病在床上的人，饭后不让洗碗，为的是饿极时能闻一闻碗里残余的饭香……这是新华社记者李锦于1978年在沂蒙山一个普通村庄的见闻。那时，类似的情况在全国许多地方并不鲜见。

根据新华社的报道，1978年，因全国受灾，农民的生活更为困难。这一年农村人口为8.032亿，全国农民人均年度纯收入仅有133元，其中90%以上为实物，货币收入不足10%。这一年，约有2亿人每天挣的现金不超过2角，有2.716亿人每天挣1.64角，有1.9亿人每天能挣约0.14角，有1.2亿人每人每天挣0.11角。在山西省朔州市平鲁县（现山西省朔州市平鲁区），每人每天大约挣6分钱。这一年，全国有4000万农户的粮食只能吃半年，还有几百万户农家，地净场光之日就是断粮之时，从冬到春要么靠政府救济，要么靠借粮或外出讨饭度日。

1978年12月，中国共产党十一届三中全会通过的《中共中央关于加快农业发展若干问题的决定（草案）》第一次明确提出我国存在较大规模贫困人口。鉴于这样的情况，在推行整体经济改革的同时，党和政府也开始在扶贫领域采取一系列专门的政策措施。

改革开放之初的1980年，中央财政设立了支持经济不发达地区发展资金，专门支持老革命根据地、少数民族地区、边远地区和贫困地区发展，当年的资金规模为5亿元，之后逐渐发展成为财政发展资金。

1982 年，国务院决定对以甘肃省定西为代表的中部干旱地区、河西地区和宁夏西海固地区实施“三西”农业建设计划，专项拨款 20 亿元（每年 2 亿元），建设期 10 年。该计划提出的目标是，3 年停止破坏，5 年解决温饱，2 年巩固提高。在实施过程中，制定了“兴河西之利、济中部之贫”的发展战略，实施了大规模的自愿移民搬迁。“三西”建设在我国扶贫史上具有重要意义，是第一次大规模的区域性扶贫行动，为以后有计划、有组织、大规模的全国性扶贫开发积累了大量经验。

1984 年，国家计划委员会为改善贫困地区的基础设施，开始安排以工代赈扶贫计划。从本质上讲，以工代赈是以开发贫困地区剩余劳动力为手段，以缓解和消除贫困为目的，通过实物或现金的投入，使贫困地区基础设施条件得以改善，同时为贫困地区经济发展创造一个相对优越的外部环境，进而提高贫困地区经济自我增长能力的一种扶贫方式。

1984 年 9 月 29 日，中共中央、国务院颁发了《关于帮助贫困地区尽快改变面貌的通知》，明确提出了针对贫困地区的具体扶持和优惠政策，并指出改变贫困地区面貌的根本策略是依靠当地人民自己的力量，按照本地的特点，因地制宜，扬长避短，充分利用当地资源发展商品生产，增强本地区经济的内部活力。国家对贫困地区要有必要的财政扶持，但必须善于使用，纠正单纯救济观点。山区要认真重视发展林业、畜牧业、加工业、采矿业及其他多种经营，建立合理的生产结构，密切同城市和平原地区的经济联系，变单一经营为综合经营，变自然经济为商品经济，纠正依赖思想。对贫困地区要进一步放宽政策，实行比一般地区更灵活、更开放的政策，给贫困地区农牧民以更大的经营主动权。减轻贫困地区税收负担，给予优惠。搞活商品流通，加速商品周转。要重视贫困地区的教育，增加智力投资。有计划地发展和普及初等教育，重点发展农业职业教育，加速培养适应山区开发的各种人才。

之后，国家制定的《国民经济和社会发展第七个五年计划》中，专门将老、少、边、穷地区的经济发展作为一章来阐述，明确了贫困地区的发展目标以及政策支持。

很长一段时间内，这两个文件成为当时扶贫开发工作的主要指导文件。

这一时期是商品经济突破计划经济模式的阶段，也是农村经济体制重大调整的阶段，更是我国开始大规模进行区域性扶贫活动、贫困人口大幅度减少的阶段。据权威部门统计，全国农村居民家庭人均纯收入由 1979 年的 160.7 元增加到 1985 年的 397.6 元，增加了 1.5 倍，扣除价格上涨因素，实际增长 87.23%，年均增长 11.02%。农村绝对贫困人口从 1978 年的 2.5 亿人减少到 1985 年的 1.25 亿人，平均每年减少 1786 万人，贫困发生率由 30.7%减少到 14.8%，年均递减速度为 9.4%。

（二）1986—1999 年：开发式扶贫逐步走向专业化、规模化

扶贫工作体现的是社会主义共同富裕的理念。随着国民经济的持续高速增长和国家综合实力的不断增强，大规模的农村扶贫开发计划也开始启动了。

尽管农村改革带来非常大的边际效益，但是很多农村地区由于受到自然条件、地理位置和基础设施等因素的限制，并不能直接受益于农村改革。基于这种形势，我国政府从 1986 年开始启动了有计划、有组织、大规模的农村扶贫开发，并于当年成立了国务院贫困地区经济开发领导小组（1993 年改为国务院扶贫工作领导小组），使扶贫工作步入规范化、机构化和专业化轨道。这一年，国家划定 18 个集中连片贫困地区和一批国家级、省级贫困县，探索并实施以

区域开发带动扶贫为重点的开发式扶贫。

1986年1月1日，中共中央、国务院发出的《关于一九八六年农村工作的部署》指出：社会主义的公有制为全体劳动者提供了劳动条件和发展机会，国家又掌握着调节社会收入的手段，这是实现共同富裕、避免两极分化的根本保证。但由于劳动者之间和地区之间所处的具体条件不同，出现先富后富和富裕程度的差别则是不可避免的。我们在政策上既要坚持共同富裕的方向，又应承认发展的差别，允许一部分人、一部分地区先富起来，这才有利于推动社会进步。平均主义的办法只会抑制生产发展，导致共同贫困，是不可取的。我们在认识上必须把社会主义发展中先富后富的差别同私有制条件下的两极分化区别开来……一定要允许一部分人先富起来，也一定要注意发展合作制度，实行税收调节，做好扶贫工作，并完善法制，保护合法权益，制止非法牟利，发展生产力，走向共同富裕。

这个文件第一次专题部署了帮助贫困地区改变面貌的工作，内容有四条，共计600余字。

切实帮助贫困地区逐步改变面貌

（十二）我国农村在自然条件和社会历史条件上存在着较大的不平衡性。改变一部分地区的贫困面貌，必须做艰苦的工作和长期的努力。各级领导和每个部门都要提高认识，转变作风，十分重视这些地区的工作，把改变贫困地区面貌摆上重要议事日程。

改变贫困地区面貌，需要从实际出发，分别情况，分级负责，分批治理。当前应把重点放在帮助那些至今尚未解决温饱的最困难地区，经过调查，做出规划，拨出资金，采取有效措施，使之尽快得到温饱，逐步走上能够利用本地资源优势，自

> 力更生发展生产、改善生活的道路。在一般的贫困地区，主要是落实政策，端正生产方针，在开发林、牧、矿业及其他土特产方面给予必要的支持，把经济搞活。
>
> （十三）国家拨给各省、自治区的支持贫困地区资金，都要进行清理，由省、自治区政府统一安排使用，做出规划，经过论证，落实到具体项目，组织资金、技术、人才配套支持。
>
> （十四）设在贫困地区的国营厂矿，应扩散产品，积极帮助发展乡镇企业。国家无力经营的山林、草场、水面，可以承包给当地群众经营，也可以划出部分资源与当地群众联营。鼓励发达地区到贫困地区兴办企业。贫困地区的农、林、牧、副、土特产品，除国务院规定的个别品种外，都可以自由销售。
>
> （十五）国务院和有关省、自治区都要建立贫困地区领导小组，加强领导。利用各种渠道为贫困地区培养干部，同时从中央、省、地三级机关抽调一批优秀干部并组织志愿服务者到贫困地区工作。[①]

这一时期也是我国开发式扶贫战略的形成时期：即在国家的必要支持下，利用贫困地区的自然资源，进行开发式生产建设，逐步增强贫困地区和贫困户的自我积累和发展能力，帮助其能够依靠自身力量解决温饱、脱贫致富。

按 1984 年的贫困标准，全国农村未解决温饱的人口从 1985 年的 1.25 亿人减少到 1993 年的 7500 万人，平均每年减少 625 万人。

1994 年 3 月，国家发布了《国家八七扶贫攻坚计划（1994—2000 年）》。所谓“八七”，是指针对当时全国农村 8000 万贫困人口，

① 《中共中央国务院关于“三农”工作的一号文件汇编（1982—2014）》，人民出版社 2014 年版，第 75—76 页。

力争用7年左右的时间基本解决温饱问题。这是中国首个国家扶贫攻坚计划。这一计划圈定了分布在中西部深山区、石山区、荒漠区、高山区、黄土高原区、地方病高发区以及水库库区的592个县作为扶贫重点县，确定了扶贫攻坚的主战场。当时确定的目标是，到20世纪末解决贫困人口温饱问题，使绝大多数贫困户年人均纯收入达到50元（按1990年不变价格），扶持贫困户创造稳定解决温饱的基础条件，并且加强基础设施建设，改变教育文化卫生等事业落后的状况。这一计划实施以后，国家重点扶贫县的农民人均纯收入达到1337元，经济和社会事业发展明显加快，生产生活条件明显改善。

在“八七”扶贫攻坚计划阶段，专项扶贫贷款项目占全部扶贫资金的一半以上，它的主要目标是为贫困地区和贫困农户的经济发展和生产活动提供直接信贷支持。在扶贫资金的投向方面，1997年开始生效的《国家扶贫资金管理办法》明确规定了国家各项扶贫资金的地区投向和项目投向，即必须全部用于国家重点扶持的贫困县，并将这些县中的贫困乡、村、户确定为资金投放、项目实施和受益的对象。在扶贫资金的分配方面，从1996年开始，农村扶贫总的原则是省级政府对省本级扶贫工作负总责，并具体制定了“四到省”（任务到省、责任到省、资金到省、权力到省）的原则。

《国家八七扶贫攻坚计划（1994—2000年）》要求增加扶贫开发投入，建立东部沿海地区支持西部欠发达地区的扶贫协作机制，推行入户项目支持、最低生活救助、劳动力转移、生态移民等综合性扶贫措施。经过7年的努力，基本实现了“八七”扶贫攻坚计划既定的目标，农村贫困人口从8000万人下降到3000万人，贫困发生率下降到3%左右，贫困问题从普遍性、区域性、绝对性贫困向点状分布和相对贫困演变。

这一时期的开发式扶贫是在国家的必要支持下，利用贫困地区的自然资源，促进生产建设，逐步增强贫困地区和贫困户的自我积累和发展能力，主要依靠自身力量解决温饱、脱贫致富。政府专项扶贫政策主要包括以下两个方面：

一是扶贫目标群体瞄准机制。我国扶贫工作的重要特点，就是扶贫瞄准机制是县级瞄准。1986 年，国务院第一次确定了国定贫困县标准，1994 年制定《国家八七扶贫攻坚计划（1994—2000 年）》时，重新调整了国定贫困县标准：以县为单位，凡是 1992 年人均纯收入低于 400 元的县全部纳入国定贫困县扶持范围，凡是 1992 年人均纯收入高于 700 元的原国定贫困县，一律退出国家扶持范围。按照这个标准，列入《国家八七扶贫攻坚计划（1994—2000 年）》的国定贫困县共有 592 个，主要分布在 18 个贫困地区。

二是扶贫资金的投入和使用。在扶贫资金的投入方面，在“八七”扶贫攻坚计划阶段，我国用于扶贫工作的资金主要有三大类：第一类主要通过中央财政转移支付，向贫困地区投入专项扶贫资金；第二类主要通过财税优惠政策减轻贫困地区政府的财税负担，包括一系列促进贫困地区经济发展和贫困人口脱贫致富的财政税收优惠政策以及一些阶段性、临时性的财政政策；第三类主要是扶贫贴息贷款。

（三）2000—2012 年：推进扶贫工作，调整贫困标准

进入 21 世纪，我国农村的绝对贫困状况发生了显著变化：一是贫困人口规模明显缩小，进一步集中在西部地区，尤其是少数民族地区、革命老区、边疆地区和特困地区，在西部地区的分布也呈分散化趋势，集中在一些贫困村而非贫困县。3000 万没有解决温饱的绝对贫困人口是需要特别关注、重点扶持的特困群体。二是由于生产、生活条件还没有根本改善，已初步解决温饱的低收入人口抗灾能力很弱，一遇灾病，不少人又会返贫。这些没有稳定解决温饱的

低收入人口，同样需要继续扶持。

根据贫困问题的新特点，国家对扶贫战略进行了相应调整：

一是针对有开发能力的绝对贫困人口和低收入贫困人口，继续实施开发式扶贫战略，强化以国务院扶贫办公室、财政部、国家发展和改革委员会、中国农业银行为核心的政府专项扶贫活动，制定颁发了《中国农村扶贫开发纲要（2001—2010 年）》，明确提出：到 2010 年，尽快解决剩余贫困人口的温饱问题，进一步改善贫困地区的生产生活条件，巩固扶贫成果。在继承以往开发式扶贫政策和方式的基础上，将扶贫开发的重点从贫困县转向贫困村，强调群众参与，用参与式方法自下而上地制定和实施扶贫开发规划，继续实行以省为主的扶贫工作负责制。与以往相比，这一时期的扶贫工作最明显的特征就是扶贫目标从县级转移到村级。

二是针对自然条件恶劣、地理区位处于劣势、贫困人口相对集中、贫困发生率相对较高的西部地区和重工业发展衰落而导致结构性贫困集中的东北地区，制定实施了西部大开发战略、振兴东北老工业基地战略等区域发展战略。

三是针对广大农村地区，实施旨在缩小城乡差距的一系列惠农政策，主要包括五大类：农业生产性支持政策、环境恢复和保护政策、农村教育和人力资源开发政策、农村社会保障政策、基础设施建设政策。

为了落实以上政策，国家加大了财政支农资金投入。各项财政支农资金不断增加，涉及农业、林业、民政、卫生、电力、交通和广播电视等多个政府职能部门，充分体现了我国扶贫工作多部门共同参与的特点。虽然在国家“八七”扶贫攻坚阶段，很多政府职能部门也参与了扶贫工作，但这种参与不是制度上的安排，具有很强的临时性和随意性。随着强农惠农政策的不断出台，多部门参与扶贫成为一种制度上的安排，更加充分体现了全社会扶贫的含义。

改革开放之后，我国经济持续快速发展，到2010年前后，伴随GDP数据增长反映出的经济总量和综合国力的提升，我国已成功举办了2008年北京奥运会、上海世博会等重大活动，成功应对了汶川大地震等重大自然灾害和国际金融危机，经济和社会发展呈现出蓬勃活力，人民生活水平不断提高，贫困人口大幅减少。根据原来的国家扶贫标准，2010年，农村的贫困人口从1978年的2.5亿下降到了2688万，为世界发展和减贫事业做出了重要贡献。

但与世界银行的贫困线标准相比，我国目前的贫困线标准低了一倍以上。标准不同，被定义为穷人的数量自然不同；数量不同，对实践的认识也会不同。2011年11月底，国务院扶贫办（2021年改为国家乡村振兴局）公布了新的国家扶贫标准：农民人均年纯收入2300元（2010年不变价）。这个标准比2009年1196元的标准提高了92%，对应的扶贫对象到2012年年底约为1.28亿人，占农村户籍人口比例约为13.4%。

新的国家扶贫标准的公布与实行，显示了党和国家更好地动员全社会力量共同完成扶贫事业，从而更扎实地推动全面小康社会建设和现代化进程的决心。

（四）2013—2020年：精准扶贫与脱贫攻坚

党的十八大之后，距离全面建成小康社会的期限越来越近。经过多年的努力，容易脱贫的地区和人口已经基本脱贫，剩下的都是难啃的“硬骨头”。

2012年12月，习近平到河北省阜平县考察扶贫开发工作时指出，全面建成小康社会，最艰巨最繁重的任务在农村，特别是在贫困地区。没有农村的小康，特别是没有贫困地区的小康，就没有全面建成小康社会。这是总书记精准扶贫思想的“形成之作”。

此后，他多次到各地贫困地区考察，并主持召开相关扶贫协作工作会议，强调采取超常规的举措和过硬的办法，倒排工期，算好明细账，决不让一个少数民族、一个地区掉队。

2013 年 11 月 3 日，习近平考察湘西十八洞村时，首次提出了“精准扶贫”的重要思想，并做出了“实事求是、因地制宜、分类指导、精准扶贫”① 的重要指示。

2015 年 6 月，习近平在贵州召开部分省区市党委主要负责同志座谈会，进一步指出，扶贫开发，“贵在精准，重在精准，成败之举在于精准”②。12 月，《中共中央国务院关于打赢脱贫攻坚战的决定》发布，要求充分发挥政治优势和制度优势，把精准扶贫、精准脱贫作为基本方略，采取超常规举措，拿出过硬办法，举全党全社会之力，坚决打赢脱贫攻坚战。

2017 年 10 月，习近平在党的十九大报告中把精准脱贫作为全面建成小康社会必须打好的三大攻坚战之一作出重大部署，为打赢脱贫攻坚战提供了行动指南。此后发布的《中共中央国务院关于打赢脱贫攻坚战三年行动的指导意见》又全面部署了 2018 年至 2020 年的脱贫攻坚工作。

“精准”二字是这次打赢脱贫攻坚战的突出特征，其要义是扶贫政策和措施要瞄准真正的贫困家庭和人口，采取有针对性的帮扶，从根本上消除导致贫困的各种因素和障碍。而要实现精准扶贫、精准脱贫，需要做到以下六个方面的精准：

一是扶持对象要精准。原来的扶贫措施主要针对区域发展，直接到户的扶贫支持措施相对不足。而且，由于到户的措施在不少地方被当成一种福利，存在轮户戴帽、不依据实际收入和消费状况评议、确定扶贫对象不严格等现象，出现一些真正的贫困户享受不到

---

① 《【每日一习话·远山的回响】实事求是　因地制宜　分类指导　精准扶贫》，引用日期：2020 年 11 月 8 日，http：//news. cnr. cn/dj/20201118/t20201118 _ 525333265. shtml.

② 中共中央党史和文献研究院：《习近平扶贫论述摘编》，中央文献出版社 2018 年版，第 58 页。

政策扶持，而非贫困户却在享受政策扶持的情况。按现行贫困标准，2014 年底，全国有农村贫困人口 7017 万，贫困发生率 7.2%。自 2011 年起，国家衡量是否贫困的标准为是否稳定实现不愁吃、不愁穿，义务教育、基本医疗和住房安全是否有保障。而精准识别扶贫对象的重点，就是要把尚未达到这些标准的贫困农户找出来。因此，在确定扶贫对象的过程中，更加注重收入、消费、资产、健康、教育、环境等多维因素，用严格的否决性指标来排除不合乎标准的贫困户，将真正的贫困户识别出来。

二是项目安排要精准。尚未脱贫的人口大多有着复杂的致贫原因，42.1%的贫困农户因病致贫，35.5%的贫困农户因缺资金致贫，22.4%的贫困农户因缺技术致贫，16.8%的贫困农户因缺劳力致贫，还有一些因其他原因致贫。具体到每个贫困户，致贫原因也十分复杂，有的是阶段性的，因此必须综合分析每家每户的具体情况，然后才能量身定做脱贫方案。

三是资金使用要精准。当地政府最熟悉情况，也最容易找出办法。扶贫项目确定以后，需要资金跟着项目走。为此，需要地方政府在资金使用上有更多的自主权、更大的资金调度权、更直接的监督检查权。目前，专项扶贫资金管理权基本下放到县一级，资金整合力度明显加大。

四是措施到位要精准。原来的扶贫措施往往是一个村用一个办法、搞同一个项目，药不对症的现象较多。这次的扶贫措施要求挨家挨户地制定可操作性措施，实现与扶贫对象无缝对接。

五是因村派人要精准。主要通过选派第一书记和驻村工作队的方式与现有村干部的力量结合起来，迅速提升扶贫工作能力。这样，就不仅仅能讲得清情况，而且能拿得出办法，做得到有效监督。

六是脱贫成效要精准。有了前面五个精准，脱贫成效精准就有了基础。建立科学严格的评估机制，防止“数字脱贫”“突击脱贫”

“象征性脱贫”等现象的产生。

根据脱贫攻坚目标，党中央确定了实施精准扶贫的“五个一批”基本路径：对有劳动能力的支持发展特色产业和转移就业，通过发展生产脱贫一批；对一方水土养不起一方人的地方，通过易地扶贫搬迁脱贫一批；对生态特别重要和脆弱的地方，通过生态补偿脱贫一批；对有教育培训潜力的，通过发展教育脱贫一批；对因病因灾和生活无稳定保障的，通过社会保障兜底一批。

精准扶贫的成效是明显的。2020 年 6 月，笔者去传说中愚公的家乡——河南省济源市采访，到被精准识别并扶助脱贫的老农翟道贵家中作了访问。

当年，60 岁的翟道贵是济源市王屋镇桃花洞村的建档立卡贫困户，也是一名老党员、退伍军人。老翟性格乐观，勤劳能干，但接连的厄运让他一度深陷贫困。他的老伴十多年前患重病去世，家里欠下大量债务，儿子远赴他乡再未回家，他独自拉扯着幼小的孙子艰难度日。一段时间里，由于家里的土房几近坍塌，爷孙俩只好住在村边用来炕烟的烟房里。老翟的右手还因意外落下残疾。2014 年，他家被识别为贫困户。

随着脱贫攻坚战的深入推进，一项项帮扶措施落地见效。2017 年，易地扶贫搬迁政策帮助翟道贵建起了新房，此外，村里给他提供了一份保洁员的公益岗位，教育、医疗等帮扶政策也解决了他孙子上学、自己看病的后顾之忧，他还流转土地种植经济作物。翟道贵的收入越来越高，笑容越来越多。

在老翟家宽敞的客厅里，翟道贵告诉记者：“现在日子过得更好了，没理由不脱贫。”他给记者算了算收入账，白菜、甘蓝、小辣椒收成不错，加上公益性岗位的收入，2019 年的收入达 4.6 万多元，加上其他政策帮扶，从长远来看，他家稳定脱贫没有一点问题。

“在致富路上，不能光靠政府，更要自力更生，像习总书记说的

▲ 翟道贵喜收小辣椒　（李浩 摄）

撸起袖子加油干！”翟道贵爽朗地笑着，自信地说。

（五）彪炳史册的人间奇迹

2020 年新春伊始，中共中央、国务院公开发布《关于抓好“三农”领域重点工作确保如期实现全面小康的意见》。这是 21 世纪以来，党中央连续发出的第十七个一号文件。这个一号文件对标对表全面建成小康社会目标，强调坚决打赢脱贫攻坚战，加快补上全面小康“三农”领域突出短板。

2020 年 3 月 6 日，习近平在北京出席决战决胜脱贫攻坚座谈会并发表重要讲话。他强调，到 2020 年现行标准下的农村贫困人口全部脱贫，是党中央向全国人民作出的郑重承诺，必须如期实现。这是一场硬仗，越到最后越要紧绷这根弦，不能停顿、不能大意、不能放松。各级党委和政府要不忘初心、牢记使命，坚定信心、顽强奋斗，以更大决心、更强力度推进脱贫攻坚，坚决克服新冠肺炎疫情影响，坚决夺取脱贫攻坚战全面胜利，坚决完成这项对中华民族、对人类都具有重大意义的伟业。

这次座谈会以电视电话会议的形式召开，是党的十八大以来脱贫攻坚工作最大规模的会议，目的是动员全党全国全社会的力量，以更大决心、更强力度推进脱贫攻坚，确保取得最后胜利。

随着各项扶贫措施的到位，2019 年 12 月 23 日，西藏宣布贫困县清零；2020 年 2 月 22 日，重庆宣布贫困县清零；26 日，黑龙江宣布贫困县清零；27 日，陕西宣布贫困县清零；28 日，河南宣布贫困县清零；29 日，海南和河北宣布贫困县清零；3 月 2 日，湖南宣布所有贫困县退出贫困序列；3 月 5 日和 6 日，内蒙古和山西分别宣布贫困县清零；4 月 11 日，吉林宣布贫困县清零；21 日、26 日、29 日，青海、江西、安徽相继宣布所有贫困县退出贫困序列；9 月 14 日，湖北宣布贫困县清零；11 月 14 日，新疆和云南宣布贫困县清零；接下来，16 日、17 日、20 日、21 日，宁夏、四川、广西、甘肃相继宣布所有贫困县退出贫困序列。11 月 23 日，贵州省宣布最后 9 个深度贫困县退出贫困县序列，这不仅标志着贵州省 66 个贫困县实现整体脱贫，也标志着国务院扶贫办确定的全国 832 个贫困县全部脱贫摘帽。

2021 年 2 月 25 日，全国脱贫攻坚总结表彰大会在人民大会堂隆重举行。习近平向“全国脱贫攻坚楷模”荣誉称号获得者颁奖并发表重要讲话。习近平强调：“经过全党全国各族人民共同努力，在迎来中国共产党成立一百周年的重要时刻，我国脱贫攻坚战取得了全面胜利，现行标准下 9899 万农村贫困人口全部脱贫，832 个贫困县全部摘帽，12.8 万个贫困村全部出列，区域性整体贫困得到解决，完成了消除绝对贫困的艰巨任务，创造了又一个彪炳史册的人间奇迹！”①

实现现行标准下所有贫困人口脱贫，意味着中国告别了几千年来存在的绝对贫困现象，达成了全面建成小康社会的“最后一公里”目标，这不仅是中国历史上亘古未有的伟大跨越，也提前十年实现了联合国 2030 年可持续发展议程确定的减贫目标，是中国对人类社会的伟大贡献。

中国脱贫攻坚取得的历史性成就，属于中国，也属于世界，拓展了人类反贫困的新思路、新境界。2021 年 4 月，国务院新闻办公室发布《人类减贫的中国实践》白皮书，总结记录中国消除绝对贫困的伟大历程，向世界各国介绍人类减贫的中国探索和实践，分享中国扶贫脱贫的经验做法。

在回顾全面建成小康社会“最后一公里”之际，让我们深切缅怀毛泽东、周恩来、刘少奇、朱德等老一辈革命家。以毛泽东同志为核心的第一代中央领导集体，把农民翻身解放作为革命的基本问题，领导人民进行土地革命、实行“耕者有其田”，推翻了帝国主义、封建主义和官僚资本主义的反动统治，取得了新民主主义革命胜利，建立了中华人民共和国，结束了中国人民长期以来遭受压迫与剥削的历史，结束了国家战乱频仍、四分五裂的局面，实现了民族独立和人民解放，为中国摆脱贫穷落后、实现繁荣富强扫清了障碍，创造了根本政治条件。

在回顾全面建成小康社会“最后一公里”之际，让我们一起缅怀中国改革开放和现代化建设的“总设计师”——邓小平。他说过：“我是中国人民的儿子，我深情地爱着我的祖国和人民。”现在，祖国和人民见证了他设计的美好生活蓝图变成了现实。

① 习近平：《在全国脱贫攻坚总结表彰大会上的讲话》，人民出版社 2021 年版，第 1 页。

在回顾全面建成小康社会“最后一公里”之际，让我们致敬为推进小康进程做出贡献的江泽民、胡锦涛，尤其是脱贫攻坚战的“总指挥”习近平总书记。从他密集地考察贫困地区、主持召开脱贫攻坚座谈会等行程中，全国人民都能够感受到党和国家领导人自加压力、负重前行却乐此不疲的人民情怀。

在回顾全面建成小康社会“最后一公里”之际，让我们感谢为脱贫攻坚做出贡献的各级干部和各界人士，尤其是300余万名第一书记和驻村干部，以及1800余名倒在工作岗位上的扶贫烈士，他们的付出和奉献体现了中国共产党初心的坚定和使命的崇高！

在回顾全面建成小康社会“最后一公里”之际，让我们祝福经历长期的贫困煎熬终于脱贫的农民群众，今后的日子过得越来越好！

第五章

“三农”问题仍是需解决的突出问题

中国共产党成立百余年来，走过 28 年艰难的革命征程和 70 多年坎坷的执政党历程，发展成拥有 9671.2 万名党员（截至 2022 年 6 月 30 日）的世界第一大政党。

百余年来，中国实现了从半殖民地半封建社会到民族独立、人民当家作主新社会的历史性转变，从新民主主义革命到社会主义革命和建设的历史性转变，从高度集中的计划经济体制到充满活力的社会主义市场经济体制、从封闭半封闭到全方位开放的历史性转变……百余年来，我国社会主义经济建设、政治建设、文化建设、社会建设以及生态文明建设取得重大进展，实现了全面建设小康社会的目标，综合国力和人民生活水平空前提高，谱写了中国特色社会主义的新篇章。

同时，我们也必须看到，我国的城乡二元结构仍然明显，收入分配中最突出的问题是城乡居民收入差距较大，产业发展中最严重的问题是农业基础薄弱，另外，农村的宜居宜业程度仍然比较差，“三农”问题仍然是目前我国现代化进程中需要解决的突出问题。

一、后全面小康时代的“三农”问题

实现全面建设小康社会的目标，中国踏上更加繁荣富强的新起点，人民的生活由此将更加幸福美好，中国特色社会主义必将进一步显示出巨大的优越性。然而，我国目前仍然有约 40%的人口居住在农村，农村户籍人口仍然接近一半，而且各地情况千差万别，解决好农业、农村、农民问题，促进“三农”事业与时代共同进步，实现城乡融合发展，使我国现代化建设获得牢固的基础，仍然是至关重要的事情。

（一）巩固脱贫攻坚成果，不断缩小城乡收入差距

在后全面小康时代，进一步解决好“三农”问题，底线的任务是巩固拓展脱贫攻坚取得的成果。

2020 年是极不平凡的一年，百年不遇的新冠疫情突然暴发，世界经济陷入第二次世界大战结束以来最严重的衰退。面对疫情，我国反应迅速，应对得当，仅用两个多月就基本控制住了疫情。虽然遭遇一些国家的遏制和打压，我国仍一枝独秀地成为 2020 年唯一实现经济正增长的主要经济体。不过，这仅是 2020 年度史册上最耀眼的事件之一。

这一年，我国更为意义深远的成就，是克服疫情的严重影响，扎实打赢脱贫攻坚战，历史性地实现了中国人几千年期盼的摆脱绝对贫困的梦想。

胜非其难，持之者其难。在 2020 年 12 月召开的中央农村工作会议上，习近平强调，脱贫攻坚取得胜利后，要全面推进乡村振兴，这是“三农”工作重心的历史性转移。要坚决守住脱贫攻坚成果，做好巩固拓展脱贫攻坚成果同乡村振兴的有效衔接，工作不留空当，政策不留空白。要健全防止返贫动态监测和帮扶机制，对易返贫致贫人口实施常态化监测，重点监测收入水平变化和“两不愁三保障”巩固情况，继续精准施策。对脱贫地区产业帮扶还要继续，补上技术、设施、营销等短板，促进产业提档升级。要强化易地搬迁后续扶持，多渠道促进就业，加强配套基础设施和公共服务，搞好社会管理，确保搬迁群众稳得住、有就业、逐步能致富。

党中央决定，脱贫攻坚目标任务完成后，对摆脱贫困的县，从脱贫之日起设立 5 年过渡期。过渡期内要保持主要帮扶政策总体稳定。对现有帮扶政策逐项分类优化调整，合理把握调整节奏、力度、时限，逐步实现由集中资源支持脱贫攻坚向全面推进乡村振兴平稳

过渡。

诺贝尔经济学奖得主西蒙·库兹涅茨曾提出，一国的收入差距与经济发展呈倒U型关系，即在经济发展的初期阶段，收入不平等状况会逐渐加剧；当经济发展到一定水平以后，收入差距会逐渐缩小；到达经济充分发展的阶段，收入分配将趋于平等。经济发展与收入分配的这一关系，也被称为“库兹涅茨曲线”。

我国改革开放40余年来的发展实践见证了“库兹涅茨曲线”的前半部分，即经济发展带来收入差距的持续扩大，也看到了逆转的趋势。因为，收入差距的持续扩大引起中央的高度重视和社会各界的极大关注。随着我国经济发展阶段的变化，随着中央调整收入分配关系举措的不断推出，我国已经迎来收入差距变化的转折点，而且这一转折已经比较稳定，在进一步的改革和政策措施支持下，城乡一体化均衡发展的格局终究会形成。

据有关专家研究，我国收入差距约50%来自城乡之间的差距，城乡差距的走向对整体收入差距的变动起着决定性作用。国家统计局的统计数据显示，我国城乡之间的收入比最近十余年持续下降，从2009年的3.33下降到2010年的3.23，进一步下降到2011年的3.13……2019年下降到2.73。城乡收入比下降的背后，是农村居民人均纯收入实际增幅超过城市居民收入增幅：2010年为10.9%，是21世纪以来农村居民纯收入增长速度首次超过城镇居民可支配收入增长速度；2011年为11.4%，显著地高于城镇居民收入8.4%的增长；2018年为9.2%，还是快于城镇居民收入7.6%的增幅；2019年为10.1%，仍然快于城镇居民收入7.8%的增幅，城乡居民收入差距缩小的态势还在继续。

从打赢脱贫攻坚战到全面实施乡村振兴战略，一以贯之的工作是持续快速地提高收入较低的农民的收入水平，弥补农村发展的短板。期望各地在后全面小康社会的进一步发展建设中，抓住提高收入水平的“牛鼻子”，把改革创新的精神运用到实施乡村振兴的伟大实践之中。

（二）持续发力解决城乡发展不平衡问题

当前，农民收入的增长与农村生活环境的改善已经到了与贫困时期不可同日而语的程度。但是，在工业化、城镇化、信息化快速发展的形势下，与城市居民相比，与农民群众对美好生活的期待相比，与乡村振兴的目标相比，与中国梦的民生目标相比，农业农村的发展仍然面临着极为艰巨的任务。

1981年，党的十一届六中全会通过的《关于建国以来党的若干历史问题的决议》重新认识国情，提出在社会主义改造基本完成以后，我国所要解决的主要矛盾，是人民日益增长的物质文化需要同落后的社会生产之间的矛盾，提出党和国家工作的重心必须转移到以经济建设为中心的社会主义现代化建设上来，大力发展生产力，并在这个基础上逐步改善人民的物质文化生活。之后，中国经济开始起飞，此后30多年GDP年均增速达到9.9%，创造了世界经济增长的最高纪录。从基本解决温饱到达到总体小康水平，从全面建设小康社会到全面建成小康社会，中国已从极贫困阶段跨越性地进入上中等收入国家行列，社会主要矛盾发生了新的转化。

党的十九大报告首次对当前的社会主要矛盾作出重大判断：“中国特色社会主义进入新时代，我国社会主要矛盾已经转化为人民日益增长的美好生活需要和不平衡不充分的发展之间的矛盾。”[①] 这是党的十九大报告中一个具有深远意义和影响的重大理论突破。

近年来，在以习近平同志为核心的党中央坚强领导下，在国务

① 习近平：《决胜全面建成小康社会　夺取新时代中国特色社会主义伟大胜利——在中国共产党第十九次全国代表大会上的报告》，人民出版社2017年版，第11页。

院和农业农村部的有效推动下，我国在巩固和完善农村基本经营制度，深化农村土地制度改革，完善承包地“三权”分置制度，以及保持土地承包关系稳定并长久不变，深化农村集体产权制度改革，保障农民财产权益，壮大集体经济等方面已经取得较大的进展。

但是，我们的发展仍然不平衡。从经济方面看，首先是收入不平衡，突出表现在城乡收入发展的不平衡，城乡居民收入差距仍然较大。按常住地分，2020 年城镇居民人均可支配收入 43834 元，比上年增长 3.5%，扣除价格因素，实际增长 1.2%；农村居民人均可支配收入 17131 元，比上年增长 6.9%，扣除价格因素，实际增长 3.8%。城乡居民人均可支配收入比值为 2.56，比上年缩小 0.08。另外，城乡基础设施和公共服务的差距仍很明显。其次是消费不充分，消费支出占 GDP 的比例不足 40%，仍然是世界大国中最低的国家之一，难以满足经济增长对消费的需要。

从社会方面看，主要体现在教育、医疗、社会保障等方面的不平衡和不充分。在教育方面，从教育的经费投入、教育质量和就学机会看，农村还落后于城市，中西部还落后于东部；在医疗方面，从卫生健康投入、卫生服务的可及性和利用程度及卫生健康水平看，城乡和地区之间还存在较大差距；在社会保障方面，中国的社会保障支出占 GDP 比重不高，养老保险覆盖率均不够充分，难以满足人民对社会保障的需求以及人口老龄化的需要。

进入新时代，包括农民在内广大人民不仅对物质生活有了更高要求，而且对精神、制度等方面的需求也日益增长，例如民主、法治、公平、正义、安全、环境等；不仅需求的数量明显增加，对需求的质量要求也显著增强；不仅对单一产品和服务的需求增加，而且对产品和服务的多元化、多层化、多样化要求也与日俱增。

解决发展不平衡问题，将是长期而艰巨的任务。

（三）弥补短板应区分轻重缓急

党的十九大综合分析国际国内形势和我国发展条件，把从 2020 年到本世纪中叶的发展分两个阶段来安排：“第一个阶段，从二〇二〇年到二〇三五年，在全面建成小康社会的基础上，再奋斗十五年，基本实现社会主义现代化。”“第二个阶段，从二〇三五年到本世纪中叶，在基本实现现代化的基础上，再奋斗十五年，把我国建成富强民主文明和谐美丽的社会主义现代化强国。”[①]

从第一个阶段来说，“三农”事业的发展现状是实现社会主义现代化目标中的短板。差距就是新的目标。这个差距需要从“五位一体”总体布局的角度全面加强。从第二个阶段来说，“三农”事业的发展现状与“富强民主文明和谐美丽的社会主义现代化强国”的目标相比，有着更大的差距。但“中国要强，农业必须强；中国要美，农村必须美；中国要富，农民必须富”[②]，这既是针对现实提出的要求，也是着眼长远做出的谋划。

“举全党全社会之力推动乡村振兴，促进农业高质高效、乡村宜居宜业、农民富裕富足。”[③] 在 2020 年 12 月召开的中央农村工作会议上，习近平首次以“两高两宜两富”描绘了乡村振兴的美好蓝图，号召举全党全社会之力推动实施。“两高两宜两富”论述与“强美富”等论述是一脉相承的，是总书记立足新发展阶段新要求做出的进一步深入阐释，其内涵更加丰富，衡量指标更加具体，更加强调

① 习近平：《决胜全面建成小康社会　夺取新时代中国特色社会主义伟大胜利——在中国共产党第十九次全国代表大会上的报告》，人民出版社 2017 年版，第 28、29 页。

② 中共中央宣传部：《习近平总书记系列重要讲话读本》，学习出版社、人民出版社 2014 年版，第 68 页。

③ 《中共中央国务院关于全面推进乡村振兴　加快农业农村现代化的意见》，人民出版社 2021 年版，第 25 页。

人的感受和体验。

我国是拥有14亿多人口的发展中大国，原来有8亿农民，现在仍有5.9亿农民。目前，农业、农村、农民仍然是实现四个现代化的短板。与城市相比，农村的短板短在什么地方？农村、农业、农民最缺的是什么？

第一，乡村最缺的是经济原动能。目前的大多村庄，虽然农村面貌已经发生了巨大变化，如交通通信条件大为改善，居住条件大为改观，生活水平大为提高。但实质上，有些村庄丧失经济原动能，不能解决富余劳动力就业，留不住青年精英，更吸引不来外来人才，勉强的节庆人气遮盖不住平时的荒芜。这个问题的解决最需要各地做好顶层设计，推动合理的产业布局，撬动生产力在乡村的进一步解放。

第二，农业最缺的是被赋予教育功能。耕读传家久，诗书继世长。我们的文明起源于农耕，千百年来，历代贤达对耕读结合的生活十分推崇。一些士人给自己的书房画室起了诸如“耕读轩”之类别名。农耕生活在为人类提供衣食住行的同时，还对儿童成长起着感受天人之际、珍惜光阴、净化心灵、陶冶情操的独特作用。而我们现在的农业，产能越来越强，但教育功能几乎丧失殆尽。重新赋予其教育功能，需要在城乡之间科学地布局农田和生活空间，重视发挥农事活动对人类健康成长的教育辅助功能。

第三，农民最缺的是养老保障。家家有老人，人人都会老。城市的工厂、企业、机关等单位的职员，退休了会有养老金作为养老保障。农村的许多农民劳动了一辈子却没有办法退休，因为国家给的基础养老金无法解决温饱，大多农民因收入低不愿多交保险金，因而为了生计，直到老死也得一直劳动。因此，对老年农民还需要在养老保险体制之外建立特别的养老保障机制。

二、保障粮食安全，构建生态乐园

对于国家来说，农业的首要任务是保障粮食安全。

2005年4月7日，来自加拿大的“蓝色梦想号”轮船结束远航，停靠在深圳港口。船上装载的是联合国捐赠给中国的4.3万吨扶贫小麦。这是最后一批援助给中国的粮食。此前，联合国对中国的粮食援助已经进行了整整26年。26年间，联合国共向中国提供了价值约9亿美元的无偿粮食援助，为中国3000万人口的脱贫提供了很大帮助。

2005年12月31日，世界粮食计划署在北京正式宣布停止对华援助粮食的期限，原因是中国政府在解决贫困人口温饱方面已经取得巨大成果，不再需要联合国的援助了。

这是一个新的起点。要长期保障粮食安全，既要保证有足够的耕地面积，又要确保耕地的质量，还要维护生态安全。农业现代化需要在此基础上不断向前发展。

2020年，习近平在中央农村工作会议上强调，要牢牢把住粮食安全主动权，粮食生产年年要抓紧。要严防死守18亿亩耕地红线，采取长牙齿的硬措施，落实最严格的耕地保护制度。要建设高标准农田，真正实现旱涝保收、高产稳产。要把黑土地保护作为一件大事来抓，把黑土地用好养好……

（一）但有方寸地，留与子孙耕

万般土里生，百业农为本。为什么需要保护农田？因为适宜耕种的土地不仅是相对有限的，而且是难以再生的。

为了片面追求粮食生产，曾经留下了不少毁林种田的历史教训。举两个令人震惊的典型例子，一个是1998年的特大洪灾，一个是

1957 年的百虎围村事件。

1998 年的特大洪水，是继 1931 年和 1954 年两次洪水后，20 世纪发生的又一次全流域型的特大洪水之一。

这一年，从 6 月中旬起，因洞庭湖、鄱阳湖连降暴雨、大暴雨，长江流量迅速增加。受上游来水和潮汛的共同影响，江苏省沿江潮位自 6 月 25 日起全线超过警戒水位。南京站的高潮位达 9.90 米；秦淮河东山站最高水位 10.28 米，居历史第三位；滁河晓桥站最高水位达 11.29 米，超出警戒水位 1.79 米……8 月 24 日，全军和武警部队投入抗洪抢险兵力总计已达 27.6 万人，是自渡江战役以来在长江集结兵力最多的一次。8 月 27 日，解放军和武警官兵投入抗洪的兵力共 27.85 万人，达到日最高峰。8 月 31 日，长江出现第八次洪峰。葛洲坝和隔河岩水库拦蓄洪水 1 亿多立方米。同日，嫩江、松花江干流水位开始全线回落。9 月 22 日，参加抗洪抢险的解放军和武警部队官兵全部撤离抗洪第一线。9 月 25 日，长江中下游水位全线回落至警戒水位以下。

据分析，长江洪水泛滥是长江流域乱砍滥伐森林造成水土流失，中下游围湖造田、乱占河道带来的直接后果。

长江两岸有 4 亿人口居住，20 世纪 50 年代中期，长江上游的森林覆盖率为 22%，由于不断进行的农地开垦、建厂和城市化，两岸 80%的森林被砍伐殆尽。为此，长江流域 180 万平方千米土地中，有 20%发生水土流失，每年丧失地表土 24 亿吨，每年从上游携带的 5 亿多吨土砂顺着长江流入了东海。由于年复一年的土砂淤积，长江的河床从多年前就已高出了地面，成为继黄河之后的又一条“悬河”。

1998 年特大洪水灾害之后，国家开展了大规模的退耕还林行动。数据显示，1999 年至 2008 年，全国累计实施退耕还林 4.03 亿亩，其中退耕地造林 1.39 亿亩，荒山荒地造林 2.37 亿亩，封山育林 0.27 亿亩。工程范围涉及 25 个省、自治区、直辖市和新疆生产建设兵团的3200 万农户、1.24 亿农民。退耕还林工程是中国乃至世界上投资最大、政策性最强、涉及面最广、群众参与程度最高的一项重大生态工程。

如果说洪灾让人们感受了洪水猛于虎的话，那么真的老虎其可怕性不亚于洪水。

1957 年 9 月，在湖南雪峰山脚下的高坪村发生了一件骇人听闻的事情——这个不到百人的村子被一百多只老虎包围了三天三夜，最后，所有的牲畜被洗劫一空，一些村民也不幸遇难。

原来，在 20 世纪 50 年代，湖南各地政府为了解决人民的温饱，让更多的人拥有土地，对省里大片的荒山野岭进行了开垦。但过度的开垦压缩了野生动物的生存空间，很多无处栖身的野生动物不得不与人类争夺生存空间，因此出现了庄稼被野猪、鬣羚等野生动物吃掉毁掉的情况。针对这一状况，当地政府号召各地的捕猎能手展开了一场效果显著的捕猎行动。

但事情却因此变得更糟了。因为，在森林的生态链中，老虎吃鬣羚，鬣羚吃草。由于人为地扩展耕地，原本的山林草地变成了耕地，加上鬣羚又被大量捕杀，老虎没有了食物来源，便时不时地咬人伤人。为了解决这种连锁反应带来的严峻问题，当地政府从各地请来了很多经验丰富的猎户开始了新一轮的猎杀。几年间，数百只华南虎被猎杀了。似乎一切都往好的方向发展，但背后却潜藏着巨大的危机，一场劫难来临了。

1957 年 9 月的一个午后，位于湖南通道县雪峰山山脚的高坪村突然出现奇怪的现象，先是村里的牛羊都往圈里跑，接着全村的狗都趴在地上不敢出声，随即人们敲锣高喊，一片混乱。原来是村子的周围来了几十只华南虎，面对敲锣声和鞭炮声，它们不仅没被吓走，反而有更多的老虎不断围了过来，最后竟然达到了一百多只。

这些老虎也不进村，就那么围着村子，足足围了三天三夜，仿佛受过训练一样。在持续整整三天三夜后，惊恐的村民们才搞清原委，原来是村子里有人在山上捡了几只老虎仔带回了村里。

就在几只小老虎被放出去后，围攻的虎群不仅没有散去，反而像是没有了顾虑，狂风一般地冲进村子，咬死所有的牲畜，咬伤了很多村民，还叼走了一个小女孩。这就是骇人听闻的“百虎围村”事件。

当今，华南虎早已成为濒危动物，但“百虎围村”事件留给人类的启示不应该被忘记。

我们现在说起对粮食生产的信心时，常提到一个词——“藏粮于地”，是说推进农田水利、土地整治、中低产田改造和高标准农田建设，加强粮食等大宗农产品主产区建设，探索建立粮食生产功能区和重要农产品生产保护区。这是多年探索出来的保障粮食安全的一条重要经验。

但有方寸地，留与子孙耕！

东北地区以珍贵稀有的黑土地资源而闻名，是我国重要的粮食生产优势区、最大的商品粮生产基地。以吉林松辽平原为例，就有“黄金玉米带”“大豆之乡”的美誉。回顾历史，20 世纪 50 年代末开发北大荒时，面对广袤而肥沃的黑土地，人们发出了“捏把黑土冒油花，插根筷子能发芽”的赞叹。如今，东北黑土地上产出的粮食总产量和商品粮仍然分别占全国的 1/4 和 1/3，足见黑土地作为粮食生产战略资源的重要价值。但是，几十年来的高产稳产不可避免地使黑土地出现肥力透支、土壤有机质下降等问题。

2020 年 7 月，习近平在吉林考察时强调：“采取有效措施切实把黑土地这个‘耕地中的大熊猫’保护好、利用好，使之永远造福人民。”①

① 《人民时评：采取有效措施把黑土地保护好利用好》，《人民日报》2020 年 7 月 29 日。

这一关于黑土地保护的重要指示再次表明，粮食安全这根弦任何时候都不能松，保障粮食安全必须守好基本田。

随着农民耕地保护意识的增强，保护性耕作正在全国悄然兴起。例如，利用现代耕作技术让农作物秸秆覆盖还田，能够有效减轻土壤风蚀水蚀、增加土壤肥力和保墒抗旱能力，提高农业生态和经济效益。数据显示，全秸秆覆盖免耕 5 年后，土壤有机质能增加 20%左右。耕地质量变化是渐进性的，肥力流失小问题难发现、大问题难治理，恢复起来需要一个较长的过程。夯实国家粮食安全基础，必须在实行最严格的耕地保护制度的同时，加强耕地质量建设，构建综合治理技术体系，通过系统治理、综合施策，采取工程、农艺、生物等措施，让各类型耕地永葆肥力。

民为国基，谷为民命。对于 14 亿多人口的大国来说，粮食问题再怎么强调都不过分。耕地保护不仅要以保障粮食产能为首要任务，确保“吃得饱”，还要为提供高品质的农产品奠定良好的资源环境基础，实现“吃得好、吃得健康”。像保护大熊猫一样保护耕地的数量和质量，增加绿色优质产品供给，推动大国粮仓向绿色粮仓、绿色厨房转型升级，“中国饭碗”就一定能更好地满足人民美好生活的需要，为经济高质量发展提供更有力的支撑。

我国是世界农业三大起源中心之一。全球 1200 种作物中，在中国生长的有 600 余种，其中主粮品种水稻等约 300 种起源于中国。以神农尝百草、后稷教人稼穑、伏羲开创畜养、嫘祖发明养蚕、大禹治理水患等为文明发端，中华民族形成了以精耕细作和生态循环为特征的农耕体系，技术水平和文明程度在工业革命前长期领先世界。今天，我们的民族复兴同样需要从中华农耕文明中汲取营养、增强底气。在保护性利用中华民族几千年垦殖的亿万亩沃土及水面的基础上，我们有责任让农耕文明继续成为中华文明新辉煌中的牢固基石。

（二）稳定家庭联产承包责任制

《荀子》有言："有齐而无畸，则政令不施；有少而无多，则群众不化。"这句话恰恰击中了改革开放前农村"一大二公"体制的弊端。1981年10月，时任中央农村政策研究室主任的杜润生在国务院会议上说，集体经济最大的弊端就是把人捆死了。农民不怕累，就怕捆，不给他自由，他有可能变成你的包袱，只想少出劳力，多挣工分，后果就是政府发救济粮款一天比一天多，贫困一天比一天多。这个包袱是继续背下去，还是放开手脚让劳动者自主创造财富呢？这个劝言，最终说服了众多的上层决策者们。之后出台的1982年中央一号文件确认了包产到户、包干到户等土地集体所有制下的各类联产承包责任制经营方式，让农业生产回归了家庭经营。

1993年3月，第八届全国人民代表大会第一次会议通过的《中华人民共和国宪法修正案》，将农村家庭联产承包责任制正式写入宪法，标志着以土地承包为核心的家庭联产承包责任制最终确立。

针对"人均一亩三分、户均不过十亩"的"大国小农"国情，1998年10月，党的十五届三中全会明确提出，中国农业现代化就是社会化服务加家庭经营。

2008年，十七届三中全会通过的《中共中央关于推进农村改革发展若干重大问题的决定》强调，以家庭承包经营为基础、统分结合的双层经营体制是中国农村改革最重要的制度性成果。党的十九大把家庭经营的小农户第一次作为肯定性力量写进党的文献，进一步回应了农业发展的客观要求。

中国历史上实行农业家庭经营延续了非常长的时间。中华人民共和国成立后，土地改革之后仍然是家庭经营，20世纪50年代中期实行人民公社制度后，家庭经营变成集体经济，经过1978年开始的农村改革，总体上又回归到家庭经营。这个过程，到底是一个偶然还是必然？

全国人大农委主任陈锡文认为，纵观古今中外，家庭经营是农业发展的必然。因为在农业生产过程中，经济增长和自然增长相交织，不仅要遵循经济发展的市场规律，还要遵循生物生长的自然规律。工业的逻辑是集中、规模、高效率，因为工业生产的对象一般是无机物或结束了生命的有机物，只要工艺相同，在任何地方生产，品质均相同。而农业的逻辑是分散、适量、永存性，因为农业是以自然界的生物作为劳动对象，是一种生命的逻辑，生命的逻辑要求分散，没有分散就不可能发展下去，许多生物的生活只是为了生存而不是为了高效，而什么样的地域生态环境决定着生产什么样品质的农产品，与工业标准化相比存在根本差别。

农业发展的基本规律不以任何人的意志为转移。唯意志论而无视客观规律，片面夸大人的力量必然会遭到规律的惩罚。家庭联产承包责任制的改革从小岗村走向全国，表明中国共产党顺应人民的呼声，善于认识和把握农业发展的基本规律，按客观规律办事。让农业回归家庭经营，是中国农业现代化道路的拨乱反正。

（三）手中有粮，心中不慌

由于人口众多，世界上对中国的粮食安全长期有质疑的声音。

中华人民共和国成立之际，美国国务卿艾奇逊断言：在形成现代中国之命运中，有两个因素起了重要的作用。其中一个因素是中国的人口，在18—19世纪期间增加了一倍，因此对于中国成为一种不堪重负的压力。每一代中国政府必须面临的第一个问题，是解决人的吃饭问题，到现在为止，（中国）历代政府都没有解决中国人的吃饭问题。同样，共产党政权也解决不了这个问题。它必然会因此而垮台。

1974年，在罗马召开的第一次世界粮食会议上，一些专家作出预判：中国绝无可能养活 10 亿人口。因为世界粮食市场的交易额是 2 亿～3 亿吨，照此估计，全球农产品出口总量只能满足 5 亿人口的需求。

1994 年，美国经济学家、美国世界观察研究所的负责人莱斯特·布朗发表文章向世界发出一个警告：21 世纪谁来养活中国？他认为，到 2020 年，中国人口将达到 16 亿，粮食缺口将有 2 亿～3 亿吨。但是，中国的农业生产力在 80 年代已经停滞不前了。其中讲到，化肥的投入量已经很大了，投肥的边际效益已经呈递减趋势。华北地区和西北地区水资源匮乏，华北缺几百亿吨，西北地区更缺。中国的耕地有 1 亿公顷，且每年以几百万亩的速度减少。世界可供资源是 2 亿吨，在需求增加、资源不足的情况下，如果满足了中国的需求，非洲等地区的人民就会挨饿。文章数据严谨、对中国了解之深，一度让无数人叹服。

第一个反驳布朗观点的人是胡鞍钢博士。1994 年 9 月，胡鞍钢在《中国日报》发表文章。文章指出，中华人民共和国成立初期，当时的美国国务卿就预言，中国无法养活 5 亿人，事实证明这个预言破产了。布朗的预言也同样会破产。中国有巨大的粮食增产潜力，而布朗低估了中国在这方面的潜力。不久之后，袁隆平被问到对“布朗之问”的看法时，他坚定地表示，布朗低估了科技的力量。袁隆平认为，就算目前发展缓慢，未来中国科学、科技的进步也将给农业带来巨大的改变。1996 年 10 月 24 日，中国国务院新闻办公室发表了《中国粮食问题白皮书》，主要内容是论述中国人完全有能力养活自己。

实践证明，我们克服种种困难，最终不仅解决了温饱问题，使粮食产量多年来稳定在 1.3 万亿斤高水平，实现主粮 95%以上的自给率，还带领 14 亿多人口全面建成了小康社会，“三农”工作的重心已历史性地转移到全面实施乡村振兴上来。

不过，布朗提出的问题足以给当时乃至现在的中国农业发展敲响警钟。当前，在粮食生产方面，中国仍然面临着种种挑战，其中最突出的就是资源限制。短期内，我国的耕地资源、水资源和劳动力资源只减不增，而农业劳动力的成本会继续快速上升。未来我国粮食安全的挑战，在于如何用越来越少的土地、越来越少的水资源、越来越少并越来越贵的劳动力，生产出更多、更好、更安全的农产品。

展望未来，中国的粮食发展中，藏粮于地、藏粮于技使命在肩，责任重大。因为粮食安全不仅是经济问题，更是政治责任，任何时候都不能松懈。

（四）走一条中国特色农业现代化道路

2012 年 5 月中旬，中国科学院中国现代化研究中心发布《中国现代化报告 2012：农业现代化研究》。报告指出，农业现代化已经成为中国现代化的一块短板，截至 2008 年，中国农业经济水平比美国落后约 100 年。

读了这个新闻，我感到震惊，不敢苟同。不要说我们是五千年的文明古国，源远流长的生态农业让西方人都要学习，就说现实中我们以全世界 9％的耕地养活 20％的人口（当时公认的数据是 10％/22％），就是非常了不起的。再说，我们也有许多独特的农业成就，如何就能够断然得出中国农业落后 100 年的结论？于是，我以《晚了 100 年，未必落后 100 年》[①] 为题批驳这个报告。文章提出，关于现代化，可能有多种解释、多个标准，但现代化的本质是人的解放，是更美好的生活。农业现代化一般的定义是指传统农业转变为现代农业的过程，即用现代科学技术、现代生产手段和设施装备提高农

① 刊登于《农民日报》2012 年 5 月 19 日第 3 版。

业质量效益和竞争力，是用现代科学管理方法管理农业经济活动的过程，是用现代科学文化知识全面武装农业劳动者的过程，也是粗放型农业向集约型农业转变的过程。

没有农业的现代化，就没有国家的现代化。但中国的农业现代化道路，必然带有中国国情的独特印记。人多地少、资源短缺、经济欠发达、发展不平衡的现实，决定了我们既不可能照搬国外，也不可能探索出一个模式后全国各地齐步走。先进与落后，集约与粗放，开放与闭塞，甚至幸福与煎熬，往往同时出现在神州乡村大地。因此，“落后 100 年”的判断未必找准了中国特色农业现代化的最佳参照体系。

历史证明，现代农业模式好不好，需要有一个实践检验的过程。西方 200 年来现代农业发展的过程中有不少取向和方法被证明是不成熟的，比如化肥的过量使用对土壤的危害、高毒农药对人体和生态的危害、除草剂的副作用等。为了解决这些问题，西方科学家开始重视学习借鉴东方传统农业，比如 1909 年，时任美国农业部土壤局局长、威斯康星大学教授富兰克林・H. 金远涉重洋游历中国、日本和朝鲜半岛，考察了三个东亚国家古老的农耕体系，并对整个游历过程进行了详细记录和反思，写了一本《四千年农夫》的书。这本书在西方社会引起强烈反响，由此开始了对东方农业发展方式的关注和对西方农业发展方式的反思。

不可否认的是，总体上，单向看齐的农业现代化发展是 200 多年来世界农业发展的大趋势，也是新中国成立以来我国农业发展孜孜不倦所追求的目标。总结世界发达国家的经验，不同的国家和地区，农业现代化有着不同的特点，不同历史时期，农业现代化不断被赋予新的内容。但在农业现代化过程中都体现了一个共同的特点，即农业现代化是生产方式的一场革命，是农业生产方式变革的方向和目标。具体地说，就是要把传统的农业逐步转向具备现代工业技术的工厂化产业，转向运用现代科学技术的高智能型的发达产业，转向以市场为导向的高投入、高产出、高效益的产业，转向制度合理、管理科学、服务完善的社会化产业，转向人与资源、环境、经济社会协调发展的产业。

中华人民共和国成立初期，我国就在恢复国民经济的基础上谋划大规模的工业化建设，借鉴苏联的模式，提出了初步实现农业现代化的目标。1954 年 9 月，周恩来在政府工作报告中首次提出建设现代化农业，并确立了先集体化，后机械化、电气化的“两步走”指导思想。

1961 年 3 月，周恩来在中央农村工作会议上首次提出，要有步骤地实现农业的机械化、水利化、化肥化、电气化。

1962 年 9 月，党的八届十中全会虽然提出了“千万不要忘记阶级斗争”，却仍然强调要把经济工作放在第一位，明确提出经过 20 年到 25 年的努力基本实现农业现代化。

1964 年 12 月，全国人大三届一次会议召开。会上，周恩来在政府工作报告中把农业现代化和工业现代化、国防现代化、科学技术现代化并称为“四个现代化”，并强调关键在于科学技术现代化。但是，由于二元经济社会结构下工农差别、城乡差别的存在，加之国内政治运动的延误，此后一个较长时期内农业现代化的发展步伐十分缓慢。

改革开放初期，十一届三中全会提出“走出一条适合我国情况的农业现代化道路”。我国再一次提出基本实现农业现代化的目标和要求，农业现代化的内涵得到进一步扩展，不仅包括农业基础设施现代化、农业生产技术现代化，而且包括经营管理现代化，即要通过体制创新建立起农业经济运行的新机制、新体制。家庭联产承包制的推行、乡镇工业经济运行的好转、农民收入的增加为农业现代化创造了一定的物质基础，各地出现的一批农业现代化试验区、示范点为农业现代化提供了许多实践经验。

20世纪90年代中后期，我国全面推进改革开放，着手建立社会主义市场经济体制。在农业、农村经济和整个国民经济持续快速发展与转变增长方式的背景下，国家提出在沿海发达地区和大城市郊区率先实现农业现代化的目标。一些专家学者在大量调查研究国内外经验的基础上，提出农业现代化应包括6个方面：农业基础设施现代化、农业科学技术现代化、农业经营管理现代化、农业经济结构现代化、农民生活消费现代化、农业资源环境现代化。这一提法把农业现代化的内涵拓展到农业资源环境和农民生活消费领域，体现了可持续发展的战略思想。

21世纪以来，我国农业现代化逐步出现了与农村现代化一体推进的发展势头。党和国家在继续推进农业现代化的同时，先后部署实施建设社会主义新农村和乡村振兴的战略措施，着力弥补农业和农村发展的短板。

2020年10月，在国新办就“十三五”时期农业农村发展主要成就等情况举行的发布会上，农业农村部原副部长刘焕鑫表示，“十三五”时期，我国农业科技进步贡献率突破60%，全国农作物耕种收综合机械化率超过70%，主要农作物良种实现全覆盖。全国家庭农场超过100万家，农民合作社达到222.5万家，农业社会化服务组织达到89.3万个，成为引领现代农业发展的主力军，有力推动了小农户与现代农业的有机衔接。化肥、农药施用量连续3年实现负增长，农产品质量安全监测合格率稳定在97%以上，质量兴农、绿色兴农已成为现代农业的主旋律。

当前，可持续发展的农业现代化发展路径取得了显著的成效，农业强国建设正在成为中国农业现代化实现弯道超车的有力促进因素。

2025年4月7日，新华社发布了一条重要新闻：中共中央、国务院印发《加快建设农业强国规划（2024—2035年）》（以下简称《规划》），并发出通知，要求各地区各部门结合实际认真贯彻落实。

《规划》提出了农业强国建设“三步走”的主要目标，明确了农业强国建设的总体要求和任务清单。这是首个由党中央、国务院印发的指导农业强国建设的纲领性文件，在农业农村领域将发挥管全局、管长远的战略导向作用。

在党的二十大首次提出加快建设农业强国后，2022年底的中央农村工作会议对加快建设农业强国作出了战略部署。之后，每年的中央一号文件都有关于加快建设农业强国的工作要求。当前，在大国博弈、国际贸易保护主义加剧的背景下，加快建设农业强国具有极端重要性。因为，纵观世界上的现代化强国，都有强大的农业基础作支撑，没有任何一个真正的强国是靠别人吃饭的。加快建设农业强国，全面实现农业强、农村美、农民富，中国式现代化的质量才更高，成色才更足。因此，《规划》从全局视野部署农业强国建设，可以从以下四个视角来理解其中的要义。

我们要建设的农业强国既有普遍性也有特殊性。供给保障强、科技装备强、经营体系强、产业韧性强、竞争能力强，是世界现代化农业强国具有的普遍特征；同时，我们的农业强国建立在大国小农的国情农情基础上，建立在人多地少、农耕文明历史悠久、城乡发展不平衡、农村发展不充分等特殊条件上。因此，我国的农业农村现代化不可能照搬欧美等世界现代化农业强国的建设模式，而要走出一条立足国情农情又具有农业强国普遍特征的中国式农业强国的建设道路。

加快建设农业强国要夯实根基。2024年，我国粮食总产量突破1.4万亿斤，人均粮食占有量达到500公斤，远高于国际公认的400公斤安全标准线，但与其他现代化强国相比，我国依然面临挑战：城乡居民对粮食多样化的需求呈现刚性增长态势，资源环境约束日益趋紧，粮食供求依然处于紧平衡状态。面对如此形势，要全方位夯实粮食安全根基，深入实施藏粮于地、藏粮于技战略，同时践行大农业观、大食物观，构建多元化食物供给体系；要全领域推进农业科技装备创新，在农业科技、种业、农机装备、数字技术等方面持续发力；要全环节完善现代农业经营体系，发展农业适度规模经营，推进新型农业经营主体提质增效，健全农业社会化服务体系；要全链条推进农业产业体系升级，立足农业农村特色资源，做好农业产业延链、补链、壮链、强链文章，把中国农业建成现代化大产业。

加快建设农业强国要着眼全局发展。农业强国建设不单单是农业的问题，更与农村、农民问题紧密相连。要高质量推进宜居宜业和美乡村建设，提升乡村建设、乡村治理和农村精神文明建设的整体水平，让农民就地过上现代文明生活。农业强国建设不仅仅是“三农”领域的问题，更是城乡统筹的重要内容。2024 年，全国农村居民人均可支配收入同比实际增长 6.3%，增速快于城镇，守牢了不发生规模性返贫致贫底线。今后，要把更多资源力量配置到产业就业上，拓宽农民增收致富渠道，统筹新型工业化、新型城镇化和乡村全面振兴。与此同时，建设农业强国还要进一步深化农业对外合作，增强国内国际两个市场两种资源联动效应，培育农业国际竞争新优势。

加快建设农业强国要强化落实。建设农业强国是一项长期且艰巨的历史任务，必须全方位考虑，因时因地制宜，分阶段扎实稳步推进。各级党委和政府务须将农业强国建设列入重要议事日程，各部门要明确在农业强国建设中的职能分工，确保各项工作有人干、责任实；要加强各部门之间的政策协同配合，强化规划、项目、资金、要素间的有效衔接，避免重复安排建设；还要重点支持农业强国建设关键领域和薄弱环节，建强农业强国建设人才队伍，分类探索差异化特色化发展模式，让各项工作始终契合实际、高效推进，最终把农业强国的宏伟蓝图一步步变成美好现实。

三、消弭城乡差距，凸显村庄特色

乡村建设是实施乡村振兴战略的重要任务，是消弭城乡差距、弥补农村现代化短板的重要抓手。

党的十八大以来，我国大力推进乡村建设，“十三五”时期，农村生活条件改善最为明显，基本实现村村通电、通硬化路、通客车和光纤 4G 网络，农村人居环境整治三年行动任务如期完成，卫生厕所普及率超过 68%，城乡居民基本医疗、养老保险基本实现全覆盖。然而也要看到，当前一些地方的乡村建设缺少规划，盲目大拆大建，机械照搬城镇建设，超越发展阶段，违背农民意愿；农村基础设施建设欠账较多，还存在一些薄弱环节；基本公共服务均等化短板较明显。

“十四五”时期是开启全面建设社会主义现代化国家新征程的第一个五年，也是加快农业农村现代化的关键五年。在全面推进乡村振兴战略的过程中，各地实事求是地开展乡村建设行动，可谓使命光荣，责任重大。

（一）在充分调研基础上做好顶层设计

当前，一些地方的乡村建设存在着不少问题，或者缺少规划，或是由于规划不科学不受欢迎，或者虽然有很好的规划，但可执行性不强或执行打折扣……这种情况导致乡村建设机械照搬城镇建设，盲目大拆大建；超越发展阶段，违背农民意愿搞政绩优先的建设；甚至打农村土地置换指标的主意，利用农民的信息不对称，为建设而建设，套取国家支持农村发展的政策红利……这些问题使农村基础设施建设欠账较多，无助于解决农村基本公共服务均等化短板的问题。

据初步测算，要落实乡村振兴战略规划中的重点任务，需要大量的资金。而筹措这些资金，不仅需要国家财政支持，也需要社会工商资本和地方政府融资。就地方政府融资而言，不少地方将土地出让金作为主要来源。客观地讲，依法、依规、科学地盘活土地资源有助于增加财政收入，推动乡村振兴项目的进展。但从理论上来讲，如果一个政策体系中的所有政策都建立在其中某一个政策成功的基础之上，那也意味着即便政策本身是好的，也有被异化，甚至无效的可能。比如，制定土地增减挂钩政策的初衷是调整土地指标管理与地方经济发展需求之间的矛盾，但部分地方却出现了为获取土地指标而拆农民房子、人为扩大禁养区等错误做法。总之，各地的乡村振兴规划、政策体系设计如果仅仅建立在盘活农村土地的基础上，既不现实，也存在很大隐患。更何况宅基地入市改革的很多问题尚在讨论之中。如果不顾乡村振兴的根本目标和村民的长远利益，以村民看得见的好处引导村干部和群众走上短期受益、远期受损的土地目标的建设捷径，那么与乡村振兴的根本目标，必然是背道而驰的。

另外，对什么样的乡村是实施乡村振兴战略的着重点，应该有一个甄别和精准选择的过程。否则，政府的支持和社会的资助不仅不能发挥最大的效应，还会加强农村发展中本就存在差距的马太效应。中国社科院农村发展研究所宏观室主任党国英前不久提出，城市与乡村的科学界定迫在眉睫。因为他在农村调研中常常能碰到一种情形，即调研所在地的官员推荐的参观点其实不是乡村，而是城市功能区，甚至就是一个小城市，有的支农项目经过仔细辨别，其实是城市建设项目。他认为城市当然要发展，乡村振兴大业也需要通过城乡一体化发展来完成，但是，城乡建设的实际操作需要精准，干什么说什么，不可眉毛胡子一把抓。所以，我国脱贫攻坚阶段要求精准施策，乡村振兴战略也需要讲究精准实施。

以上两个问题是目前乡村建设实践中需要加紧解决的重要课题。相信随着相关立法的出台，促进乡村振兴的合力效应能够发挥得越来越好。

（二）增加投入，增强农民获得感

乡村建设是干出来的，各地把中央的精神和要求落实到具体工程项目上，要体现在真金白银的支持上，要广集民意、规划先行，集中资源、集中建设，稳扎稳打、久久为功，真正把这件事关亿万农民福祉的大事办好、实事办实。

新型农村社区建设的资金问题如何解决，的确是一个关键的问题，需要统筹考虑，形成可持续发展的良性运作机制。同时，乡村建设行动远不只是规划引导农民建房和“上楼”，也不仅仅是把农民变成市民，更重要的是夯实产业基础，促进农民就业增收。

很难想象，农民“上楼”了，他们中的大部分人还要每天跑出几公里去种地；更不能想象，农民的腰包没有鼓起来，如何享受市民待遇？楼高万丈“基”为本。建设新型农村社区，好比建一幢大厦，产业就是大厦的基础。有产业，农民就业才有基础，农民收入才有保障，才能进得来、留得住、过得好，真正像城里人一样生活。

经济问题是农村问题的核心。农村种种矛盾，其原因归结起来，几乎都与经济有关。解决经济问题是解决农村各种矛盾的前提和条件。农村承载的人口太多，人均占有可利用的资源太少，人与自然的矛盾突出。农村经济不单是农业经济，随着工业化、城市化、全球化的发展，城市经济的内容将越来越多地被包含其中。

面对知识化、信息化和国际化的压力，经济结构与市场需求的矛盾、发展要求与政策体制环境的矛盾、“走出去”与竞争力的矛盾越来越突出。而最严重的问题是，国家曾经向农村过度索取，“给予”的时间还太短，力度还不够大，有保障的成熟机制有待加快形成。

资金从哪里来？从根本上说，要加大调整国民收入分配格局的力度，由国家和各级财政出资，为农民享有与城市居民大致相当的公共产品和公共服务买单。

当然，这并不是简单的数字运算或单纯的会计、出纳问题，是需要动“奶酪”、改变财富乘数效应方向的。一位市委书记曾经说起，当他要求把每年用于“三农”的财政资金扩大到相当比例时，财政局局长拍桌子反对，因为严重改变了惯例。而这位书记的应对是，把桌子拍回去，向大家指出，千万不要只看“三农”现实的和经济的分量，而要用长远眼光和全局观看待“三农”问题。

从大历史观来看，我们曾经长时期实行向城市倾斜的财政投入政策，如今采取的向农村倾斜的财政投入政策，只不过是在还历史欠账而已。从长远来看，国家要按照新的“重农”思想和目标，创新现代农村制度建设。基于我国社会的不平等集中表现为农民阶层与其他阶层之间的地位之差、权利之差、能力之差和收益之差，现代农村制度必须赋予农民阶层国民待遇，赋予农民平等的公民权、财富分配权和公共产品、公共福利的共享权；必须建立民主化、法治化的现代农村政治制度，开放、公平的现代农村市场经济制度，科学、文明的现代农村文化制度，赋予农民各种权利的规范的现代农村社会制度。

（三）重视基层党组织建设，不断提高乡村治理水平

农村组织管理问题是农村的一个关键问题。

在漫长的封建时代，小农就像夏夜的星空，密密麻麻，一盘散沙。马克思曾断言：“小农人数众多……他们的生产方式不是使他们

互相交往，而是使他们互相隔离。”① 他们不能形成任何全国性的联系，不能形成任何一种政治组织，好像一袋“马铃薯”，虽然装在一个袋子里，却是彼此分离的。

“国权不下县，县下惟宗族，宗族皆自治，自治靠伦理，伦理造乡绅。”② 自秦汉以降，这种皇权下的乡绅自治结构形构了中国以农耕经济为基础，以封建宗法制度对农民进行强控制的超稳定的封建社会形态。尽管“开发农民的力量”成为近代中国社会的一股浪潮，但各式各样的乡建运动却因没有找到土地这一提纲挈领的“牛鼻子”而以“号称乡村运动而乡村不动”的结局告终。

1923 年 4 月的一个夜晚，李大钊在北京大学红楼郑重地对学生弓仲韬说：“农民运动的发展需要一批仁人志士来推动，你回家乡安平一带的农村发展组织进行斗争，怎么样？”

“请党组织放心，我一定不负重托！”当年 8 月，弓仲韬回到家乡河北省安平县台城村建立中共台城特别支部，在冀中平原的农村播下第一粒火种。这是全国第一个农村党支部。

第一次国共合作时期，第六届农民运动讲习所先后培训的 700 余名农民运动骨干返回各地之后，农村党支部逐渐多了起来。由此，中国共产党把自己与农民的命运联系在一起，并通过土地改革把农民组织起来，从根本上重塑国家和农民之间的关系，使农村的社会结构和治理体系发生了根本性变化。

中华人民共和国成立之后，组织起来的农民积极参与政治经济变革，传统的乡土社会让位于以党支部为战斗堡垒的现代农村。这是中国农村跨越千年的大变革，也是中国农村从传统时代进入现代文明的历史性变革。

---

① 《马克思恩格斯选集》第 1 卷，人民出版社 2012 年版，第 762 页。

② 秦晖：《传统十论——本土社会的制度文化与其变革》，复旦大学出版社 2003 年版，第 3 页。

社会主义制度建立的过程中，各地通过农业互助合作的方式把农民组织起来，日益将农业互助合作社与党的农村基层组织和基层政权组织相衔接，不但进一步巩固了人民政权，而且也发挥了积极的乡村治理作用。但是，后来脱离实际、高度集中的人民公社体制挫伤了农民的积极性，严重制约了农村生产力的发展，导致了国民经济停滞、人民生活拮据的结果。

1978 年，从农村开始的经济体制改革顺应生产力的发展和农民的诉求，乡村治理方式的变革又一次应运而生。

1980 年 2 月 5 日，在广西河池市宜州区合寨村果作屯村口的大樟树下，38 岁的生产队长韦焕能组织召开村民大会，85 户农民用卷烟纸作选票、竹米筒作票箱，选举产生了我国第一个村民委员会。刚刚吃上饱饭的合寨村村民在懵懵懂懂中定下了村委会的名称、架构、职能和选举方式，擂响了我国农村基层民主政治的“开场鼓”。

1982 年，村民委员会作为基层群众性自治组织被写入宪法，村民委员会的主任、副主任和委员由居民选举；1998 年，《中华人民共和国村民委员会组织法》颁布实施，确认了又一个发生在农村大地上的伟大创造，村民自治实现了从静悄悄地革命到大张旗鼓地推进的历史性跨越。

在党和国家的支持下，农民的民主创造精神充分释放：河南邓州“四议两公开”工作法、宁夏中宁“五牙子章”村级民主理财模式、广东云浮“乡镇、村、村民小组”三级理事会等创新探索各有特色，避免了“选举时有民主，选举完没民主”问题。

尝到自治甜头的中国农民带着“探索不同情况下村民自治有效实现形式”的高度自觉，迈入新时代，形成了可学可鉴的典型经验：广东佛山的新乡贤治村、上海宝山的“社区通”智慧治理、湖南新化的积分制管理、安徽天长的小微权力清单……再一次印证了只要赋权农民，农民就能不断创造奇迹的道理。

党的十九大上，顶层设计和农民智慧再次融合。报告提出健全自治、法治、德治相结合的乡村治理体系，以问题为导向，为提升乡村治理现代化水平指明了方向和路径。

（四）切实扫黑除恶，维护社会正气

中国历史上，农村存在两个组织体系：一个是政权体系，一个是宗族体系。政权体系上至朝廷，下至乡村，拥有强大的控制力。宗族体系以共同祖先为纽带，宗族首领身兼地方豪绅和基层官史，在征收费税、委派劳役、维持社会稳定、传承文化风俗、襄助教化乡民等方面起着重要作用。政权和宗族体系异曲同工，在权力的顶层是皇权，是家天下；在权力的底部是族权，是家长制。这种统治体系的实质是人治，是专制。

如果说传统社会以家庭为本，那么现代社会则是以人为本。当前，农村管理理念已经彻底改变，以自治、法治、德治相结合的有效治理方法为代表的科学的组织体系和有效的管理体制，正在成为解决农村问题的重要保障。

但是，因农村宗族势力产生的黑恶现象在一定范围内仍然存在。2018 年 1 月，全国扫黑除恶专项斗争以雷霆万钧之势拉开帷幕。一批横行乡里、欺压百姓的“痞霸王”“吸血鬼”“土皇帝”最后依法受到严厉打击。比如在经济发达的广东农村，以谢培忠为首的涉黑恶走私犯罪团伙被彻底打倒。

2018 年 5 月 14 日，深夜。

广东汕湛高速上，一支由 50 辆车组成的车队犹如疾驰的利箭，直指汕头市龙湖区新溪镇西南村及周边的 63 个目标点。

20 世纪 90 年代开始，这里盘踞着一个以谢培忠为首的涉黑恶走私犯罪团伙，他们残害群众，称霸一方，把持基层政权，充当“地下执法队”，聚众冲击国家机关，群众敢怒不敢言……

“行动开始!”凌晨1时刚过，指令从汕头市公安局指挥中心大厅发出。1500多名警力分小组抓捕，在3个小时内完成对63名目标人物的抓捕和封存取证工作。

在随后一个半月里，分布在广东10个地市的200多名受害者主动出来作证，形成了100多卷卷宗。2019年12月，广东省高级人民法院对谢培忠等39人涉黑案作出二审宣判，谢培忠犯组织、领导黑社会性质组织罪等被判处有期徒刑25年。

这仅仅是全国扫黑除恶活动的一个缩影。2018—2020年，全国累计打掉农村地区的涉黑组织1289个，占打掉涉黑组织总数的35.4%，打掉农村地区的涉恶犯罪集团及团伙14027个，依法严惩“村霸”3727名。2021年初，“推动扫黑除恶常态化”被写入“十四五”规划和2035年远景目标纲要。

用现代管理理念审视乡村治理状况，以国家行政权力为主体的乡镇政权和以群众自治为主体的村级组织，明显地与农村经济社会的发展需要不相适应，与城乡融合发展的方向不相适应。值得关注的是，农村基层党组织应发挥领导核心作用。实践证明，凡是发展得好的村庄，都有强有力的村级党组织，能够统筹其村域范围的相关重大事项；而发展落后的村子，无一例外都是党组织建设工作做得差的。在乡村建设行动中，有必要把脱贫攻坚战期间派遣第一书记和驻村工作队的做法发扬光大。

能否打造一个适应现代化发展需要的高效率、低成本的新型乡村治理结构，关系到国家的稳定和发展，关系到中国农业和农村现代化的步伐，关系到中国农民的权利保障、地位高低和前途命运。

（五）高度重视古村落保护

村庄是城镇的根脉。在大刀阔斧的乡村建设行动过程中，需要汲取传统文化精华，在深刻了解历史、正确把握现在的基础上坚定地走向未来。

国家的发展和民族的振兴不仅需要强大的经济力量，更需要强大的文化和道德力量的支撑。一个民族如果忘记自己的历史文化传统，就不可能深刻地了解现在和正确地走向未来。而古村落正是集中体现我们悠久历史文化传统的文明载体。

我国比较著名的古村落有安徽西递村、宏村、呈坎村；江西婺源篁岭村、理坑村、流坑村；浙江诸葛八卦村；广东梅县围龙屋群落、南社村、大旗头村、联丰村；广西程阳八寨；四川中路村、甲居村；贵州西江寨；陕西米脂刘家峁村；山西李家山村、郭峪村、裴柏村；福建永定土楼群落、螺坑村；河南郭亮村；新疆禾木村……这些古村落各具特色，传递着源远流长的历史与文化信息。即使不是整体设计的能体现某个时期特点的村落，往往也有深具历史文化价值的院落和建筑，以及与之相应的非物质文化遗产。

▲ 江西篁岭村

▲ 陕西刘家峁村

作为历史遗产，不少中国古村落已成为热点旅游景区，在带来巨大经济效益的同时也给古村落的环境、文化保护带来巨大的压力。古村落是独特的不可再生的历史文化资源，因此保护工作显得尤其重要，保护是发展的前提基础，也是古村落旅游可持续发展的保证。

根据相关普查结果，目前我国古村落的数量在 4000 个左右，但在近年的建设与发展中，不少古村落在消失。比如，中国最后一个原始部落——云南的翁丁村老寨在 2021 年春节期间的一场大火中毁于一旦。“干栏式”茅草房、图腾柱、剽牛桩、木鼓房等这些佤族传统文化印记荡然无存。而一些保留下来的有特色的古村落，也正逐渐成为一些人短期行为的“摇钱树”，遭到破坏性的旅游开发，是非常令人遗憾的。

当前，我国乡村布局正在快速调整，如果不重视乡村的文化传承功能，不加大对乡土文化的保护力度，以后很多东西就只能从书本里、电视上认识，到博物馆、图书馆中找回忆了。

在新型农村社区的建设行动中，古村落的保护性建设、乡村文化传统的继承与农民利益的保护，乃至中华民族长远文化利益的保护，有着表里相衬、唇亡齿寒的重大关联。在我国现代化和城乡一体化发展格局形成的全过程中，始终需要高度重视和解决好村落文化遗产保护和与之相关的其他问题。历史的价值往往在失去之后才更加凸显，而我们的现代化之路应防止若干年之后“蓦然回首”时，“灯火阑珊处”只留下不能承受的历史空白。

四、重视农民权益，保护农民利益

耕读传家备受历代文人学士的推崇，是因为耕田可以事稼穑、丰五谷，养家糊口，以立性命；读书可以知诗书、达礼义，修身养性，以立高德。所以，耕读传家既学做人，又学谋生，行知合一。

理想很丰满，现实特骨感。自古以来，绝大部分农民——所谓贫下中农其实是达不到耕读传家的，因为生活所迫，“耕”的任务太重，收获却甚少，能用以“读”的时间和精力更不值一提。即使在当今，也极少有人愿意下一代继续当农民。

正确处理农民问题，是中国共产党领导革命、建设、改革的一条重要成功经验，也是新时代和新发展格局的重要政策指向。从领导农民搞土改，到支持农民大包干；从实行多予少取放活、取消农业税，到实施乡村振兴战略；从增加农民的获得感幸福感安全感，到保障农民的民主权利，重视发挥农民的积极性，为农民谋利始终是党领导农民工作的出发点和落脚点。

在中国特色社会主义进入新时代，在国家全面实施乡村振兴战略的背景下，农民不仅应“耕者有其田”，还须有其权、有其利。全社会都应当重视农民权益，保护农民利益。

（一）农民的可贵品格与巨大贡献

中国农民是怎样的人群？为什么中国共产党在革命、建设、改革开放时期，以及新时代都能调动和发挥出农民的巨大潜力和作用？

《论语》中说："贤贤易色。事父母能竭其力，事君能致其身，与朋友交，言而有信。虽曰未学，吾必谓之学矣。"[①] 在中国农民中，这样的人是占绝大多数的。他们大多文化程度不高，很多人确实"未学"，却也能做到"谓之学"的那四条。

中国共产党成立之初，就把农民在内的受压迫人民当作服务对象，重视农民身上的可贵品质和蕴藏的无穷力量。在百余年来的历史进程中，中国共产党和中国农民有着太深厚的感情与命运的交集。

这里要重点介绍一位在秋收起义时与毛泽东共同战斗过的农家好儿子——卢德铭。

1905 年 6 月，卢德铭出生于四川省宜宾县双石乡狮子湾（今四川省自贡市自流井区仲权镇民主村狮子湾）的一个富农家庭，中学期间开始接受马克思主义。面对帝国主义瓜分中国和军阀连年混战的动荡局势，卢德铭决心学习军事，以武力打倒列强和军阀。1924 年春，卢德铭考入黄埔军校，同年加入中国共产党。1926 年 5 月，时任叶挺独立团第二营第四连连长的卢德铭，作为北伐先锋挺进湖南，先后升任独立团第一营营长、第七十三团参谋长、第四集团军第二方面军总指挥部警卫团（即武汉国民政府警卫团）团长。

1927 年 8 月 2 日，卢德铭率警卫团前往南昌参加起义。9 月 9 日，秋收起义爆发，卢德铭率警卫团等起义部队率先在修水举行起义，并任起义部队总指挥，是毛泽东的第一位军事搭档。9 月 10 日，卢德铭在修水渣津福星桥头草坪召开军民大会，并发表讲话，号召

① （梁）皇侃：《论语义疏》卷第一，中华书局 2013 年版，第 12—13 页。

工人、农民拿起武器同国民党反动派和土豪劣绅斗争。随后，卢德铭率领起义部队向平江挺进。起义受挫后，在9月19日的文家市前委会议上，毛泽东主张放弃攻打长沙，把起义军转移到敌人统治力量薄弱的农村山区。卢德铭对毛泽东的支持，对于会议统一思想起了重要作用。会议经过激烈争论，最后通过了毛泽东的正确主张。

1927年9月25日，身为秋收起义总指挥的卢德铭为了掩护毛泽东率秋收起义部队进井冈山，在芦溪山口岩遭国民党反动军队的伏击，不幸中弹牺牲，年仅23岁。毛泽东痛惜不已，由衷哀叹：“还我卢德铭!”

卢德铭参加革命时，将未婚妻颜瑞琴留在了家中。

颜瑞琴一直苦苦等候卢德铭的音讯，却消息全无。30多岁时，她无奈另嫁。10多年后，丈夫去世，颜瑞琴便未再嫁，心中一直守候着杳无音讯的卢德铭。

20世纪70年代后期，中央某部门派人到自贡寻找卢德铭烈士的家属和未婚妻。此时，颜瑞琴已年过六旬。当接过黄埔军校的集体照时，颜瑞琴一下子就认出了卢德铭，也终于得知卢德铭已在50年前牺牲，忍不住哭了起来。

1977年，江西省芦溪县搜集有关卢德铭的英雄事迹时，意外找到了卢德铭的墓地。颜瑞琴与卢德铭墓地的合影，好似二人生死相隔的相聚，令人感慨万千。

像卢德铭一样信仰中国共产党、牺牲在革命征途的农民子弟何止成千上万，有许多甚至未能在革命史册上留下名字。

从党员队伍发展情况看，长时期内，我们党多数党员来自农村。1927年党的五大时，工人占党员总数的50.8%，农民仅占18.7%。到1928年党的六大时，农民占党员总人数的比例就达到了76.6%，工人只占10.9%。在整个新民主主义革命时期，农民在党员中的比重一直较大；井冈山时期，边界各县的基层党组织里，党员成分几

▲ 颜瑞琴与卢德铭墓地合影

乎全部是农民；中华人民共和国成立前夕，农民党员占比近60%。

农民也是人民军队的主要来源。1934年，红一方面军中农民出身的占到了68%。解放战争时期，有148万余名农民在晋冀鲁豫解放区参军，59万余名农民在山东解放区参军，仅1946年8—10月，各解放区就有约30万农民加入人民解放军。

我们的党旗、党徽上已经烙下了厚重的“三农”印记，党在血缘上天然就与农民有着血浓于水的骨肉联系。正如著名学者何兰生所说：一部二十世纪的中国史，某种程度就是共产党与农民良性互动的历史。中国共产党之所以能，就在于她破译了中国历史前行的密码，深刻认识了中国农民问题，始终把农民问题作为解决中国问题的枢纽和总开关，尤其是在解决好农民与土地关系问题上。

中国共产党与中国农民天然血脉相连，革命、建设、改革时期和新时代，农民都是国家发展的主体和主力。

中国革命从“打土豪，分田地”开始，从吸引没有土地的穷苦农民参加革命队伍开始。共产党依靠农民打天下，也依靠土地改革帮助农民实现了“耕者有其田”的梦想。

在探索社会主义道路的过程中，农民为支持国家工业化发展做出了巨大的贡献。“文化大革命”结束后，各行各业百废待兴，生活物资极其匮乏，农民穷得叮当响。在这种情况下，小岗村 18 个农民打破体制束缚，冒着可能被杀头的风险，搞起了大包干，拉开了中国改革开放的大幕。

改革开放 40 多年来，中国工业化、城镇化的迅猛发展也离不开农民的巨大贡献。从工农产品价格剪刀差，到城乡地价双轨制，农民支撑了中国的工业化、城镇化。全球高楼大厦一半以上在中国，大多是农民工建的；大广场、宽马路、高速公路、高铁管网，也多半是在农民集体所有的土地上建起来的。农民创造了一度被称为“半壁江山”的乡镇企业，如今，脱胎于乡镇企业的民营经济成为国家发展不可或缺的重要力量。

仅从人们的切身感受来说，现在城里人日常的衣食住行，哪一样能离得开农民？对时下的中国来说，农民之重要就像空气一样，“有之不觉，失之难存”。

农民用辛劳和汗水有力支撑了中国制造、中国奇迹和中国崛起。进入新时代，乡村振兴开启了中国农村千年未有之变革。期望全社会铭记农民的巨大贡献，千方百计增加农民的获得感，促进“三农”事业和国家发展进入越来越好的境界。

（二）农民的价值就在那里，重要的是善于发现

看待农民问题的高度与深度，应当向毛泽东学习。毛泽东深刻

了解农民，充分重视农民，精心组织农民，放手发动农民，由此为中国共产党的不断发展壮大以及中华民族的伟大复兴找到了一条正确道路。毛泽东提出："人民，只有人民，才是创造世界历史的动力。"[①] 这里的人民，对当时的中国来说，主要是指农民。

全面抗战开始之际，毛泽东对在陕甘宁边区发生的一个案件的明确处理，说明他口中的"为人民"绝不是口号，不是挥舞帽子喊一喊的作秀。

1937 年 10 月，勇冠三军的红军猛将黄克功因杀害一名老百姓，被毛泽东亲自批准公审枪毙。黄克功是江西南康人，1927 年参加革命，1930 年加入红军，不久加入中国共产党。他经历过井冈山斗争和二万五千里长征，且在长征中立过大功，年仅 26 岁就已是身经百战的红军团级干部。但是，黄克功因逼婚未遂枪杀了陕北公学女学员，毛泽东得知后立场鲜明，确认黄克功"犯了不容赦免的大罪"。这是中国共产党向人民交出的一份经得起历史检验的满意答卷，至今仍不失为全面从严治党的好教材。

此后，毛泽东多次提到此事，指出作为党的干部，居功自傲、贪图享乐、欺压群众是万万要不得的。

中国共产党人能够在 20 多年的革命战争中从小至大，动员起广大工农群众特别是占人口多数的贫苦农民投入战斗，恰恰是由于重视农民的诉求，满足了农民群众对切身利益的关切。

在延安时期，对老百姓以各种方式提的意见和发的牢骚话，毛泽东是十分宽容和重视的。

1941 年 6 月 3 日，边区召开县长联席会议讨论征粮问题。突然，天下大雨，电闪雷鸣，延川县一位姓李的干部遭雷击身亡。同时，一位农民的一头驴也被雷电击死。这个农民逢人便说：老天爷不睁

① 《毛泽东选集》第 3 卷，人民出版社 1991 年版，第 1031 页。

眼，咋不打死毛泽东？保卫部门知道后，要处分这个农民，却被毛泽东阻止了。毛泽东后来说：“那年边区政府开会时打雷，垮塌一声把李县长打死了，有人就说，唉呀，雷公为什么没有把毛泽东打死呢？我调查了一番，其原因只有一个，就是征公粮太多，有些老百姓不高兴。那时确实征公粮太多。要不要反省一下研究研究政策呢？要！”[①] 弄清事情原委后，毛泽东指示有关部门将征收公粮的任务从 20 万担减为 16 万担。

1941 年 11 月，陕甘宁边区二届一次参议会期间，毛泽东把李鼎铭等 11 人提出的精兵简政议案整个抄到了自己的本子上，重要的地方还用红笔圈起来，并且加了一段批语：“这个办法很好，恰恰是改造我们的机关主义、官僚主义、形式主义的对症药。”[②] 毛泽东所说的这个“对症药”，就是精兵简政。边区参议会结束后不久，1941 年 12 月 4 日，中共中央发出了《为实行精兵简政给各县的指示信》，要求切实整顿党、政、军各级组织机构，精简机关，充实连队，加强基层，提高效能，节约人力物力。陕甘宁边区政府根据中共中央的指示，先后在边区进行了三次精兵简政，取得了很大成效。

在培养和检验革命人才方面，毛泽东同样重视发挥农民的作用。

早在 1939 年，毛泽东在纪念五四运动时，发表了一篇题为《青年运动的方向》的著名讲话，他说：“我在这里提出了一个标准，我认为是唯一的标准。看一个青年是不是革命的，拿什么做标准呢？拿什么去辨别他呢？只有一个标准，这就是看他愿意不愿意、并且实行不实行和广大的工农群众结合在一块。”[③]

1946 年，毛岸英从苏联回国来到延安。病中的毛泽东与阔别 18 年的长子谈心。两人坐在一处石凳上，毛泽东说，我要送你到农村

---

① 《毛泽东文集》第 3 卷，人民出版社 1996 年版，第 338 页。
② 《毛泽东传》第 2 册，中央文献出版社 2011 年版，第 628 页。
③ 《毛泽东选集》第 2 卷，人民出版社 1991 年版，第 566 页。

去，拜农民为师，上中国的劳动大学。于是，毛岸英背起背包到枣园下乡，与农民兄弟同吃同住同劳动，直到晒得又黑又瘦，手上磨出厚厚的老茧。

中华人民共和国成立之初，鉴于新生的共和国面临的恶劣的国际环境，国家优先考虑发展国防工业。而积极推动农业合作化以加快发展农业，目的是为发展工业和城市建设提供重要积累。在这一阶段，保护农民利益和积极性成为第二位的事情。但是，毛泽东依然十分尊重农民。

据《杜润生自述：中国农村体制变革重大决策纪实》记载，1950年初，杜润生列席了由毛泽东主持的中央会议。这次会议先讨论婚姻法草稿，后讨论土改问题。在谈到土改问题时，一位老同志讲到要注意教育农民节约，分田后大吃大喝不好，应该防止。毛主席插话说："千年受苦，一旦翻身，高兴之余，吃喝一次，在所难免，此后注意就是了。"① 毛泽东的话既讲理又讲情，具有既坚持原则，又从善如流的大政治家风度。

随着社会主义制度的建立，毛泽东对如何保障各级干部和未来共产主义事业接班人不走资本主义、修正主义道路感到深深的忧虑。他找到的解决问题的答案，还是农村和农民。

1954年，苏联在大规模的垦荒运动中改变了过去移民开荒的办法，而以城市青年为垦荒主体，两年里一共动员了27万城市青年移民垦荒。此举既解决了粮食短缺问题，又解决了城市青年就业问题。

1955年4月，我国团中央代表团访苏时了解到了这一情况，回国后向党中央汇报了苏联的做法，认为从城市中动员年轻力壮、有文化的青年去参加垦荒工作是有好处的，也是今后解决城市中不能升学和无职业青年就业问题的一个办法。这个意见得到毛泽东的首

---

① 杜润生：《杜润生自述：中国农村体制变革重大决策纪实》，人民出版社2005年版，第9页。

肯。同年，以杨华为首的60名北京青年组成青年志愿垦荒队，远赴黑龙江北大荒垦荒。同年，毛泽东在编辑《中国农村的社会主义高潮》一书时，为《〈在一个乡里进行合作化规划〉的经验》一文写的按语中这样写道：“一切可以到农村中去工作的这样的知识分子，应当高兴地到那里去。农村是一个广阔的天地，在那里是可以大有作为的。”①

1958年9月，中共中央、国务院发出《关于教育工作的指示》，将毛泽东的相关指示提升为党的教育方针，指出：“党的教育工作方针，是教育为无产阶级的政治服务，教育与生产劳动相结合。”②

1964年2月，毛泽东总结宋明以来的亡国教训时说，“烦琐哲学总是要灭亡的”③。作为干部制度改革的配套措施，他要求教育革命，认为知识青年到农村去，接受贫下中农的再教育很有必要。同年4月，毛泽东在南昌对当时江西省负责同志说：“死读书本，不从事工、农、商、学、兵的实际工作，造就不了人才。”④

1968年12月22日，“知识青年到农村去，接受贫下中农的再教育，很有必要”的指示在《人民日报》发表，知识青年上山下乡的热潮由此开始。当年在校的初中和高中生（1966年、1967年、1968年三届学生，后来被称为“老三届”）全部前往农村。此后几年间，全国上山下乡的知识青年总人数达到1600多万人，占当时1/10的城市人口到了乡村，当起了农民。时年15岁的习近平，于1968—1975年在陕西延川县梁家河村插队。

这是人类现代历史上罕见的从城市到乡村的人口大迁移，也许还需要相隔更长的时间跨度，才足以评价这整个活动。当时，全国

① 《毛泽东同志论青年和青年工作》，中国青年出版社1960年版，第21页。
② 《中共中央文件选集（1949.10—1966.5）》第29册，人民出版社2013年版，第34页。
③ 《毛泽东年谱（1949—1976）》第5卷，中央文献出版社2013年版，第315页。
④ 《毛泽东年谱（1949—1976）》第5卷，中央文献出版社2013年版，第342页。

▲ 宣传画：知识青年到农村去

城市居民家庭中，几乎没有一家不和“知青”下乡联系在一起。1978年10月，全国知识青年上山下乡工作会议决定，停止上山下乡运动并妥善安置知青的回城和就业问题。1979年后，绝大部分知青陆续返回了城市，也有部分人在农村结婚“落户”，选择永远地留在农村。

（三）为农民谋幸福需要情怀与担当

重视农民权益，保护农民利益，需要万里同志那样的情怀和担当。

邓小平在深圳、珠海视察时曾说：“中国改革从农村开始，农村改革从安徽开始，万里同志是立了功的。”[①]

万里是中国农村改革当之无愧的先锋，他担任安徽省委书记期间领导的安徽农村改革，是对中华人民共和国成立以来我国农村经济体制的一次重大突破。为了找到让农民吃上饱饭的正确道路，

① 《人物 | 万里：农村改革的第一闯将》，引用日期：2019年6月1日，https://www.sohu.com/a/317963113_679625.

1977 年上任省委书记的万里多次轻车简从，经常不打招呼、不听书面汇报，直接深入基层调查研究。3 个月的调研后，“省委六条”出台，核心内容是强调以生产为中心，尊重生产队的自主权，允许生产队下分作业组，以组包产、联产定量计算劳动报酬，简称联产计酬。1979 年，小岗村农民自发实行大包干的事披露出来后，来自各个方面的批评、指责铺天盖地，作为省委书记的万里压力空前巨大。面对压力，万里显示了他坚持改革、为民请命的共产党人情怀，甚至做好了再次被打倒的准备。

1980 年，调任国家农委主任的万里全面主持农村改革，带着在安徽同样的工作作风，他首先组织农口各部门大批干部赴各省进行农村调查，倾听农民意见。调查结果表明：绝大多数农民和基层干部赞成包产到户，已实行包产到户的地方无不增产明显。

1981 年 12 月，改革开放后第一次全国农村工作会议召开。在会上，万里作为主管农业的副总理主持会议。会议的决议作为中央 1982 年的开年文件，即中共中央〔1982〕1 号文件，首次以中央文件的形式肯定了联产计酬、包产到户、包干到户是社会主义集体经济的生产责任制，是社会主义农业经济的组成部分。正是由于从地方到中央自下而上定型成型，又经过自上而下出台政策部署举措强力推动，到 1982 年初，农村土地家庭承包制度终于取得政治上的决定性胜利。

为什么是万里？

20 世纪 80 年代，时任中共中央总书记胡耀邦多次引用民谣：“要吃米，找万里！”还不无幽默地说：“让万里管农业，是农民推荐的嘛！”①

---

① 张神根、姚燕：《我们一起走过：党密切联系群众的 99 个故事》，人民出版社 2013 年版，第 223 页。

“我们是靠农村起家的，农民是我们的父母，不能进了城就忘了娘了。”① 这句话，是万里多次动情吐露的肺腑心声。

对农民爱得深切，对农村爱得深沉，是万里在漫长的革命生涯中一贯坚守的品质。如果没有这种沉甸甸的情感，他就不会当年不顾家人劝阻，坚持把 18 岁的长子送到农村锻炼，而且明令“如果半途跑回，不许踏进家门”。看似无情却有情，他是这样和儿子深情话别的：“我来自工农，你又回到工农。我从此就有了一个农民的儿子，这样我与农民的关系就更密切了。”②

永远把自己当作农民的儿子，要让农民过上好日子，这是万里这位中国农村改革先锋为什么能够以非凡的政治胆识，大力支持、推广肥西县包产到户和凤阳县包干到户的做法，积极推动安徽全省农业管理体制变革，为开辟中国农村改革之路做出重要贡献的力量源泉。也正是因为如此，他领导的安徽农村改革，才能成为中华人民共和国成立以来我国农村经济体制的一次重大突破，才能成为对社会主义经济制度的一次艰辛和成功的探索。

在新时代的农村改革中，农民仍然期待广大干部继续发扬和传承这样的改革精神和百姓情怀。

（四）充分重视农民的养老问题

解决农民问题，需要充分重视农民的养老问题。

2019 年春节期间，作者在山西省运城市调研时了解到，当地农民群众和有识之士强烈希望政府为与共和国同龄的 70 岁及以上的老年农民发放养老津贴。受访者认为，发放老农养老津贴能促进敬老

① 《万里　改革闯将　壮士暮年》，引用日期：2012 年 11 月 10 日，http://dangshi.people.com.cn/n/2012/1110/c85037—19536777—1.html.

② 《万里　改革闯将　壮士暮年》，引用日期：2012 年 11 月 10 日，http://dangshi.people.com.cn/n/2012/1110/c85037—19536777—1.html.

爱老良好风尚和文明风范的形成，是实现历史与现实公平的需要，对实施乡村振兴战略、保障国家长治久安和彰显新时代中国共产党不忘初心无微不至关注民生的形象都十分重要。

新中国成立后出生的第一代农民现在已是70多岁的年纪。这些人历经辛苦，在物质匮乏时期自己忍饥挨饿，却把最好的粮食尽可能多地作为公粮上缴给国家，为保障城市人口的粮食供应做出了贡献。改革开放后，他们中的许多人又率先进城务工，满足了城镇劳动力需求，也促进了二、三产业的发展。他们几乎一生都在为国家做贡献，但其中不少人的养老条件却相当差。基层各界普遍认为，目前的养老保险制度不足以保障70岁及以上的老农安度晚年，国家有义务和责任帮助解决养老问题。

时任垣曲中学校长姚瑞勇认为，崇德尚礼、孝亲敬老是中华民族的重要文明密码，发放老农津贴是古老文明密码与当今时代的契合点。漫漫数千年以来，无论社会怎样发展，我国孝亲敬老的基本伦理核心始终存在。中华人民共和国成立后，十分重视尊老传统，1989年，我国把重阳节定为“老人节”；2006年，国务院又将重阳节确定为我国非物质文化遗产日。通过发放老农津贴的方式向在共和国发展建设最艰难的时期，在农业为工业和城市发展提供积累阶段坚守农业生产、奉献青春岁月的老年农民表达敬意，是非常适宜甚至是非常必要的一件大事。

时任运城市银保监分局办公室副主任刘磊认为，在长期存在的城乡二元社会结构下，国家对农村基础设施等方面投入不足，农民在占有公共物品和享有社会福利等社会资源的分配中处于劣势，由此形成公民迁徙、劳动就业、子女教育、财产增值和社会保障等诸多方面对农民的不平等，导致农民聚集财富的能力、渠道和机会总体上严重不足，收入水平与所做贡献相比存在较严重的失衡。对数十年从事农业生产的老年农民来说，尤其如此。推出向老年农民发放老农津贴的制度，是实现历史与现实公平的需要，也是强化农业与农村发展的强烈信号，对实施乡村振兴战略和保障国家长治久安十分重要。

垣曲县皋落乡西窑村原会计徐明岐（曾任村会计 10 多年，时年已 70 出头）认为，这些年来国家减免农业税、发放各种直补都是历史上所没有的好政策，但是真正务农的农民的收入还是比较低的，收入增幅甚至赶不上通货膨胀的速度，基础养老金远远不够，不少农民到了老年生活没保障，十分期望得到国家的关怀。根据他的计算，在当地，每个农业人口每年平均从政策中获益 100 元左右，70 岁以上的老年农民还有每月近 100 元的基础养老金用于生活开支。但是，随着物价水平的提高，这样的保障是偏低的，没有子女补贴生活费的话无法生活。所以，老年农民非到不能动弹，一般都得下地干活。他说，农民在几千年未有的好政策支持下，辛苦一生不足以安度晚年是不应该的，很需要老农津贴这样的制度来扶持！

据了解，全国城乡居民基础养老金最低标准在 2018 年提高到每人每月 88 元。随着全国最低标准的上调，2019 年多地的基础养老金也随之上浮。以 2018 年最新标准为例，最低的地区执行的是国家规定的下限 88 元/月/人，最高的地区是上海 930 元/月/人，平均每人每月百元。目前城乡居民养老保险参保人数已经超过 5 亿人，领取养老金的人数超过 1.5 亿人，但 70 岁以上老年农民基本上属于领取基础养老金的人群。为老农发放养老津贴是顺应时势的雪中送炭之举。

可以参照的是，台湾地区自 20 世纪 90 年代开始实行的老年农民福利津贴是以政府津贴的方式给予老年农民生活照顾。目前，台湾地区 65 岁以上的农民每人每月可获得折合人民币 1400 多元的老农津贴。

那么，老年农民的养老津贴到底发放多少为宜，或者说到底每月多少钱才能解决他们最基本的生活问题？刘磊分析认为，从现实看，这个数据不太好全国划一，但从历史看，作为一种补偿性津贴，东中西部农民的心理预期差异应该不大，确定具体款额时应考虑到各地农民的消费实际和财政的承受能力。

综合各方意见，如果实施老农津贴制度，在具体实施过程中，可由公安机关户籍管理部门提供全国 70 岁及以上农村老年人名单，按户口登记，不遗失一人，并逐级上报；建立真实性报告机制；老农户籍所在地应严格审查核实，杜绝任何舞弊行为。另外，可建立农村 70 岁以上老农津贴的动态调节机制，调整时间间隔可以根据国家统计局公布的物价指数两三年进行一次调整，以确保农村老年人的养老津贴跟上物价上涨的步伐。

给 70 岁及以上的老年农民发放养老金，社会意义重大，主要体现在以下几个方面：一是可让老年农民安享晚年，过上有尊严的生活，不再单纯依靠子女养老，消除生活中的许多忧虑和不快，大幅提高老年农民的幸福指数。二是可一定程度刺激农村消费。让这部分老年人有能力消费，也敢于消费，这对拉动内需会起到一定的推动作用。三是起到很好的社会示范效应，促进新型农民更好地扎根农村生活，推进农村社会经济持续繁荣稳定和发展。实行土地承包责任制后，第一代农民都已老了，限于很多原因，不少已退出繁重的体力动力，而年轻的新一代农民却大都不在农村从事农业生产了，而是活跃在城市的各个行业以打工谋生。如果老年农民的养老问题解决得好，必将对未来新型农民坚守农业生产产生有利的影响。四是有利于加强党和政府“以人民为中心”的服务理念的影响力。发放老农津贴，可以彰显党和国家对农村农民的高度重视，提高农民的社会地位，使得全社会更好地理解实施乡村振兴战略的重要地位和党的强农惠农富农政策，引导农民更好地听党话、感党恩、跟党走。五是有利于巩固脱贫攻坚和全面小康社会的成果。发放养老津贴，可以使得老年农民与贫困户交集的人群更好地摆脱贫困，而已摆脱贫困的老年农民则降低了返贫的可能。这是一种更有国家认同感也更稳固的“脱贫”方式。六是发放老农津贴，将让世界铭记中国对农民的关怀，并提醒后辈铭记中华人民共和国成立以来的工业化、城镇化、信息化大发展，是建立在农民的辛勤劳作与节俭奉献的基础上的。

从农村社会的横向比较来看，发放老农津贴也十分必要。笔者到农村走访时，时常听到老人们议论的话题多是王家的教师涨工资了，李家的退伍军人领到工资了等，无不充满艳羡的语气，而说到自己还得不停地干活才能养老时，只剩唉声叹气。从历史上来说，在国家困难时期，军人为国防安全尽义务，农民为粮食安全做贡献，各尽其职，都十分了不起。如果国家参照对退伍军人工资的筹集与发放办法，为全国70岁以上的老农发放特殊津贴，以体现对他们为农业发展所做贡献的肯定与老年生活所需的帮助，善莫大焉。

老农津贴制度可以成为我国养老保障制度的重要的辅助政策。在养老保障体系完善之后，这一制度可依据情况进行听证评估而终结。

在中国人看来，一个人不管前半生多么辛劳坎坷，如果有着幸福无忧的晚年，都可以说他此生是幸福的。从给老年农民发放养老津贴做起，让老年农民尽可能都过上优裕、有尊严的生活，对全面实施乡村振兴战略意义重大。

第六章

乡村振兴乃是
中华民族伟大复兴必由之路

农惟邦本，本固邦宁。改革开放以来，我国在工业化、城镇化、信息化的持续推进过程中，机械化、自动化生产伴随社会分工的日益细化，在市场经济推动下渗透到包括农业生产在内的社会生活的方方面面。作为社会组织最早存在形态的村庄，曾经历数千年未有之大变化，如今迎来正在发生的千年未有之变局。

面对这一变局，无数人疑惑中国乡村将向何处去？变动中的乡村如何承担民族复兴中的责任？党的十九大指明了乡村发展的方向，部署了实施乡村振兴战略。习近平更从大历史观指出，“民族要复兴，乡村必振兴”①，把乡村振兴的使命上升到攸关中华民族伟大复兴的高度。

一、乡村振兴与民族复兴

乡村振兴，是党的十九大报告和“十四五”规划中最耀眼的词汇。

近代以来，在追赶西方现代化的过程中，中国的工业化、城镇化得到了较大发展。但是，在工业化、城镇化的过程中，国家却在很大程度上冷落了承载着五千年文明遗存的乡村，淡化了祖祖辈辈强调的耕读传家，把农事活动彻底归入农业产业，疏远了让全体国人得以温饱的农民。当国家经济发展的步伐距离实现民族复兴的目标越来越近的时候，我们比以往任何时候都需要乡村尽快振兴起来。

（一）乡村是中华文明之源

我们的文明，建立在源远流长的农耕文化和乡村社会基础之上。

① 《习近平出席中央农村工作会议并发表重要讲话》，引用日期：2020 年 12 月 29 日，http：//www. gov. cn/xinwen/2020－12/29/content _ 5574955. htm.

唯有此，经历了或辉煌、或平淡、或屈辱后，中华民族依然能够拥有传承数千年的文明，是当今世界上唯一文明没有间断的国家。

传说中有巢氏构木为巢、燧人氏燧木取火，人们在采集活动中发展出原始种植业，在狩猎活动中发展出原始畜牧业。农业生产并不是随意进行的，而是要特别关注自然物候、四季更替、气候变化和日月星辰的位置移动，在此基础上，中国形成了独具特色的阴阳历，产生了四季、十二月、二十四节气、七十二候等服务于农业生产的节气知识。围绕可持续的农耕文化而产生的超越朝代更替的天人合一价值观，是中国乡村和中国农民的伟大所在。

二十四节气是智慧的中国古代老百姓通过对自然与生活的细心观察，根据太阳在黄道上的位置划分的。长期以来，农民按照二十四节气来安排生活，指导农业生产。2016 年 11 月，中国二十四节气被列入联合国教科文组织人类非物质文化遗产代表作名录。

农民还用一些朴实的话语把这种节气与生产乃至土地的关系总结出来，成为世代流传的农业谚语。如“春插时、夏插刻、春争日、夏争时。”“过了惊蛰节，春耕无停歇。”“六月不热，五谷不结。”“腊月大雪半尺厚，麦子还嫌被不够。”“遭了寒露风，收成一场空。”“要想多打粮，苞谷绿豆种两样。”“种种甘薯种种稻，产量年年高。”……这些朴素的民谣农谚反映了深刻的农学规律。

我国的农耕智慧远远不止体现在民谣农谚上。在农业科学技术理论方面也成果颇丰，见于著录的古代中国文献就有近四百种，因此，我国也是世界上保存古代农书最多的国家，《夏小正》《氾胜之书》《齐民要术》《农政全书》《天工开物》等均是代表性著作。其中，《夏小正》为中国现存最早的科学文献之一，也是中国现存最早的一部农事历书，它把天象、物候、农事活动联系在一起，奠定了传统农业生产生态循环观的思想框架。勤劳与智慧相结合产生的物质与精神成果，使得先民能够经受住各种天灾人祸的考验，仍然有条不紊地顽强生活下去。

《汉书·郦食其传》记载，郦食其曾经说："王者以民为天，而民以食为天。"这是"民以食为天"的最初出处。民以食为天有着强烈的现实性，中国人对吃饭问题极为深刻甚至残酷的理解与认知，都来自复杂的自然与历史变迁。中国是传统的农业国，粮食供给在正常年份总体上是相对充裕的，但由于天气对农业生产影响深远，呈现出了气候的大变化与王朝的更替基本一致的相关性。

竺可桢对中国气象研究起到了奠基作用，他的《中国近五千年来气候变迁的初步研究》找到了中国数千年气候变化的规律。从竺可桢的研究中，我们会发现，数千年间中国的气候并没有一直变暖，也没有一直变冷，而呈现出一定的周期性，每个周期历时约 400 年至 800 年。结合竺可桢的研究结论，将中国几千年的气候变迁与中国的历史结合起来，可以发现隐藏在历史背后的真实故事。

除了经济、政治等因素之外，气候的变化成为改变一个王朝命运的重要因素。由于殷商末期到西周初年、东汉末年到西晋、唐末至北宋初年、明末到清初的四次小冰河期，中国灾荒连年。根据专家的研究，在前三次小冰河期中，中国人口锐减超过 4/5；最后一次状况略好，主要得益于从美洲传来的土豆、玉米和红薯，但人口也减少了约一半。再加上改朝换代时战乱不断，粮食产销分布不平衡，各类史书和地方志中出现"赤地千里，饿殍遍野、人相食"的记录并不鲜见，令人不忍卒读。

透过这些，我们不难想象中华民族一再从灾难之中复兴需要怎样的力量与精神，不难理解梁启超说的"天行健君子以自强不息，地势坤君子以厚德载物"具有怎样沉重的历史分量。

把马克思主义基本原理同中国具体实际相结合，既包括与历史实际、时代实际、国情实际相结合，也包括与思想文化传统实际相结合。没有中华文明的哺育和中华优秀传统文化的滋养，就不可能有马克思主义在中国的发扬光大、生机勃勃，更不可能有当前全党全国凝心聚力实现中国梦的大好局面。

从毛泽东提出的“实事求是”，到邓小平提出的“小康社会”，再到习近平提出的“构建人类命运共同体”，我们可以深切感受到起源于农耕文明的中华优秀传统文化及其重要载体——乡村对推进中华民族伟大复兴的重要作用。

（二）乡村是民族复兴之本

自古以来，村落就是最基本的地域单位，同时也是人们最基本的活动范围。农业的发展促进了人口繁衍，促进了人类定居、聚居生活乃至村落的形成。据考古发现，在新石器时代的陕西渭河两岸，就已有村落聚居点 3 万多处。早在商周时代，我国的农业生产方式和建立在农业文明基础上的乡村组织结构就已趋成熟，支撑着大一统的中央集权制国家。此后三千余年，社会发展在兴旺、衰退、崩溃、重建的周期里循环。但是，无论国家兴衰分合，乡村的基本组织和运转都没有出现大的改变，只不过是乡村的居民连同土地与产业就像财产一样，被重新划归给新的管理者而已。

中国古代乡村居民习惯于相对集中地聚居在一定地域之内，几十户、几百户乃至上千户的居民比屋而居，烟火相连，组成一个个村落。聚族而居的村落，一般都有两类并列平行的社会组织体系：一类是按地域关系划分的政权组织，如乡、里、保、甲等；另一类是按血缘关系构建的宗族组织，如家族、房支、家庭等。可以说，家庭构成村落的基础，而村落又构成社会的基础。在中国历史上谁控制了村落，谁就赢得了统治中国的基础。正因如此，历代统治者都想方设法地把星罗棋布的村落通过一定方式一级一级地统辖起来。

远在西周的宗法社会，就曾实行过“五家为比、五比为间、四闾为族、五族为党、五党为州、五州为乡”的制度。管仲治理齐国时期，实行“五家为轨、轨十方里、里四为连、连十为乡、乡五为帅”的管理制度，这种宗法加行政加军事的乡党什伍组织体系，成为后世农村基层行政组织的模板。

战国时期，伴随着郡县制的形成，在县以下的行政组织结构中，有些国家推行乡、里、聚；有些国家推行连、州、伍；有些国家推行乡里制。名称虽不同，但总体上还是延续了西周宗法制的格局。

秦汉时期，中国形成了统一的地方行政制度，县以下实行乡、亭、里制。十里为一亭，十亭为一乡。乡为县以下村落中最大的单位，亭为自然村落和民舍及公馆。乡村有三老、啬夫、游徼。三老掌教化，由年高德劭者充任；啬夫职听讼，收赋税，权力甚重；游徼逐捕盗贼，维持地方治安。乡史乃郡县地方政府的属员。这种统治方法就是以乡统里，以里临民的组织模式，故称为乡里制。

南北朝时期，鲜卑族拓跋氏建立北魏，为维护地方治安，在政治上实行重大改革。特别是孝文帝时期，以三长制代替宗主督护制。三长制以五家为邻，立邻长；五邻为里，立里长；五里为党，设党长。选用乡村中能干德厚者充任，负责稽查户口、征调赋役、管理民众。

隋朝建立后，中国复归统一，为了有效控制地方，隋政权实行严格的编户齐民制度，建立起严密的乡党什伍组织体系。乡村居民以500家为一乡，设乡正二人；以100家为一里，设里长一人，由县官选取身家清白而精明强干者充任。

隋亡唐继，县以下的基层组织仍维持了两级乡里制度。五户为伍，十户为什，百户为里，五里为乡。里设里正，负责向当地政府申报人口、土地，同时负责地方治安及租庸调征收；乡设乡正，主持民间诉讼案件，下派劳役赋税，督责户口调查。

宋初，县以下有乡、里。乡、里不是以人口多少划分，而是以地域来划分。在乡、里中，设有里正、户长、耆长等职务，主要负责乡村事务。到王安石变法时，北方很多地方的里逐渐被保、都保所取代，变成了乡、保、都保等名称。后来又推行保甲制，将相邻10户组成一小保，设一保长；10小保组成一大保，设一大保长；10大保为一都保，分设都、副保正。不过这种保甲制仅限于某些地区，并未在全国范围内推行。

明初，乡村组织可分为三级，最大者为乡，其次是社，最小者为村。社并非乡村行政组织，但自元代成为一种乡村区划。元末明初，很多乡村组织都以“社”来称呼，社长的权力日益扩大。到洪武十四年（1381年），明朝政府设立里甲制，以110户为一里，设里长10人，推选丁粮多的户主充任，10年一轮；其余百户编为10甲，每甲设甲长一人。里长、甲长负责基层户口、土地、治安、教化和赋役事务。又以税粮为依据，每万石为一区，选交粮最多的地主为粮长，专管田赋征收。

清代，政府为了加强对地方的控制，在乡村实行了两种制度：一种是牌甲制，为维护地方治安而设；一种是里甲制，主要管理地方赋税征收。牌甲制延续宋代的保甲制，10户立一牌长，10牌立一甲长，10甲宣一保长。牌长、甲长、保长报官充任，每一编户门上挂一印牌，上面书写户主姓名和丁口数，便于稽查。

近代的中华民国时期，基本沿用了保甲制度。

中华人民共和国成立之初，由于进行土地改革，实行合作化、人民公社等制度而使基层治理结构发生很大的变化，但在改革开放之后，又在很大程度上恢复了村级组织的自治性质。2006年，我国历史性地取消农业税之后，农民选择非农就业的趋势得以加速，收入结构也产生历史性变化，常年居住在城镇的农民工越来越多，农村的人口结构和乡村治理等方面出现了前所未有的新局面。

（三）乡村是中国城镇之根

在长期的农耕生活中，中国的乡村因被附加政治的需求而逐步产生了古代都城，著名的有繁华的秦汉都城、闻名世界的大唐长安城，更有凝缩在《清明上河图》中的北宋首都汴梁……即使现代的城市发展，仍然脱不尽乡村的气息，诸如亚运村、大运村、中关村……

我们国家许许多多的村庄保持大致相同的生活方式，千百年间鲜有变化，但最近这些年的变化之大也是千百年来所鲜有：传统村庄中每天与太阳一同升起的袅袅炊烟，以及鸡犬相闻之声将越来越成为历史的记忆。这一切都归因于工业化、城镇化这一浩浩荡荡发展大势的推动。

随着工业化、城镇化的快速发展，以我国城乡人口结构发生历史性变化——2011 年城镇人口首次超过农村人口为重要标志，现代化进程与“三农”发展出现了前所未有的新形势。有关专家认为，这种结构性的巨变标志着我国开始进入以城市社会为主的新成长阶段，工业化、城镇化和市场化共同成为拉动中国社会巨大变迁的“三驾马车”，意味着人们的生产方式、职业结构、消费行为、生活方式、价值观念都在发生极其深刻的变化。

在这一趋势中，农村的发展除了总人口在减少外，还有两个特点与之相呼应：一是青壮年农业劳动力占农业从业人员的比重早已不足 50％；二是工资性收入占农民收入的比重稳步增加，在多数村庄，工资性收入都已经超过 50％，而全国农村家庭经营性收入占比早在 2009 年就跌破 50％，2012 年不足 45％。此后，随着农民就业与收入增长方式的显著变化和农民收入来源的多元化，农村家庭经营性收入的地位进一步下降，各地基本不再统计此项内容。这表明，农民向往城市生活的便利与繁荣，不断以生产方式的转变带动生活方式的变化，农村早已成为工业化、城镇化发展的有力促进因素。

2012 年，河南省濮阳县西辛庄村党支部书记李连成要建全国首个“村级市”的话题，引起网民热议。5 月 8 日，濮阳县西辛庄村级市挂牌仪式正式举行。“西辛庄市”（筹备）的牌子虽然并未经过官方的承认，但却是亿万农民千百年朝思暮想的“城市梦”的朴素表达。

2019 年 3 月 8 日，习近平总书记在参加河南代表团审议时，点赞了李连成代表农民所说的“八个梦想”。

李连成与习近平总书记面对面，用浓重的河南口音述说了他心中农民的八个梦想：一是改革开放初期的时候，农民想得到温饱；二是改革开放 40 年，农民想给孩子找个好学校上学；三是为了全家人的健康，农民想找到一个好的医院看病；四是农民想就地城镇化，在本地就业，不外出打工；五是农民想让村里有一个好的文化阵地；六是农民想村里有一个好的生态环境，不愿是脏乱差；七是农民想脱贫致富，不愿在家受穷；八是农民想中国的领土坚决寸步不能让。李连成一条条说得仔细，总书记一条条听得认真。

总书记听完后，对李连成说：“我经常到一些贫困地区去，到农村去，我总有一句话，我说你们还需要些什么？你今天讲的这些，恰恰是我们广大农民同志对幸福生活追求的要求。一些我们已经在做了，做成了，一些还在做的过程中，一些是下一步准备要做的。我们宗旨就是为人民服务，围绕着人民群众对幸福美好生活的追求来实践，我们这个实践过程是一步一个脚印、一棒接着一棒往前走。”①

李连成的梦想，实质上就是要缩小城乡差距，让农民享受与市

---

① 《习近平参加河南代表团审议》，引用日期：2019 年 3 月 8 日，https：//politics. gmw. cn/2019－03/08/content _ 32618737. htm.

民均等化的待遇。其实，在我国农村，在李连成之前，一批工业化、城镇化发展的弄潮儿就已取得了令世人瞩目的就地工业化、城镇化的发展成就。诸如刘庄村、华西村、永联村、花园村、南山村、周台子村、龙门村等等。

这里简单介绍一下南山村。南山村的发展动力来自一个现代企业集团——南山集团，一家村企合一的大型民营股份制企业集团，实力位居中国企业 500 强上游，是山东省的明星企业，更是龙口市的支柱企业。2013 年，南山集团共有 60 多家企业，使其能够带动更大范围的农村实现工业化和城镇化发展，当时，南山集团总共合并了 45 个村，建有 20 多个先进的新型居民社区，是一个巨无霸式的超级大村。许多市民谈到南山村完善与先进的社区生活时都十分羡慕：有天然气、地暖、纯净水入户，设施先进，物业完善……

国家的发展和民族的振兴，不仅需要强大的城镇经济力量，也需要强大的乡村发展作为支撑。在大刀阔斧的城镇化建设过程中，需要汲取乡村传统文化精华，并在深刻了解历史、正确把握现实的基础上设计好乡村的未来。

（四）民族要复兴，乡村必振兴

乡村振兴，是近代以来通过几代人的努力，距离实现中华民族伟大复兴的目标从未如此之近的情境下，实现民族复兴过程中迫切需要完成好的重要课题。

党的十九大报告指出："中国特色社会主义进入新时代，我国社会主要矛盾已经转化为人民日益增长的美好生活需要和不平衡不充分的发展之间的矛盾"[①]；同时确定了解决不平衡不充分发展的重要

① 习近平：《决胜全面建成小康社会 夺取新时代中国特色社会主义伟大胜利——在中国共产党第十九次全国代表大会上的报告》，人民出版社 2017 年版，第 11 页。

举措：实施乡村振兴的国家战略。

2018年9月21日，中共中央政治局就实施乡村振兴战略进行第八次集体学习。习近平在主持学习时强调，乡村振兴战略是党的十九大提出的一项重大战略，是关系全面建设社会主义现代化国家的全局性、历史性任务，是新时代“三农”工作总抓手。我们要加深对这一重大战略的理解，始终把解决好“三农”问题作为全党工作重中之重，明确思路，深化认识，切实把工作做好，促进农业全面升级、农村全面进步、农民全面发展。

同年9月，中共中央、国务院印发《乡村振兴战略规划（2018—2022年）》，对实施乡村振兴战略做出阶段性谋划，分别明确至2020年全面建成小康社会和2022年召开党的二十大时的目标任务，细化实化工作重点和政策措施，部署重大工程、重大计划、重大行动，确保乡村振兴战略落实落地。

2020年12月，习近平在中央农村工作会议上强调：“从中华民族伟大复兴战略全局看，民族要复兴，乡村必振兴。从世界百年未有之大变局看，稳住农业基本盘、守好‘三农’基础是应变局、开新局的‘压舱石’。构建新发展格局，把战略基点放在扩大内需上，农村有巨大空间，可以大有作为。”①

脱贫攻坚全面取得胜利，并不意味着全面推进乡村振兴是轻轻松松、敲锣打鼓就能实现的。与脱贫攻坚相比，全面实施乡村振兴战略的时间更长、范围更广、难度更大。我们不仅不能骄傲自满、松劲歇脚，反而须乘势而上、再接再厉。

当前，我国发展的外部环境出现更多不稳定性、不确定性。事实充分证明，发挥好“三农”“压舱石”作用，不断开辟“三农”工

① 《习近平出席中央农村工作会议并发表重要讲话》，引用日期：2020年12月29日，http://www.gov.cn/xinwen/2020－12/29/content_5574955.htm.

作新局面，对于推动中国经济乘风破浪、行稳致远具有十分重要的意义。全面推进乡村振兴、加快农业农村现代化，既是开启新征程、扬帆再出发的重大使命，也是在危机中育先机、于变局中开新局的迫切要求。

从确立实施乡村振兴战略，到用钉钉子精神扎实推动实施乡村振兴战略的具体部署，党和国家的顶层设计与责任落实有着科学的、相对完善的制度保障。全面推进乡村振兴战略，是新时代中国特色社会主义的重大任务，也体现了马克思主义中国化的最新进展。

2021 年 2 月，新世纪以来第 18 个指导“三农”工作的中央一号文件《中共中央、国务院关于全面推进乡村振兴加快农业农村现代化的意见》正式发布。这个中央一号文件出台时机特殊、意义重大。首先，在向第二个百年奋斗目标迈进的历史关口，迫切需要明确新发展阶段“三农”工作的历史方位和战略定位，对“三农”工作进行全面部署，为全面建设社会主义现代化国家开好局、起好步提供有力支撑。其次，在脱贫攻坚目标任务已经完成的形势下，迫切需要适应“三农”工作重心从脱贫攻坚到全面推进乡村振兴的历史性转移，对全面推进乡村振兴进行再强调再部署。同时，在新冠疫情加剧世界动荡变革的特殊时刻，迫切需要统筹发展和安全，夯实稳住农业基本盘、守好“三农”基础。

2021 年 2 月 25 日 16 时，在北京市朝阳区太阳宫北街 1 号，“国务院扶贫开发领导小组”的牌子被永久性地摘下，“国家乡村振兴局”的牌子被正式挂上。时任中共中央政治局委员、国务院副总理胡春华出席了国家乡村振兴局挂牌仪式。

机构更迭背后，是我国“三农”工作重心的历史性转移——脱贫攻坚取得胜利后，全面推进乡村振兴。民族要复兴，乡村必振兴。全面建设社会主义现代化国家，实现中华民族伟大复兴，最艰巨最繁重的任务依然在农村，最广泛最深厚的基础依然在农村。全面推进乡村振兴的深度、广度、难度都不亚于脱贫攻坚，可以说，我国从集中优势资源支持脱贫攻坚转向全面推进乡村振兴，需要采取更有力的举措、汇聚更强大的力量。因此，我国首次设立国家乡村振兴局这一专门机构承担这一历史使命，也展现了我国全面推进乡村振兴的决心。

中国要强，农业必须强；中国要美，农村必须美；中国要富，农民必须富。站在新的历史起点上，展望民族复兴的光明前景，新蓝图振奋人心，新征程催人奋进。把思想和行动统一到党中央决策部署上来，以更有力的举措、汇聚更强大的力量推进乡村振兴，我们必将为全面建设社会主义现代化国家新征程开好局、起好步。

二、中国特色关键在党，重点在乡村

1996 年，一部影响深远的政治学名著出版问世了，它就是美国著名学者萨缪尔·亨廷顿的《文明的冲突与世界秩序的重建》。20 多年来的历史发展惊人地证明，亨氏在这本书中的预言大部分已经实现，剩下的部分也有非常大的可能继续实现。“9·11”事件发生之后，世人不得不承认，亨氏的确洞烛先机，但显然也于事无补——亨氏的那些警告，并未引起西方的足够警惕，既未能预防这种恐怖事件的发生，也未能阻止事后反恐战争的扩大化。

幸运的是，百余年来，中国共产党带领中国人民在实现现代化的过程中，借鉴了苏联和西方国家现代化发展中的许多经验和成果，走出了一条不同于西方的，具有中国特色的社会主义现代化道路，形成了许多宝贵经验。特别是改革开放以来，党和国家在农业和农村工作中逐渐形成了一整套新的制度安排；近年来，党中央更明确把解决好“三农”问题确定为全党工作的重中之重，“三农”发展出现了难得的历史机遇。

在逐步实现城乡融合发展的过程中，回顾总结我党认识和解决“三农”问题的历程，有利于铭记“三农”对我们的革命和建设的历史性贡献；有利于在未来的发展中，从制度安排上加速“三农”事业的发展，促进乡村振兴战略全面实施，早日实现中国特色社会主义现代化强国；有利于为全球解决乡村问题贡献中国智慧和中国方案。

（一）振兴之后的乡村应是什么样

乡村振兴，应是可知可感的真感受。

我在京郊下乡过程中曾经遇到的一件事，可能有助于理解乡村振兴。

那是几年前我到北京市延庆区张山营镇西卓家营村采访了解清洁供暖情况，村里的党支部书记在接待我们一行人时，除了谈工作情况，还提了一个问题请大家帮助出主意。

他说：“我的母亲 80 多岁了，身体挺好，脑子清楚，有一天问我：‘现在吃不愁，穿不愁，可就是觉得没劲，你说怎么办?’我不知道怎么回答。你们帮我想想看，如何劝解我母亲?”

我考虑了片刻，跟他说：“老人一定是把现在的日子跟过去感觉很有劲的日子做比较。以前吃不好，穿不好，但精神上很有奔头，十分充实；现在虽然物质条件好了，却有精神失落感。”我的方案是，希望书记能够多给老人讲一讲国家对农村的重视和各方面的利好政策，让老人知道现在的农村和农民也很有奔头。

话是这么说了，但我脑子里也产生了一个问题：对老百姓来说，乡村振兴到底应该是什么样的发展？怎么样才能让包括罗家老人在内的广大农民在新时代确实感觉“有劲”呢?

从历史上看，新中国成立初期，农民经过土地改革，在喜悦的心情中分到耕地、农具、牲口甚至房产，应该算是一次“振兴”。可惜由于国内外发展环境的原因，广大农民这种很有获得感的日子也就过了几年。

1950 年 6 月 30 日，中央人民政府根据中华人民共和国成立后的新情况，颁布了《中华人民共和国土地改革法》。到 1952 年冬闲，全国除新疆、西藏等少数民族地区以及台湾外，基本上完成了土地改革任务。

1953 年，党中央先后作出两个关于农业合作化的决议。第一个是 1953 年春发布的《中共中央关于农业生产互助合作的决议（草案）》，第二个是 1953 年底发布的《中共中央关于发展农业生产合作社的决议》。中国农村的互助合作运动就是在这两个决议的指导下稳步推进的。10 月，中央又作出关于实行粮食计划收购和计划供应（简称统购统销）的决议。这一重大决策的实施，一方面推动了农业的互助合作，一方面推动了对私营粮商的排挤和改造，从而带动对其他私营工商业的改造，在整个国民经济的社会主义改造中是关键的一步。

1955 年春，全国初级社发展到 67 万个。在合作社大发展的过程中，新社的工作不免粗糙，再加上 1954 年粮食统购多购了 70 亿斤，农民有意见。还有一些地方出现了非正常的杀猪宰牛、不热心积肥和备耕这类应当引起注意的现象。这些现象的出现，代表农民的获得感在消失。在以后的高级社和人民公社阶段，出现了农村大面积的贫困现象。

1982 年，中央一号文件发布后，全国各地开始全面推行土地集体所有制的联产承包责任制，广大农民又感受到一次“振兴”。几年之内，农业丰收，吃穿不愁，农民收入显著增长，不少家庭买了黑白电视机等电器，乡村处处呈现出一片生机。

好景不长。随着 20 世纪 80 年代后期价格机制放开、农民负担增加等因素的影响，农业生产成本上升，农产品出现难卖的现象，农民收入相对下降，获得感、幸福感再一次被稀释。

党的十六大以来，党中央把解决“三农”问题作为全党工作的重中之重，特别是十八大以来，以习近平同志为核心的党中央推进在联产承包责任制长期稳定基础上的土地“三权分置”、脱贫攻坚战、乡村振兴战略，可以说使农村发展进入了第三次“振兴”。

在2017年中央农村工作会议上，习近平对为什么要实施乡村振兴战略作了详细的解说。他指出，实施乡村振兴战略是从解决我国社会主要矛盾出发的。我国社会主要矛盾已经转化为人民日益增长的美好生活需要和不平衡不充分的发展之间的矛盾。社会主要矛盾的变化要求我们在继续推动发展的基础上，着力解决好发展不平衡不充分的问题，更好地满足人民日益增长的美好生活需要。

习近平说，从“三农”工作本身看，解决好发展不平衡不充分问题，要求我们更加重视“三农”工作。农业、农村、农民问题是一个不可分割的整体。总的来看，当前农业基础还比较薄弱，农民年龄知识结构、农村社会建设和乡村治理方面存在的问题则更为突出。比如，一些村庄缺人气、缺活力、缺生机，到村里一看，农宅残垣断壁，老弱妇孺留守，房堵窗、户封门，见到的年轻人不多，村庄空心化、农户空巢化、农民老龄化不断加剧。农民形容这种现象为“外面像个村，进村不是村，老屋没人住，院荒杂草生”。比如，一些村庄建设没规划、没秩序、没特色，宅基地违规乱占、农房乱建，有新房没新村，有新村没新貌。比如，一些村庄“形虽在，神已散”，道德规范、公序良俗失效，不孝父母、不管子女、不守婚则、不睦邻里等现象增多，红白喜事盲目攀比、大操大办等陈规陋习盛行。比如，乡土社会的血缘性和地缘性减弱，农民组织化程度低、集体意识弱，事不关己、高高挂起的心态普遍存在，乡村秩序的基础受到冲击。比如，一些农村基层党组织软弱涣散，村干部队伍青黄不接、后继乏人，少数干部作风不实、优亲厚友，小官巨贪时有出现，对惠农项目资金“雁过拔毛”的微腐败也不同程度地存在。这些问题带有一定的普遍性，不仅中西部地区有，沿海发达地区也存在。我们提出实施乡村振兴战略，就是要协调推进农村经济建设、政治建设、文化建设、社会建设、生态文明建设和党的建设，促进乡村全面发展。

习近平总书记的讲话全面地分析了问题，深刻地揭示了实质，坚定地指明了方向，可以说是对卓家营村村党支部书记所提问题的最好的回答。可以相信，这次的乡村振兴是从根本上弥补农村发展短板的战略性举措，必定给广大农民带来长期稳定的、可识别可感受的美好生活。

这样的美好生活，浙江省目前已经通过持续20余年的“千万工程”建设在很大程度上实现了。“千万工程”的实施，正是始于浙江省2002年新上任省委书记习近平的调研和推动。

2002年赴浙江伊始，习近平同志就开始密集调研，短短118天跑了11个市和25个县。很多时候，都是扒几口饭，就连夜赶往新的考察点。一路走一路看，习近平同志却越看越沉重。比如，当时的浦江县以水晶制品闻名，浦江的河流有黑有白，就是没有清水河。黑水河里是又黑又臭的污水，乳白色的“牛奶河”里流淌着水晶加工后排出的废水、废渣。海盐县曾是生猪大县，吃肉、致富问题解决了，粪污问题却是老大难，境内河道众多，却污染遍布，不少村子“奔驰宝马狂奔在猪粪堆里”。“起早贪黑赚钞票，垃圾堆里数钞票，躺在医院花钞票。”这是当时浙江很多地方农民的写照。

这些恶劣的村庄场景，使这位新任省委书记心情沉重，并决心从政策引导开始加以改变。浙江省农业和农村工作办公室原副主任顾益康回忆说，一次他陪同习近平同志调研一个比较好的村，习近平同志问，这样的村多不多？顾益康如实告知，不多，大约4000个村庄环境较好，剩余的两三万个村庄环境普遍较差。

在 2003 年 1 月浙江省委农村工作会议上，习近平同志明确指出，要全面建设小康社会，提前基本实现现代化，增加农民收入的任务最迫切，发展现代农业的任务最艰巨，改变农村面貌的任务最繁重。[①] 三个“最”字，尽显发展任务之重、统筹兼顾之难，也深埋着尽快实现目标之决心。

118 天调研后的结论，就是要实施“千万工程（千村示范，万村整治)”。2003 年 6 月 5 日，世界环境日。这一天，习近平同志出席“千万工程”启动会，明确部署“今后五年，对一万个左右的行政村进行全面整治，把其中一千个左右的中心村建成全面小康示范村”[②]。

20 余年来，浙江的乡村在“千万工程”的迭代发展中，不断实现着美丽乡村的华丽变身，在全国乡村振兴的浩浩征途中走在了创新发展的前沿。目前，浙江全省村级集体总资产达 8800 亿元，集体经济收入 30 万元以上且经营性收入 15 万元以上的行政村占比 85% 以上，经营性收入 50 万元以上的行政村占比 51.2%，现已全面消除集体经济总收入 20 万元以下、经营性收入 10 万元以下的行政村。城乡居民收入差距之小居于全国各地前列。全省的乡村不仅弥补了人居环境较差的短板，更普遍成为城镇居民向往的休闲宜居之所。

2024 年的中央一号文件《中共中央　国务院关于学习运用“千村示范、万村整治”工程经验有力有效推进乡村全面振兴的意见》，要求“学习运用‘千万工程’蕴含的发展理念、工作方法和推进机制，把推进乡村全面振兴作为新时代新征程‘三农’工作的总抓手，坚持以人民为中心的发展思想，完整、准确、全面贯彻新发展理

---

① 参见《习近平新时代中国特色社会主义思想在浙江的萌发与实践——“三农”篇》，引用日期：2018 年 7 月 21 日，https://www.chinanews.com/gn/2018/07－21/8574880.shtml.

② 《这项延续 21 年的民生工程照见“钉钉子精神”》，引用日期：2024 年 7 月 10 日，https://www.12371.cn/2024/07/10/ARTI1720590268530719.shtml.

念，因地制宜、分类施策，循序渐进、久久为功，集中力量抓好办成一批群众可感可及的实事，不断取得实质性进展、阶段性成果”①。

这样的要求，不只是针对当年“三农”工作的，在较长的时期，都会对各地产生基础性的影响。随着全国各地争先恐后地学用“千万工程”的经验，相信在不久的将来，越来越多的乡村会以适合自己的路径完成振兴发展的嬗变。

（二）统筹全局，协调各方，综合推进乡村振兴战略

乡村振兴，一定是要真抓实干的硬任务。

无论如何，乡村振兴意味着农村更好的发展、农民更好的生活，这一定是实实在在干出来的。

2017年，习近平在中央农村工作会议上强调，产业兴旺、生态宜居、乡风文明、治理有效、生活富裕是实施乡村振兴战略的总要求；乡村振兴是包括产业振兴、人才振兴、文化振兴、生态振兴、组织振兴的全面振兴。要坚持乡村振兴一盘棋、一张蓝图绘到底，统筹推进乡村经济、政治、文化、社会、生态和党的建设工作，推动“三农”全面协调发展。

产业兴旺是重点。习近平指出，产业兴旺，是解决农村一切问题的前提。产业发展可以提供就业机会、拓宽农民增收渠道，是乡村振兴的物质基础。当前，乡村产业发展仍存在产业门类不宽、产业链条较短、要素活力不足和质量效益不高等问题。要坚持质量兴农、绿色兴农，加快转变农业发展方式，大力发展现代种养业，推进农产品就地加工转化增值，促进农村一、二、三产业融合发展，

① 《中共中央　国务院关于学习运用“千村示范、万村整治”工程经验有力有效推进乡村全面振兴的意见》，引用日期“2024年2月1日，https：//www.gov.cn/gongbao/2024/issue_11186/202402/content_6934551.html.

培育壮大乡村现代服务业等新产业新业态，加快构建现代乡村产业体系，把就业机会更多地留在农村，把产业增值收益更多地分享给农民。

生态宜居是关键。习近平强调，生态宜居，是乡村振兴的内在要求。实现生态宜居的过程，就是践行“绿水青山就是金山银山”理念的过程，就是人与自然在乡村和谐共生的过程。要推进乡村绿色发展，加强农村资源环境保护，统筹山水林田湖草沙系统治理，实现投入品减量化、生产清洁化、废弃物资源化、产业模式生态化。要借鉴浙江“千村示范、万村整治”经验，立足当地经济发展实际，切实改善农村人居环境。发挥农村生态资源优势，推动乡村自然资源加快增值，保护绿水青山和清新清净的田园风光，不断增加农业生态产品和服务供给，实现百姓富、生态美的统一。

乡风文明是保障。习近平指出，乡风文明，是乡村振兴的紧迫任务。乡村振兴，既要塑形，也要铸魂；既要“富口袋”，也要“富脑袋”。要坚持物质文明和精神文明一起抓，以社会主义核心价值观为引领，坚持教育引导、实践养成、制度保障三管齐下，采取符合农村特点的有效方式，加强农村思想道德建设，提升农民精神风貌。要挖掘和弘扬优秀传统农耕文化，不断赋予其新的时代内涵。要大力推进乡村移风易俗，下大力气整治农村婚丧大操大办、高额彩礼、铺张浪费、厚葬薄养等陈规陋习，培育文明乡风、良好家风、淳朴民风，焕发乡风文明新气象。

治理有效是基础。习近平强调，治理有效，是乡村振兴的重要保障。当前，城镇化快速发展，农村经济社会结构正发生深刻变化，传统乡村治理模式难以适应新形势新要求，治理成本不断增加、治理难度不断加大。要加强和创新乡村治理，建立健全党委领导、政府负责、社会协同、公众参与、法治保障、科技支撑的现代乡村社会治理体制，健全党组织领导的自治、法治、德治相结合的乡村治理体系。既用好用活现代治理资源和治理方式，也充分发挥传统德治要素在维系乡村社会秩序方面的重要作用，以党的领导统揽全局，以自治增活力，以法治强保障，以德治扬正气，构建共建共享的社会治理格局，走中国特色社会主义乡村善治之路，建设充满活力、和谐有序的乡村社会。

生活富裕是根本。习近平指出，检验农村工作成效的一个重要尺度，就是看农民的钱袋子鼓起来没有。小康不小康，关键看老乡。近年来，农民收入持续快速增长，2019 年，我国城乡居民收入比降到 2.64∶1。2020 年以来，受新冠疫情冲击，农民增收形势较为严峻。要加快构建农民持续较快增收长效机制，通过繁荣乡村经济、组织农民外出务工经商、增加农民财产性收入等多种途径增加农民收入，不断缩小城乡居民收入差距，让广大农民过上更加美好的生活。要针对上学难、看病难、行路难、环境脏乱差等农民群众反映最突出的民生问题，把基础设施和公共服务的重点放在农村，全面改善农村面貌，不断增强广大农民的获得感、幸福感、安全感。

2018 年 9 月，习近平总书记在主持中央政治局第八次集体学习时强调，在实施乡村振兴战略中要注意处理好以下关系：一是长期目标和短期目标的关系。要遵循乡村建设规律，坚持科学规划、注重质量、从容建设，一件事情接着一件事情办，一年接着一年干，切忌贪大求快、刮风搞运动，防止走弯路、翻烧饼。二是顶层设计和基层探索的关系。党中央已经明确了乡村振兴的顶层设计，各地要制订符合自身实际的实施方案，科学把握乡村的差异性，因村制宜，发挥亿万农民的主体作用和首创精神，善于总结基层的实践创造。三是充分发挥市场决定性作用和更好发挥政府作用的关系。要进一步解放思想，推进新一轮农村改革，发挥政府在规划引导、政策支持、市场监管、法治保障等方面的积极作用。四是增强群众获得感和适应发展阶段的关系。要围绕农民群众最关心最直接最现实的利益问题，加快补齐农村发展和民生短板，让亿万农民有更多实实在在的获得感、幸福感、安全感，同时要形成可持续发展的长效机制，坚持尽力而为、量力而行，不能提脱离实际的目标，更不能搞形式主义和形象工程。这些都是实际实施乡村振兴战略过程中要切实把握好的分寸所在，值得各级党员干部和广大乡村建设者反复体味，切实落实。

2021 年 4 月，习近平对深化东西部协作和定点帮扶工作作出重要指示，强调开展东西部协作和定点帮扶是党中央着眼推动区域协调发展、促进共同富裕作出的重大决策。要适应形势任务变化，聚焦巩固拓展脱贫攻坚成果、全面推进乡村振兴，深化东西部协作和定点帮扶工作。习近平强调，要完善东西部结对帮扶关系，拓展帮扶领域，健全帮扶机制，优化帮扶方式，加强产业合作、资源互补、劳务对接、人才交流，动员全社会参与，形成区域协调发展、协同发展、共同发展的良好局面。中央定点帮扶单位要落实帮扶责任，发挥自身优势，创新帮扶举措，加强工作指导，督促政策落实，提高帮扶实效。全党要弘扬脱贫攻坚精神，乘势而上，接续奋斗，加快推进农业农村现代化，全面推进乡村振兴。

为了全面推进乡村振兴，东西部协作结对关系正在抓紧调整，相关单位为确保帮扶工作和干部队伍平稳过渡，加快探索协作帮扶方式，着力巩固拓展脱贫攻坚成果，推进产业链转移，强化市场化合作，提升社会事业发展水平，促进区域协调发展。中央单位将继续做好干部选派、资金支持、产业就业帮扶等工作，支持定点帮扶县加快发展。

（三）乡村建设急不得、慢不得、等不得

乡村振兴，一定要体现在党政干部心系百姓、重视乡村的真性情和乡村建设的具体行动上。这件事情急不得、慢不得、等不得。

当前，乡村建设行动已经摆在社会主义现代化建设的重要位置。习近平总书记在2020年底召开的中央农村工作会议上强调，实施乡村建设行动，继续把公共基础设施建设的重点放在农村，在推进城乡基本公共服务均等化上持续发力，注重加强普惠性、兜底性、基础性民生建设。

在向第二个百年奋斗目标迈进的历史关口，将乡村建设作为一项行动提出来、在重要位置摆出来，意义重大、内涵丰富，我们一定要认真贯彻落实，扎实推进实施。

实施乡村建设行动，首先要把规划编制好。“十四五”乃至其后一个较长时期，是我国乡村形态快速演变的阶段。有的村庄会聚集更多的人和产业，有的村庄会逐步向城镇融合。建设什么样的乡村，怎样建设乡村，是无法回避的一个重要课题。乡村建设中，只有先规划、后建设，因地制宜、因时制宜、因事制宜，才能把握村庄演变分化的规律，才符合城乡发展建设的规律。在空间上，要统筹县域城镇和村庄规划建设，有条件的地方应全域全要素编制村庄规划，合理确定村庄分类布局，贪大求洋要不得，照搬城镇要不得，大撤大并要不得；在时间上，看得准的先干起来，看不准的可以等一等，不搞“刮风”运动，不搞“一刀切”。同时，要注重保护传统村落和乡村特色风貌，“一个样子盖到头，一种颜色刷到底”的做法要不得。

实施乡村建设行动，核心是要把硬件建设好。没有农业农村现代化，就没有整个国家现代化。现代化建设不能“一边是繁荣的城市、一边是凋敝的农村”，要补齐农村现代化短板。一方面，农村要宜居，农村公共基础设施既要在往村覆盖、往户延伸上下功夫，全面改善水、电、路、气、房、信等设施条件，也要推进农村人居环境整治提升行动，重点抓好改厕和污水、垃圾处理，健全生活垃圾处理长效机制，实施河湖水系综合整治。另一方面，农村要宜业，要支持5G、物联网等新基建向农村覆盖延伸，并重点改善通自然村道路和冷链物流等既方便生活又促进生产的基础设施。同时，设施建起来了，还要长期用下去，可以一边建设，一边探索完善长效运行管护机制。

实施乡村建设行动，关键要把软件开发好。农村现代化不仅包括“物”的现代化，也包括“人”的现代化，还包括乡村治理体系和治理能力的现代化。建设一个充满活力又和谐有序的乡村，广大农民才有获得感、幸福感、安全感。要持续推进县乡村公共服务一体化，推动教育、医疗、文化等公共资源在县域内优化配置，强化县城综合服务能力，同时把乡镇建设成为服务农民的区域中心。时代需要加强和改进乡村治理，推进农村移风易俗，打造善治乡村，同时围绕乡风文明和治理有效，推广“积分制”“清单制”等做法，创建一批乡村治理示范村镇。

（四）目标既定，使命必达

百余年来，“三农”事业对党和国家的发展贡献巨大。我们党成立以后，就一直把依靠农民、为亿万农民谋幸福作为重要使命。新民主主义革命时期，我们党领导农民“打土豪、分田地”，带领亿万农民求解放，为革命胜利提供了重要力量。社会主义革命和建设时期，我们党领导农民开展互助合作，发展集体经济，大兴农田水利，大办农村教育和合作医疗，对改变农村贫穷落后面貌进行了不懈探索，虽历经波折，但取得了了不起的成就。改革开放以来，我们党领导农民率先拉开了改革序幕。家庭联产承包责任制打响了农村改革第一枪。“大包干大包干，直来直去不拐弯，交够国家的，留足集体的，剩下就是自己的。”实行家庭承包经营为基础、统分结合的双层经营体制，乡镇企业异军突起，农民工进城打工，废除延续两千多年的农业税，统筹城乡发展，改善农村基础设施，发展农村社会事业，农业农村发生了翻天覆地的巨变。党的十八大以来，我们党全面深化农村改革，加快推进农业现代化，加快建设美丽宜居乡村，深入推进城乡发展一体化，农业农村发展取得了有目共睹的成就，广大农民得到了实实在在的实惠。

习近平充满感情地强调："我们要牢记亿万农民对革命、建设、改革作出的巨大贡献，把乡村建设好，让亿万农民有更多获得感，充分调动亿万农民的积极性、主动性、创造性。"①

一个9600多万名党员的大党的总书记、14亿多人口大国的国家主席，念念不忘农民，孜孜以求推进乡村振兴，为的是让广大农民尽快分享到新时代的发展红利，那么各级党政干部，尤其是广大的"三农"工作者，还有什么理由不想农民之所想，急农村之所急呢？

全党全社会都需要用饱满的精神和情怀推进乡村振兴，还因为乡村衰退会导致"乡村病"、城市贫民窟等问题，这是全球共同面临的挑战。实施乡村振兴战略也是为全球解决乡村问题贡献中国智慧和中国方案。从世界各国看，在现代化过程中，乡村必然要经历一场痛苦的蜕变和重生。我国农村发展成就举世瞩目，很多方面对发展中国家具有借鉴意义。"赤脚医生"被国际组织誉为"发展中国家群体解决卫生保障的唯一范例"；乡镇企业曾经是众多国家学习的样板；精准扶贫、精准脱贫被世界银行称为"世界反贫困事业最好的教科书"；我们用占世界9％的耕地、6.4％的淡水资源，解决了占世界近20％人口的吃饭问题，被国际社会看作了不起的成就。迄今，还没有哪个发展中大国能够解决好农业、农村、农民的现代化问题。我国干好乡村振兴事业，本身就是对全球的重大贡献。

乡村振兴事业目标远大，乡村建设行动责任重大，光明在前，

① 中共中央党史和文献研究院：《习近平关于"三农"工作论述摘编》，中央文献出版社2019年版，第13页。

使命必达!

三、复兴之力蕴藏于“三农”

世界上有四大文明古国：中国、古埃及、古印度、古巴比伦。为何只有中国称“中国”，而其他三国都要加上“古”字呢？原因在于只有中国文明绵延至今，而其他三国都已消失在历史的尘埃之中，所以只能称“古”。

后三个文明古国的消失，皆是由于外族入侵。为什么中国也屡遭外族入侵，却能够延续不断地存在下来呢？原因也许在于中国的农耕文明不仅洞见了天人合一的农耕规律，更参透了天地大爱中的人文情怀，具有强大的包容性和生命力。因而，中华文明不但没有灭亡，反倒更加源远流长、博大精深。对此，联合国教科文组织原总干事特维叟·莱特曾经说了这样一句话：“不要试图同化中国人，因为你首先会被同化。”

中国历史上的复兴之力，寄托在农耕文明之中，蕴藏在“三农”事业之中，也必将在当代中华民族伟大复兴中发挥应有的作用。

（一）文化自信蕴藏在农耕文明之中

前人栽树，后人乘凉。

承载历史的汉字，计算日期的阴历，指明方向的司南……每一样，都跟我们现在的生活息息相关，让人不禁感叹古人的智慧博大精深。工业文明最大的贡献是利用知识和科技的力量，创造了一个物质极其多样、极其丰富的世界，但也造成了物质与精神的失衡。矫正精神缺失的当代“文明病”，需要增加精神供给，增强文化自信。

在西方的坚船利炮下，中国人曾经一度失去了文化自信，转而学习西方文化。比如，放弃文言文、采用公元纪年等。我们向西方学习之后会发现，很多西方文化中都蕴藏着中国文化的影子，比如公元纪年。

1912年，中华民国建立之后，中国放弃之前所用的传统阴历，采用公历作为国历；纪年方面，公元纪年法与民国纪年法并行，开始了公元纪年的新篇章。1949年9月27日，经过中国人民政治协商会议第一届全体会议通过（四项决议中的第二项是："中华人民共和国的纪年采用西元"），新成立的中华人民共和国使用国际社会上大多数国家通用的公历和公元作为历法与纪年。

公历，又称阳历，它的由来最早可以追溯到古埃及的太阳历。古代国家大部分沿河流而生，靠近尼罗河的埃及便是如此。以水为生的埃及为了计算尼罗河的泛滥周期，由此发明了天文学和太阳历，并且不断发展。1582年，这套历法被教皇格里高利十三世进行了改革，史称格里高利历，一年是365.2425天。

其实，早在此前300年，中国就算出了一回归年为365.2425日。元朝时，为修订《授时历》，中书左丞许衡、太子赞善王恂、都水少监郭守敬、杨恭懿等从1276年6月至1280年2月间，使用简仪、仰仪、圭表、景符等天文仪器，在东西六千余里，南北一万一千余里的广阔地带，建立了27个观测点进行天文观测（即"四海测验"），最北为西伯利亚的铁勒，最南至南海的西沙群岛。在历法编制过程中，首创了"三差内插公式"和"球面三角公式"，算出一回归年为365.2425日，误差只有25.92秒。

中国传统的历法被称为阴历，又叫作农历、旧历。它是按照月球的月相周期变化来计算月份的，以月亮的阴晴圆缺为周期，一个周期即为一月。农历平年有12个月，全年354天或355天，个别年份353天；闰年为13个月，其中某一月为闰月，月名依前一月名而定，如前月是六月，闰月则为闰六月。闰年全年383天或384天，个别年份385天。设置闰月的方法是，农历月份中无“中气”的月份则是闰月。所谓的“中气”，就是二十四节气中的单数节气，比如春分、小满、谷雨、夏至等十二个节气。

二十四节气是按照地球绕太阳的运转周期确定的，这个是太阳历的方法。所以，中国的历法是月亮历和太阳历的结合。在历法的发展演变过程中，阴历与二十四节气结合，可以科学地指导农业生产，使先人更加合理地进行播种、耕作，提高农作物的存活率，对生产生活十分重要。即使在今天的农业生产中，二十四节气仍然发挥着重要的指导作用。现在，二十四节气已被列入联合国教科文组织人类非物质文化遗产代表作名录。此外，联合国粮农组织目前认定的62项全球重要农业文化遗产中，我国有15项，数量居全球第一。

现在，有专家提出应该恢复传统历法纪年的主导地位。这件事是否必要可以另作研究，但透过历法和纪年的来龙去脉，中国人增强一点文化自信是必需的。

通过中医药发展在近代以来的境遇，中国人的文化自信中或者还应对文化侵略具备足够的警惕性。

中医药在中国历史上曾经很辉煌，即使在清末“西学东渐”的过程中，中西医也按照各自的医疗方式治病救人，且相安无事。史料记载，有的地方甚至出现过中西医共同会诊病人的情况，正是这种中西医的并存和对峙状态，一同构建起了中国近代医学史上特有的二元格局。然而随着历史演进，双方的地位开始逐步转变，由当初的平起平坐，发展到后来西医一枝独大，最终演变为“西医在朝，中医在野”的格局。查阅史料可以发现，自20世纪30年代开始，中医学校就不仅在规模上落后于西医学校，而且在体制上也开始全面接受西医学的模式。这中间究竟是什么力量扭转了这一格局呢？

据业内专家研究，中医在中国的地位被颠覆与美国洛克菲勒财团的资本阴谋有着根本的联系。1927 年，美国洛克菲勒财团策划了一场旨在消灭中医，进而以美国的西医实现垄断中国医药行业的资本阴谋，他们打着“科学”的旗号，行消灭中医之举。

1840 年，西方用炮舰轰开了中国的大门，为了彻底在思想上统治中国，他们采取了一个从长计议的策略：用一部分赔款在中国建立大学，并大量吸收中国留学生，目的是培养自己的代言人。这实际上是学中国人提出的“以夷治夷”策略，也可以称其为“以华治华”。

20 世纪初，洛克菲勒是中国煤油灯的独家供货商。那时候，洛克菲勒集团派人挨家挨户免费送煤油灯；煤油灯当然比蜡烛好，但是煤油用完了，灯就不亮了，于是中国人就只能去洋行门市部买煤油。

在垄断了中国的煤油和电力市场后，洛克菲勒强大的药品帝国开始觊觎中国的医药市场。可是中医的存在妨碍了它垄断之梦的实现，于是，一个对中医实现“现代化、科学化、国际化”，但旨在消灭中医的资本阴谋出现了。

据美国人汉斯·鲁斯克撰写的《洛克菲勒药品帝国的真相》透露，洛克菲勒集团策划了一个类似送煤油灯的策略，以便让西医药替代中医药。1915 年，洛克菲勒在中国成立了协和医学院，并以学术基金会的名义免费培训中国人学习西医。这个基金会可以给中国教授西医的学校赞助，但是有一个条件，就是必须给这些学生并通过这些学生给中国人灌输这样的思想：放弃自古以来流传下来的安全、有效、廉价的中医，而相信昂贵的西药。但中医药因安全、有效且廉价，其竞争力非常强，怎么找到打败中医药的突破点呢？通过当时时髦的话题——“科学”！于是洛克菲勒财团打着“科学”的旗号，到处说中医不科学。他们相信，只要让中国老百姓都接受这样简单的逻辑推定，就可以使中医学逐步消亡。

1929年2月，南京召开中华民国第一届中央卫生委员会，与会17人中没有一名中医。这次会上通过了“废止中医案”。当中西医之争由民间讨论走到了以行政手段干预的境地时，中医存亡之事就成为一件攸关中华民族文化存亡的政治大事。

中华人民共和国成立后，1956年，国家考虑建立中医学院，系统地教育培养中医人才。但“科学派”认为，传统中医的“父传子，师带徒”的传承方式是原始的、落后的、不科学的，因此要求按照苏联的大学课程设置方式，科学地培养中医。这个任务显然只能让西医学习中医后，出来编写科学的中医教材。由此形成了延续几十年的中国医疗格局。

实施乡村振兴，实现民族复兴，需要中医药重新焕发其应有的光彩。而中医药的发展，基础仍然在乡村。

只有民族的才是世界的，只有引领时代才能走向世界。在“四个自信”中，文化自信是更基本、更深沉、更持久的力量。民族要复兴，就要从中华农耕文明中汲取营养、增强底气，形成坚定的文化自信，再创中华文明新的辉煌。能否有这样的理论自觉，能否有这样的文化自信，是关系中华民族伟大复兴的重大问题。

（二）充分发挥农民实事求是的精神和创造力

农民最务实，最能承接天地正气，最有执行力，最不信邪，因此也最具有实事求是的精神，最富于创造力。

1910年，16岁的毛泽东在请亲戚说动父亲允许他去“洋学堂”湘乡县立东山小学堂上学之前，已中断私塾学习两年多，当时，他主要的事情就是做农活，可以说就是一个青年农民。

务农期间，毛泽东读郑观应的《盛世危言》时，感受到国家的危机，为了救国救亡，他有了重续学业的愿望。在小学，他熟读梁启超刊登于日本报纸上的唤醒中国青年人的文章，接触了改造社会的思想，开始思考救国之道。其间，武昌起义爆发，为了为革命尽一份力，毛泽东曾投笔从戎。他说：“我们既然要革命，就不能空口讲白话。光喊口号，是打不倒宣统的。要革命，就要到战场上去，真刀真枪，干！”① 在五四运动时期，为声援北京五四爱国行动，毛泽东冒着被反动军警抓捕的危险，组织全省学生总罢课，同时驱逐张敬尧代表团，经过斗争，终于赶走了统治湖南的北洋军阀代表张敬尧。

中国共产党成立之后，在井冈山革命斗争时期，他冒着被国民党悬赏50万大洋（后来增加到100万大洋）杀头的危险，继续奔走于根据地。在“左”倾思想统治时期，毛泽东多次被“开除”，数次屈受“严重警告”，虽身处逆境，但仍为党分忧。抗日战争刚刚胜利，国民党蒋介石勾结美帝国主义一面暗地里调兵遣将，一面又摆出“和平”姿态，一连给毛泽东发了三封电报，邀请毛泽东到重庆进行谈判。毛泽东为了和平、民主，冒着生命危险亲赴重庆谈判。毛泽东是这样对群众解释的：“跟敌人斗争，要讲策略。今天，全国人民都反对内战，渴望和平、民主、团结，我们共产党是最忠实代表人民的利益和愿望的。如果我们不去，恰好中了蒋介石的诡计。……因此，这个‘鸿门宴’我应当去，必须去……为了人民的利益，个人得失不能计较。”②

1949年，当毛泽东庄严宣告“中国人从此站立起来了”，豪迈指出“中国的命运一经操在人民自己的手里，中国就将如太阳升起在东方那样，以自己的辉煌的光焰普照大地”③ 时，中华民族的自信

---

① 《毛泽东民族精神的内涵》，引用日期：2016年8月2日，http://www.mzdlib.com/libmtbd/meibenbaodaoshujuku/68504.html.

② 《论毛泽东的民族精神及其现实意义》，引用日期：2011年10月12日，http://www.mzdlib.com/libszzy/maozedongxingjiushujuku/6926.html.

③ 《毛泽东选集》第4卷，人民出版社1991年版，第1467页。

在那一刻再次强烈彰显出来。这种自信激励着中国人民奋力投身于社会主义现代化建设，开启中华民族伟大复兴的新征程。

纵观毛泽东的一生，他始终与人民同甘共苦，经常吃粗茶淡饭，习惯穿补丁衣服。毛泽东逝世后，他的遗物被送回韶山。那是补丁摞补丁的衬衣，那是用过多年不舍丢弃的毛巾，还有韶山人普通的长筒棉袜……从这些遗物里，人们读到的是伟大领袖与普通农民一样的勤俭精神。

可贵的是，这种勤俭精神在党和国家领导人身上继续传承。

习近平是第一位出生和成长在新中国的中国共产党总书记。他有过曲折的少年时代，有过奋斗的青年时代。从农村大队党支部书记至党的总书记，从普通公民到国家主席，从普通军官到军委主席，他在党和国家各个领导层级都任过职。从西北至华北，再到东南沿海地区，中国的西部、中部、东部地区他都待过，农民、大学生、军人、干部他都当过。

2013 年 12 月，在纪念毛泽东同志诞辰 120 周年座谈会上，习近平饱含深情又无比坚定地指出："站立在 960 万平方公里的广袤土地上，吸吮着中华民族漫长奋斗积累的文化养分，拥有 13 亿中国人民聚合的磅礴之力，我们走自己的路，具有无比广阔的舞台，具有无比深厚的历史底蕴，具有无比强大的前进定力。中国人民应该有这个信心，每一个中国人都应该有这个信心。"① 这是何等的自信！

在中国共产党的领导下，无数杰出的农民代表发挥实事求是的精神和创造力，在革命、建设和改革事业中做出了巨大贡献。

带领江苏省江阴市华西村创造了农村工业化、就地城镇化巨大成就的吴仁宝是这样理解中国特色的：

---

① 习近平：《在纪念毛泽东同志诞辰 120 周年座谈会上的讲话》，人民出版社 2013 年版，第 20—21 页。

“什么叫特色？因为我们有多种形式、多种模式，这样才叫特色。如果一个形式，一种模式，一个形式变成形式主义，一种模式变成一刀切，最后是最不科学的。”

“要发展就必须吃透国家政策，坚持实事求是。不吃透上头，工作没准头；不吃透下头，工作没势头。学习好中央精神可以做到更好的实事求是。比如，当初我们不搞分田到户，就是吃透了中央精神，因为中央文件是讲两点，叫‘宜统则统，宜分则分’，我们华西是‘宜统’，所以我们就没有分，那是听中央的，与中央保持一致的结果。”

“大发展，小困难；小发展，大困难；不发展，最困难。”

“我们有三句话：听中央的，不走样；听国外的，不走神；听老百姓的，不走偏。一切要从实际出发。”

“我是农民，‘忘本’的农民。什么叫农民？种粮食吃的叫农民，不种粮食了，搞工业、商业了，就不是农民了？曾经有人提醒我，你是农业的先进，你是农业出身，现在搞工业了，你忘本了。我笑着说，我想彻底忘本。我不怕忘本，我要保留的是农民的本色，要实事求是，要讲真话。”

吴仁宝式的农民还有不少，比如河南省新乡市刘庄村原党支部书记史来贺。1956 年 2 月，时任新乡县夏庄乡党总支书记兼刘庄村党支部书记的史来贺，面对“高级社”风潮，做出了一个重要的政治抉择。

当时，区工作组指示，该乡所辖 8 个村 30 多个初级社合并，建立一个高级社。消息传来，群众思想一片混乱，基础好的怕吃亏，怕把刚刚积累起来的财产、种子瓜分一空。刘庄群众找到史来贺，七嘴八舌地说：初级社刚成立，还没稳住势，生产水平又不一般齐，硬往一块捏，肯定会影响生产，要建高级社还是一村建一个稳当。史来贺觉得入情入理，表示要把大家的意见对区长讲讲。

可是，史来贺的意见被驳了回来，夏庄随即召开了万人大会，宣布成立高级社。但是，区里没想到的是，与此同时，刘庄的干部群众也自己搭起台子，开群众大会，鸣放鞭炮，庆祝刘庄高级社成立，史来贺任党支部书记兼社长。区里批评史来贺目无领导、本位主义，刘庄村高级社也成了“黑社”，上级不承认，开会不通知。史来贺说：“不管承认不承认，只要对发展生产有利，咱就这么办。”

1957年，刘庄村依靠集体的力量，战胜了特大洪水灾害，开展了生产自救，夺取了大丰收；而夏庄高级社因管理不善，不得不又分成7个高级社。这一年冬天，史来贺代表刘庄高级社出席了全国劳模大会和全国棉花会议。在会议上，周恩来紧紧地握着史来贺的手，亲切地勉励他说：“千亩棉田平均亩产皮棉超百斤，你们带了个好头，希望你们认真总结经验，彻底改变贫困面貌，给全国树立个榜样。”① 刘庄的前进方向，由此得到了强有力的肯定和鼓励。

经验表明，无数发展得好的村子，都有一个能力强、善于实事求是的带头人，他们对村庄发展起到了强有力的引领作用。

当前，乡村要振兴，产业是基础，人才是关键。2022年，农业农村部联合财政部启动了培育乡村产业振兴带头人的“头雁”项目。截至2025年5月，全国已有5.43万名乡村产业振兴带头人参加了“头雁”培育，在乡村振兴一线发挥出积极作用。

在各地的“头雁”培育工作中，陕西省榆林市榆阳区是抓得早、抓得紧、见效快的县域之一。3年间，榆阳区已培育了一支325人的“头雁”队伍，实现了一村一“头雁”。

2022年3月，了解到农业农村部、财政部启动“头雁”项目的信息后，时任榆阳区委书记李忠宏敏锐地意识到：“头雁”是激活乡

① 《史来贺：把村民幸福作为毕生心愿》，引用日期：2019年9月23日，http：//cpc. people. com. cn/n1 /2019 /0923/c428852—31367992. html.

村振兴工作的新力量；培育“头雁”是推进乡村全面振兴的有力抓手。2021年，榆阳区已与西北农林科技大学携手，对全区驻村第一书记及工作队员和乡镇乡村振兴分管领导、业务干部进行了全覆盖轮训。

2022年6月，榆阳区首期“头雁”班在西北农林科技大学开课，在陕西省率先启动产业振兴带头人培育“头雁”项目，创新开展“三段式”培训，全力打造乡村产业振兴的“头雁”队伍，走在全国“头雁”培育工作的前列，为兄弟地市探索培育乡村产业振兴带头人树立了校地合作典范，贡献了榆阳方案。

2025年3月，榆阳区“头雁”协会——可能是全国首个“头雁”协会，正式成立。榆阳区首期“头雁”班的班长、耀国家庭农场主思耀国当选为协会的首任会长。他满怀豪情地说：“咱们‘头雁’不能只顾自己飞，更要带着‘雁阵’一起闯！先搭建技术共享平台，整合协会内50名‘头雁’资源，设立24小时技术热线，农户一个电话，专家两小时内到场；成立品牌联盟，统一‘榆阳农产’质量标准，联合11家企业打造冷链物流网，让马铃薯、湖羊等特产直供全国商超；另外，还要与西北农林科技大学合作开办‘田间大学’，每年培养100名青年农人。”

据了解，榆阳区目前每年投入15亿元以上支持“三农”发展，对带动能力强的“头雁”给予最高500万元的免息贷款，“‘头雁’＋合作社＋农户”的经营发展模式呈现出蓬勃活力。

随着“头雁”培育工作的深入开展，相信在乡村振兴的过程中，会有越来越多的“头雁”在越来越多的地方做出其独到的贡献。

中国共产党领导下的民族复兴，从农村包围城市开始，必将通过乡村振兴战略任务的全面完成而最终得以实现。

（三）维护人口可持续发展

“关关雎鸠，在河之洲。窈窕淑女，君子好逑。”回望数千年前的美好感情，你是否能够感受到一种与物质文明无关的美好？

从长期发展的角度看，人口增长与否，是衡量人类社会能否延续的重要尺度。回到现实，现在该是将生育自主权完整地还给农村家庭甚至所有家庭，以增强中国未来人口竞争力的时候了。

农民家庭贡献了中国大部分的人口“红利”，也是严格计划生育时期的被管制对象。当“超生游击队”的情形很少出现之后，中国的人口红利逐渐式微之忧倒在其次，更堪忧的是，另一种情形的人口危机已非危言耸听。而解决这种危机的希望或许还在“三农”事业之中。

根据国家统计局数据，2016 年全年出生人口为 1786 万人，2017 年为 1723 万人，2018 年为 1523 万人，2019 年为 1465 万人，2020 年为 1003.5 万人。2020 年的新生人口数字是中华人民共和国成立以来除极端情况的 1961 年之外年度出生人口的最低数字。我国人口出生率的递减已成趋势，但最新的递减态势是加速式的，令人震惊。中华民族要永远繁荣昌盛，基础之基础，乃是人口安全！我们曾经为人口“爆炸式”增长而烦恼，但没有了人口，再大的国家，也会失去发展动力。

与生育率降低形成对比的是，中国育龄夫妇的不孕不育率正迅速上升，1992 年时不到 3%，在 2012 年却达到 12.5%。以现实的状况，目前还没有出现逆转的态势。

乡村是中华文明之根。自秦始皇统一中国以来，在两千多年的朝代更替中，中华文明一直没有中断，因为中华文明的种子或密码在乡村，只要乡村还在，中华文明就会延续下去。

但是，原本崇尚人丁兴旺以发展农业的农村社会，现在也已经发生了很大的变化。除了工业化、城镇化这种决定性的力量的冲击，市场经济带来的价值观念、文化变迁，以及科技的进步，都在影响着中国的村庄面貌和农民的发展选择。处于经济来源、家庭住所、生活方式、人口结构等频繁变动时期的农民，是否还有之前那样强烈的生育愿望，是一个未知数。根据国家统计局统计，2010 年、2015 年中国乡村总和生育率分别为 1.44、1.27，其中 2015 年一孩、二孩、三孩及以上总和生育率分别为 0.61、0.53、0.13。这意味着乡村居民的生育意愿也不强，愿意生二孩的未达 60%，更别说三孩。

人口是一个国家国力的重要支撑和标志。从微观看，生育是家庭事务，从宏观看，生育也是国家事务。从中国历史看，人口增长往往是盛世的重要标志，开元盛世、康乾盛世等莫不是人口高峰期。据专家预测，到 2050 年，中国人口年龄中位数将达 50 岁，而美国、印度分别为 42.3、37.5 岁，如果人口结构不断趋于老龄化，人口发展令人担忧，民族复兴的意义将大打折扣。因此，必须加快构建生育支持体系，大力营造生育友好型社会环境，解除家庭（再）生育的后顾之忧，让更多的人想生、敢生且有信心和能力把孩子养好。

令人欣喜的是，在本书写作过程中，2021 年 7 月 20 日公布的《中共中央国务院关于优化生育政策促进人口长期均衡发展的决定》作出了“一对夫妻可以生育三个子女”的重大决策。为了落实党中央决策部署，各地已经在构建积极生育支持政策体系，推动三孩生育政策的有效落地。

在现代化的进程中，中国未雨绸缪的举措必将避免发达国家正在经历的人口不断负增长趋势的发展难题。唯有如此，中华民族的伟大复兴才更有意义，中华民族的未来前景才更有希望！

（四）落实乡村振兴战略的若干建议

实施好乡村振兴战略，应高度重视解决好诸多相关矛盾与问题。

2021 年 4 月 29 日，中华人民共和国第十三届全国人民代表大会常务委员会第二十八次会议通过，自 2021 年 6 月 1 日起施行的《中华人民共和国乡村振兴促进法》规定，“本法所称乡村，是指城市建成区以外具有自然、社会、经济特征和生产、生活、生态、文化等多重功能的地域综合体，包括乡镇和村庄等。”[①] 这样的乡村，除了一小部分已经发展得很好，95%以上仍然是需要“振兴”发展的。为此，要着力解决好以下问题：

1. 处理好城镇化发展与乡村振兴的关系

首先，必须避免借振兴乡村之名行继续强化城镇建设之实。构建新型工农城乡关系，走融合发展之路，要在确保建设资金重点投向需要振兴的乡村的同时，发挥城镇化发展对乡村振兴的带动作用。中华人民共和国成立以来，基本按照以城市为建设中心的路线发展，人财物及项目向城镇倾斜的惯性太严重，必须要想办法防止。为此，需要精准区分是否需要着力建设的乡村振兴区域，从省市角度做好顶层设计，切实保障精准“振兴”。

其次，必须把乡村振兴纳入城乡融合发展的大视角。乡村不是孤立的乡村，是城乡融合体系中的乡村。在乡村振兴的建设过程中，突出乡村特色的同时，应赋予待振兴乡村以产业、文化、生态等方面具有地方特色的规划定位，使之成为一定融合范围内不可或缺的有机组成部分。为此，既要避免按照城镇的路子建设乡村，又要避免一个模子建“连锁”乡村，应考虑建立中央财政补贴机制，鼓励高标准高质量的建设规划方案的形成，引导各地特别是中西部乡村下功夫完成保存传统特色的、有前瞻性的、实际约束性强的、经得起历史检验的好规划。越是待振兴程度高的村庄，这样的好规划就越有价值。

2. 解决好五级书记促振兴与县（区）委书记对乡村振兴的核心责任问题

五级书记抓脱贫攻坚取得很好的成效，实施乡村振兴战略需要

---

① 《中华人民共和国乡村振兴促进法》，人民出版社2021年版，第3页。

更加强有力的五级书记促振兴的机制，尤其是承上启下的县（区）委书记对乡村振兴要发挥核心促进作用。

首先，要保障五级书记促振兴的理念的高度趋同，力争做到同向发力，合力推进。我国城乡关系从改革之前的向城市严重偏斜逐渐发展到新世纪的城乡统筹、城乡一体化和城乡融合，尽管经济实力是基础，但执政理念的转变是根本原因。应切实做到2021年中央一号文件要求的“省、市、县级党委要定期研究乡村振兴工作。县委书记应当把主要精力放在‘三农’工作上。建立乡村振兴联系点制度，省、市、县级党委和政府负责同志都要确定联系点。开展县乡村三级党组织书记乡村振兴轮训”①。应经常进行线上的、适当进行线下的乡村振兴主题的务虚学习会，使五级书记在如何贯彻习近平新时代乡村发展理念，以及乡村振兴实践的具体案例分析等方面经常学习提高、沟通交流，形成系统运作、协同推进的工作状态。

其次，要切实让县（区）委书记的主要精力能够放在促进乡村振兴上面，发挥出促进乡村振兴事业的核心作用。乡村振兴是一项比脱贫攻坚更加艰巨、更加繁重、更加复杂的庞大系统工程，急不得，慢不得，也等不得。乡村振兴不可能在短时间内一蹴而就，中央提出要用十五年甚至更长时间来完成。促进实施乡村振兴需要县（区）委书记有系统的思维、冷静的定力、历史的耐心、前瞻的远见、果决的行动。对全国的县（区）委书记和县（区）长们来说，乡村振兴最大的任务就是从一个县域来统筹谋划，首先做好县域国土空间规划下的乡村振兴规划，摸清全县村庄的真实情况，为每一个乡村提出明确的建设方向和具体路线图。然后，根据乡村资源禀赋提出科学的产业规划，避免一个县域内乡村产业的无序发展；要

① 《中共中央国务院关于全面推进乡村振兴　加快农业农村现代化的意见》，人民出版社2021年版，第21页。

坚决摒弃短平快的畸形政绩观，坚决杜绝把乡村振兴硬生生变成涂脂抹粉的形象工程。

3. 落实好农民的主体地位与乡村振兴实现程度的评估机制

2017年，习近平在中央农村工作会议上讲话指出：“我们要牢记亿万农民对革命、建设、改革作出的巨大贡献，把乡村建设好，让亿万农民有更多获得感，充分调动亿万农民的积极性、主动性、创造性。”① 乡村振兴的根本目的，是让广大农村的亿万农民生活得更幸福。为尊重农民在乡村振兴中的主体地位，充分调动亿万农民对改善自身生活环境的积极性、主动性、创造性，可以从以下两方面入手：

首先，要建立落实农民主体地位的机制。无论是哪一级干部在推动相关的乡村振兴工作，无论是做好县域国土空间规划下的乡村振兴规划，还是涉及村庄整体搬迁、处置村庄的历史遗存、制订村庄产业规划，都需要在做好顶层设计、规划先行的同时，充分尊重农民，让农民及时知情、参与，注意吸收村干部和农民代表或村民大会的相关意见。为做好这一工作，各地应当建立相应的保障机制。

其次，乡村振兴战略目标责任制和考核评价制度中，应有一定比例的农民代表参与制度的制定和评价。重农固本是安民之基、治国之要。2016年4月，习近平到小岗村考察时感叹：“当年贴着身家性命干的事，变成中国改革的一声惊雷，成为中国改革的标志。”② 毋庸讳言，小岗村18户农民之所以冒着身家性命的危险签订大包干“生死状”，是被长时间的饥饿和贫困逼出来的。究其原因，与农民在农业生产中的主体地位被长时间忽视分不开。

---

① 中共中央党史和文献研究院：《习近平关于“三农”工作论述摘编》，中央文献出版社2019年版，第13页。

② 《小岗村：总书记视察一年来求新求变大发展》，引用日期：2017年4月27日，http://finance.people.com.cn/n1/2017/0427/c1004-29241281.html.

广大农民在我国革命、建设、改革等各个历史时期都做出了重大贡献。尊重农民在乡村振兴中的主体地位，要体现在强化农村基层党组织的领导作用，发挥群众参与治理的主体作用，健全以财政投入为主的稳定的村级组织运转经费保障机制等方面；要体现在制定乡村振兴目标责任制和考核评价制度中均有农民的积极参与，并使农民有动态地反映相关诉求的渠道。另外，应考虑由第三方机构建立乡村振兴实现程度的评估机制，定期发布各地的乡村振兴实现指数。

“沉舟侧畔千帆过，病树前头万木春。”各级党员干部要以百倍的真心重视“三农”问题，用百倍的热情积极投入到乡村振兴实践中，努力做好各项工作，使乡村振兴战略的实施以广大农民群众的获得感、幸福感为标志，如期高质量地完成！假以时日，在乡村振兴目标实现之后，中华民族伟大复兴一定会成为中华儿女人人可以感受到的美好现实！

后　记

非常荣幸，适逢中国共产党成立101周年之际，完成了一个重要的时代课题。

《振兴》试图展现在中华民族伟大复兴的宏伟使命中，乡村振兴战略的重大意义、重要地位和实施路径。这既需要进行宏大的历史述事，又需要进行相关的专题研究和论证，过程充满了挑战。

我们进行的与本书主题相关的研究，肇始于11年前。

2011年初，为庆祝中国共产党成立90周年，时任农民日报社党委书记、社长唐园结同志，做出了撰写编辑部文章以志庆贺的重要安排，并将文章的主题确定为“中国共产党与中国‘三农’发展”。我当时作为评论部负责人承担了具体写作任务。

在查阅相关资料文献，构思这篇文章的布局、结构的过程中，我发现有参考价值的针对性论文和论著相当有限，益发感受到这篇文章的重要性。因为，自中国共产党成立以来，在革命、建设、改革各个历史时期，都在追求把马克思主义基本原理同中国具体实际相结合，都把“三农”问题摆在关系党和国家事业发展的重要位置，始终高度重视、认真对待、着力解决。在中国共产党领导的革命、建设和改革时期，乃至新时代的国家建设中，有着千千万万农民的牺牲和贡献。因此，我们感到自己有责任进行深入的研究，扎扎实实完成好这篇文章。

经过近半年的查文献、理素材和成稿后逐章逐节地反复修改，经时任主管社领导何兰生及中央党史研究室专家张神根同志审定，文章定名为《风雨同舟九十年——中国共产党与中国“三农”》。最后，唐园结同志进行了终审，提出了具体的修改意见，直到逐字逐句无槽点。该文于2011年6月25日在《农民日报》头版头条见报，全文约6700字。

文章见报后，在社内外产生了较好的反响，但是我总觉得意犹未尽。与始终支持并严格要求完成好这一任务的社党委书记唐园结同志谈到此想法时，他也非常支持再下一番功夫，写成一本专著，让社会上更多的人由此了解、关注、支持“三农”发展。非常高兴的是，在我开始着手具体构建著作之后，唐园结同志同意担任这一艰巨课题的领衔者。有他这样站位高、水平高的领导兄长般的支持和指导，我感觉很踏实，对完成好课题很有信心。

本书的逻辑与结构在两年前就形成了。但真正要落实的时候，还是感到很有挑战性。在写作进行到一定程度时，我们开始考虑出版问题。经资深出版界专家李援朝同志的推荐，我们找到了中共中央党校出版社。中共中央党校出版社对出版本书表示高度重视，相关领导专门约见并提出了一些中肯的意见和建议。这对其后的写作有很好的指导和促进作用。

本书主体内容有两条主线，一条是为中国人民谋幸福的中国共产党与中国“三农”事业，一条是围绕现代化目标的乡村振兴与民族复兴。本书注重政策法规数据出处的权威性、时效性，追求相关阐释的口语化和事件与人物描述的故事化、镜像化。

由于时间仓促和本人水平所限，虽然我们用心尽力去做好每一章节，每一细节，但本书一定还会有不少不到位或不准确之处，希望大家不吝赐教和指正。

在此，感谢为本书题写封面的国家一级书法家刘政群同志，感谢出版社各位老师在出版本书过程中的积极努力；感谢报社领导和家人在本书写作期间的包容与支持；对其他指导和帮助过本书相关工作的领导、老师、朋友，一并表示由衷的感谢！

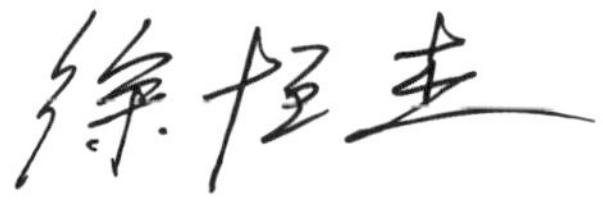

2022 年 6 月于北京